教育部高等学校特色专业建设点规划教材

工商业概论

朱永杰　编著

中国林业出版社

图书在版编目（CIP）数据

工商业概论/朱永杰编著. －北京：中国林业出版社，2011.9
ISBN 978-7-5038-6328-8

Ⅰ. ①工… Ⅱ. ①朱… Ⅲ. ①工商企业－企业管理－理论研究 Ⅳ. ①F276.4

中国版本图书馆 CIP 数据核字（2011）第 189432 号

出版：中国林业出版社（100009 北京西城区德内大街刘海胡同 7 号）
E-mail：forestbook@163.com 电话 010－83222880
网址：www.cfph.com.cn
发行：中国林业出版社
印刷：北京北林印刷厂
版次：2011 年 9 月第 1 版
印次：2011 年 9 月第 1 次
开本：787mm×960mm 1/16
印张：14.5
字数：256 千字
印数：1～1000 册
定价：26.00 元

序

国家教育部于“十一五”期间将择优重点建设3000个左右特色专业建设点，其建设目标是：“适应国家经济、科技、社会发展对高素质人才的需求，引导不同类型高校根据自己的办学定位，发挥已有的专业优势，办出专业特色，推进高校专业建设与人才培养紧密结合国家经济社会发展需要，为同类型高校相关专业建设和改革起到示范和带动作用。”“是优化专业结构，提高人才培养素质，办出专业特色的重要措施。”

北京林业大学农林经济管理专业，于2007年被国家教育部批准列入第一批高等学校特色专业建设点。特色专业的建设必须要围绕国民经济建设与发展的需要而进行，力求为社会的发展提供高素质的人才和技术知识的支持。在国民经济的发展进程中，我国政府对林业产业与生态双重功能给予了高度重视，林业进入了快速的改革发展时期，也使得农林经济管理专业迎来了空前的发展机遇。如何建设好特色专业，更好服务于中国林业发展实践，不仅要科学地研究和总结中国林业发展的经验教训，也需要客观地学习和借鉴国内外相关领域的经验和理论。我国是世界上最大的发展中国家，森林资源相对贫乏、生态需求和经济需求不断增加使得又好又快的发展林业仍然面临着严峻挑战，也对具有良好学术素养、掌握系统理论方法、具备较高科研和实践能力的创新性人才提出了现实要求。

基于上述原因，北京林业大学经济管理学院根据农林经济管理学科发展的需要，依靠专业领域知名专家学者，在借鉴优秀的国内外教材基础上，跟进国内外先进办学理念，寻求理论性、启发性、方法性、实用性、创新性的融合，组织编写了“教育部高等学校特色专业建设点规划教材”系列丛书，以推进特色化专业办学模式，完善林业经济管理专业理论体系，提升林业经济管理人才培养的质量，为社会输送合格的林业经济管理建设人才。

本套系列丛书涵盖了林业经济、林业管理、林业政策等学科领域，融基础性、方法性、理论性和实证性于一体，不仅可作为农林经济管理专业本科生和研究生的教学参考书，而且对林业经济管理研究人员和从事相关领域管理工作的人员也具有较高参考价值。

本系列丛书由北京林业大学经济管理学院组织编写，由丛书编辑委员会具体负责组稿和审稿等事宜。本系列丛书的出版，希望能进一步完善林业经济管理专业和学科体系，提高培养人才的质量，促进特色专业建设与发展。

“教育部高等学校特色专业建设点规划教材”

编辑委员会

2009年4月27日

前　言

在商学院相关专业的教学体系中，工商业概论（或称为商学概论、企业概论、商学基础等）是重要的专业基础课程。该课程在工商管理类（包括工商管理、人力资源、市场营销、财务管理等），应用经济学类（贸易、金融等）等本科专业的课程体系中具有承上启下、引导学生顺利从公共课程学习转向专业课程学习的作用。

工商业概论是一门以完整介绍商务系统的基本元素——企业的定义和性质、产权与产权制度、企业经营活动的过程、中小企业的经营管理与发展环境、企业的内部管理、市场经营活动与绩效管理，探讨企业、产业链、产业之间的关系为主要内容的课程。教学目的是能够使学生将企业放在产业链和社会经济发展的激烈竞争环境中，从而完整认识企业的内涵，了解其基本经营和管理过程，熟悉经营管理的具体理论和方法。

1998 年我国高等学校专业调整以后，商学科迅速发展起来，工商业概论课程建设在国内知名的商学院普遍受到重视。《企业学》、《商学概论》等教材开始出现，前者大多以企业理论知识为主，后者以流通行业中企业的经营活动为主要内容。

在世界经济和企业管理的发展历程中，先进的生产技术和管理水平在市场竞争中发挥着巨大的作用。西方国家的企业管理经历了 200 多年的发展过程，出现了许多成功的企业。这些企业通过技术和资源的巧妙结合，满足市场的需要，在不断创新中获得了满意的经营效果。

随着企业管理理论和实践的不断发展，新思想和新方法会不断涌现，需要人们在企业管理实践过程中针对具体问题采取具体管理方法。

由于信息经济的兴起，以计算机为基础的网络和信息技术的发展极大地影响了企业管理和一般管理的理论和实践。随着计算机和信息技术的不断发展，知识管理、核心能力、组织学习、团队管理、战略联盟等越来越会成为管理界理论研究的新热点

我国不断加快改革开放的步伐，使人们能够接触和了解现代企业管理的途径越来越多。由于所处的环境、经验、所从事的工作和管理对象不同，人们在相互沟通交流中对理论和方法产生了不同的认识和观念，传统的、现代的、先进的、落后的、全面的、片面的企业理论和方法同时并存是中国现实企业管理理论与实践发展状况的基本特征。

企业的管理是一项系统工程，由于企业所有者的目标设置、企业管理系统的结构和运行方向、方式存在较大的差异，而且企业管理者对于企业经营目标的设置受个人的思想意识、价值观、社会经济的发展水平和管理体制等多种因素影响，导致不同企业在经营与管理的绩效上存在差异。

理论与实践的结合是工商企业经营与管理的基本要求。没有理论指导的企业经营管理过程是盲目的，缺乏实践就不能有效处理好企业经营与管理过程中出现的具体问题。而完成理论学习是首先需要解决的问题。

本教材适用于大学工商管理类和应用经济学类本科专业学生在专业课程学习之前使用。作为现代商务的基础知识，也可供包括企业管理在内的从事各商务实践活动的管理和工作人员作为短期培训、岗位培训和自学教材使用。

本书在写作过程中引用的专家、学者的观点都已经一一注明，在此深表感谢。在本书成稿以后，李湘玲老师进行了认真的校对，对她为本书所做出的贡献致以衷心的感谢，同时向本书出版过程中给予帮助的朋友们致以敬意。

编著者

2011 年 5 月 17 日

目　　录

第一章

商务世界

在当今世界，商务活动是社会活动的重要内容之一。各种各样的商务活动遵循着各自的规则，商务世界是一个充满了交换的世界。人们的交换不仅为了互通有无，更是为了在活动中获得更多的利益。在交换中，社会得到丰富的产品和服务，交易的参与者得到利益，政府得到税收，从而可以履行各种公共管理职能。不同的商务环境有各自的文化，不同的商务文化构成了一个丰富多彩的商务世界。

第一节　商务世界的基本活动——交换

在商务世界中，交换是最基本的活动。交换活动在市场中进行，人在交换活动中的效率决定了利益的多少，也就是从事交换活动的商人（或企业）所得到的利润。

一、交换与交换活动

交换是人类社会发展到一定阶段的产物，是以物质产品的私有为基本特征。最初的交换是一种简单的互通有无，为了获得不同的物。货币出现以后，交换的范围更广、内容更丰富。

交换是联结生产、分配和消费的桥梁，已成为社会再生产过程的不可缺少的一个环节。在社会再生产过程中，交换的性质、深度、广度和方式都是由生产的性质、发展水平和结构决定的。同时，交换对生产也具有反作用，它会促进或阻碍生产的发展。

交换活动（exchange）涉及生产、流通、消费各个领域，是经济领域最普遍的活动。从总体上看，交换活动可分作4类：

第一是生产过程中产生的各种活动和能力的交换。它是在生产过程中，劳动者在分工和协作过程中所进行的活动和能力的交换。

第二是生产过程中的产品交换。它是同一生产单位内在生产过程中各道工序之间的原材料或半成品的交换。

第三是产品在最后进入消费领域之前，不同生产单位之间在产品生产、运输、包装、保管等过程中的交换。

第四是直接为消费而进行的交换，即产品进入最后消费领域的交换。

第一类交换属于直接生产过程；后三类交换则是联结生产、分配和消费的中间环节。

交换活动是由参与交换的个人或组织进行的。这些个人或组织被称之为商人或企业（也就是经济学理论中的厂商）。最初的交换活动就是在人与人之间互换商品。交换是建立在人与人相互之间的信任和利益关系的基础上，人际关系是非常重要的。在社会中，具有稳定数量、产品品种、较大规模、固定方式的交换活动就构成了贸易。

贸易活动的发展扩大了交换活动的范围、丰富了交换形式，也促进了商务世界的形成和发展。商务世界是由从事商务活动的人（包括组织，也就是企业）在交换商品（包括服务）的过程中形成的社会范畴。

在商务世界中，存在着三种运动。

第一种运动是商品所有权的转移过程，也就是商品所有权的流动过程，商流过程是商务世界的基本运动过程，即商品的交换过程。第二种运动是为了交换而产生的物质产品的流动过程，也就是物流。第三种运动过程是随着商流和物流而产生的信息流动过程。

在市场交换的商务活动中，从生产到消费的转移是一个比较复杂的过程。在这个过程中往往有很多个人（business man）或企业（firm）参与。复杂的生产、流通和交换过程之间以某种方式联系在一起。任何类型的商务活动从商品的设计、生产到运输、储存和消费形成了一个整体，最终反映为商品的价格。

市场交换经过的环节多，交换必须支付的成本就越高。因为参与交换的所有成员都希望在交换过程中获得利益，这些利益最终转移到消费者手中就成为购买的价格。

价格形成的过程构成了价值链，也就是所有参与价格形成的人或组织所付出的劳动。在价格形成的过程中，所有参与价格形成的人或组织形成了产业链，物质流动形成了供应链，信息流将所有过程联系起来。

在商务世界中，个人或企业都是价值链、产业链、供应链中的一分子。通过商务世界中的信息获得资源，参与价格形成过程，在参与中为获得相应的利益而进行竞争。通过改进技术和管理水平，商人努力减少交换环节、交换时间和降低交换成本是从市场竞争中获得利益的主要途径。

二、市场及市场行为

狭义的市场是买卖双方进行商品交换的场所。市场由一切具有特定的欲望和需求并且愿意和能够以交换来满足此欲望和需求的潜在顾客组成，市场的规模，即市场的大小，是购买者的数量。

在市场上从事经济活动并享有权利和承担义务的个人和组织是市场的主体。任何市场主体在交换活动中都带有明确的目的，以追求自身利益最大化为目标。市场主体可以分为投资者、经营者、劳动者以及消费者，投资者是指进行一般性营利性投资的个人或组织；经营者是指从事生产、经营商品或者提供有偿服务的个人、法人、和其他组织；劳动者是指在法定劳动年龄内具有劳动能力的公民；消费者是指不以赢利为目的的购买商品或者接受服务的人。

随着社会的进步和经济的发展，在市场中从事生产、流通、销售等经营活动的市场主体大多是企业，或以某种特许形式存在。企业是商务活动的组织形式，或者是个体、合伙、公司的形式。

在市场中，价格是交易双方讨价还价的结果。市场经济的基本特征，一是分工，二是平等交换和公平竞争。平等交换和公平竞争在市场运行中的实现，必然形成一系列的特定规则和规范，表现为市场秩序。市场秩序是市场在运行中形成的各种市场参与者都必须遵循的各种规则与法律规范的总称。市场秩序本质上是市场内在的各种规定在市场运行中的各种具体要求的法律和规则形式。

市场运行秩序主要表现为分散的市场活动主体进入市场交易所要遵守的市场规则。市场规则是国家为了保证市场有序运行而依据市场运行规律所制定的规范市场主体活动的各种规章制度，包括法律、法规、契约和公约等。

在商务世界中，商品生产经营者的市场行为十分复杂，而且不断地发生变化，但都是以实现商品价值，并实现利润最大化为目的，唯利所图是市场中交换行为的基本行为方式。

市场行为是指企业在充分考虑市场的供求条件和其他企业关系的基础上，所采取的各种决策行为，或者说是企业为实现其既定目标而采取的适应市场要求的调整行为。

商品生产经营者总是通过制定营销策略，采取各种促销手段，尽快尽多地把商品销售出去，以补偿生产经营中的耗费并获得预期的收益。生产经营者的促销行为主要包括人员促销、广告促销和商标促销等。这些促销行为主要的出发点都是向用户和广大的消费者宣传自己的商品，增强商品的知名度，扩大营销面。这些营销行为中有符合市场经济秩序规范的积极正当的竞争行为，也有违背市场经济秩序的不正当的竞争行为。工商行政管理部门应当鼓励、支持市场主体正当的市场行为，制止虚假广告，虚假销售的违法行为，打击利用假商标、商业贿赂的方式来促销的行为。

市场经济体制下，企业是定价的主体。企业定价要以成本为定价的基础，考虑市场供求、竞争、政策等因素来确定合理价格。在其他条件不改变的情况下，价格的高低直接影响企业的盈亏，因此企业的定价行为应该是既考虑本企业的盈亏，又要考虑消费者，应该使两者都获利，这样才能有利于市场经济秩序的建立和维护。工商行政管理部门应支持产品定价合理、质量好的生产经营者，而对价格垄断、价格欺骗等行为应予以限制。同时应制止哄抬物价、变相涨价等不正当的价格行为。

在市场经济条件下，商品生产者和经营者之间的商品交易常以经济合同形式来体现，以实现企业的生产和经营的目标，这是市场经济与计划经济的区别之一。合同是指合同双方为了各自目的而明确权利和义务关系的协议。市场经济是一种契约经济。通过合同，约束规范合同双方当事人的行为，使其履行合同，产销得到衔接，避免盲目的产销活动。在合同的签订和履行过程中，一旦违反合同就会出现一方受损的结果，如果普遍存在这一现象就会使整个国民经济的正常运行受到干扰和阻碍。在合同的订立与履行过程中同样存在损害市场功能和秩序的行为，工商行政管理部门必须对利用合同进行的违法、违章活动进行管理，以维护正常的市场经济秩序。

除上述市场行为以外，还有市场经营主体的投资行为、信用行为、质量行为、招工和用工等行为。这些行为与资金市场、劳务市场等有直接关系。对市场主体的上述行为必须由工商行政管理部门进行规范和管理，使其按照市场的运行规律和市场经济秩序规范进行活动，才能更好地建立和维护市场经济秩序。

第二节 企业文化与商务文化

文化是人类社会历史实践过程中所创造的物质财富与精神财富的总和。而企业文化则是企业在生产经营实践中，逐步形成的，为全体员工所认同并遵守的、带有本组织特点的使命、愿景、宗旨、精神、价值观和经营理念，以及这些理念在生产经营、管理、员工行为与企业对外形象的体现中的总和。企业文化的核心是企业价值观。

一、企业文化的概念

企业文化，或称组织文化（corporate culture 或 organizational culture），是由一个组织的价值观、信念、仪式、符号、处事方式等组成的特有的文化形象。

20 世纪 80 年代初，美国哈佛大学教育研究院的教授泰伦斯·迪尔和麦肯锡咨询公司顾问艾伦·肯尼迪在长期的企业管理研究中积累了丰富的资料。他们对 80 家企业进行了详尽的调查，完成了《企业文化——企业生存的习俗和礼仪》一书。该书在 1981 年 7 月出版后，就成为最畅销的管理学著作。后又被评为 20 世纪 80 年代最有影响的 10 本管理学专著之一，成为论述企业文化的经典之作。

迪尔和肯尼迪把企业文化整个理论系统概述为 5 个要素，即企业环境、价值观、英雄人物、文化仪式和文化网络。企业环境是指企业的性质、企业的经营方向、外部环境、企业的社会形象、与外界的联系等方面。它往往决定企业的行为。价值观是指企业内成员对某个事件或某种行为好与坏、善与恶、正确与错误、是否值得仿效的一致认识。价值观是企业文化的核心，统一的价值观使企业内部成员在判断自己行为时具有统一的标准，并以此来选择自己的行为。英雄人物是指企业文化的核心人物或企业文化的人格化，其作用在于作为样板，给企业中其他员工提供可供仿效的榜样，对企业文化的形成和强化起着极为重要的作用。文化仪式是指企业内的各种表彰、奖励活动、聚会以及文娱活动等，它可以把企业中发生的某些事情戏剧化和形象化，进行生动的宣传和体现本企业的价值观，使人们通过这些生动活泼的活动来领悟企业文化的内涵，使企业文化“寓教于乐”之中。文化网络是指非正式的信息传递渠道，主要是传播文化信息。它是由某种非正式的组织和人群，以及某一特定场合所组成，它所传递出的信息往往能反映出员工的愿望和心态。

企业文化结构是指企业文化系统内各要素之间的时空顺序，主次地位与结合方式，企业文化结构就是企业文化的构成、形式、层次、内容、类型等的比例关系和位置关系。它表明各个要素如何链接，形成企业文化的整体模式，即企业物质文化、企业行为文化、企业制度文化、企业精神文化形态。

二、企业文化整合

企业文化整合就是指有意识地对企业内不同的文化倾向或文化因素通过有效地整理整顿，并将其结合为一个有机整体的过程，是文化内容、文化意识和文化实践一体化的过程。也就是说，企业文化整合首先是对企业内部不同文化或文化因素的一体化整理和结合，形成统一的文化内容和文化体系。

企业文化整合的过程，是企业群体的共同意识、共同价值观调整、再造的过程。对企业文化整合可理解为对各种企业人群的文化观念系统在不同的层次、层级的整理与结合，企业文化和企业生产经营的相互作用并形成一致的价值认同。劳伦斯·米勒在《美国的企业精神》一书中提出："为了发展新的文化，必须动员一切力量，为了改变公司的文化，必须要有实例、训练、指示、教导、强化以及对新作风予以支持的制度。"

精神文化、制度文化、行为文化和物质文化等四个层面文化整合，主要是强调精神文化的核心性，精神文化的确定和实质性内容，决定了其他三者的性质。整合企业文化首先要梳理和整合精神层面的文化，然后再运用精神层面的文化整合其他三个层面的文化。

企业文化的整合应当根据企业发展的具体情况，从实际出发，制定文化整合的目标和措施，运用多种方法，对企业文化内容和文化因素进行系统化整理，建立以价值观为核心的文化体系，引导员工端正文化心态、思想观念、价值取向和行为方式，从而形成企业的向心力和凝聚力。

新知识：企业关系管理（enterprise relationship management，缩写为 ERM）

企业关系管理是指获得、建立和维系企业在市场经营中诸方关系的行为，是巩固和发展企业与消费者、供应商、合作伙伴、金融与政府部门以及企业内部员工关系的活动。

企业关系管理需要协调各方面内外关系。ERM 需要设立 ERM 部门，配备相关人员和职务。由专人负责分析并描述业务和关系流程。以顾客关系为例，画出顾客关系的流程图：顾客的咨询、购买、服务、技术支持、维护等绘制关系地图，建立各种关系流程；在关系流程的基础上，将绘制的各张地图，以一定的形式联系起来，构成一个关系网络库；建立知识共享型企业文化、学习型组织及相关配套机制。在企业的不同层次的人员中推广 ERM，并将各项活动以制度的形式规范下来，通过激励等配套机制使 ERM 延续下去。

三、企业伦理

企业伦理，又称为企业道德（enterprise ethics）或商业伦理（business ethics），是企业经营本身的伦理。企业伦理观念是 20 世纪 70 年代在美国最先被提出的。

有人认为，企业将赚钱作为主要目标，伦理则是企业追求的道德规范，企业的经营目标与企业社会责任没有必然联系，甚至是水火不相容的，因此认为企业的经营目标和经营伦理是相矛盾的。企业伦理的内容依据主题可以分为对内和对外两部分：对内部分主要包括劳资伦理、工作伦理、经营伦理；对外部分主要包括客户伦理、社会伦理、社会公益。

“伦”是指人的关系，即人伦，“理”是指道德律令和原则，所以伦理是指人与人相处应遵守的道德和行为准则。而西方主要是指风俗、风尚等。道德在实际运作中和伦理并没有什么区别，只是在学术上才有一些研究专家根据自己的需要而作区分。

伦理道德以其特有的社会功能对企业发展施以影响。在企业内部，伦理道德规范作为一种矫正人们行为及人际关系的软约束，它能使企业员工明确善良与邪恶，正义与非正义等一系列相互对立的道德范畴，从而具有明确的是非观、善恶观，提高工作效率和道德水准。伦理道德有助于企业确立整体价值观和发扬企业精神，有助于群体行为合理化，提高群体绩效。

企业伦理之所以成为现代企业存在和发展的重要条件，就是因为企业伦理是现代企业制度和管理中不可缺少的软件。

首先，企业伦理是企业正确认识和处理它在社会上、市场上的角色、功能、责任和义务时所不可缺少的，可以为企业正确处理它和社会、生态环境之间的关系时提供正确的指导原则。企业伦理提供了一种基本的理念、原则和方法，在企业和社会、环境之间建立一种融洽、和谐、协调发展的关系。这种关系既是现代社会、市场经济发展所需要的，也是现代企业发展所必须的。

企业伦理是正确处理企业内部关系、化解企业各种矛盾、增加企业凝聚力所不可缺少的。企业在管理过程中首先会遇到投资者、经营者、劳动者三者之间的责权利关系问题，这涉及如何认识和评价资本、劳动、管理在企业生存和发展中的地位和作用，也关系到如何在分配过程中恰当地处理三者之间的利益关系。解决这类问题的复杂性还在于，这三者在生产经营过程中的贡献及相应的利益关系，并不是完全能够依据技术和经济原则精确确定的，目前已经采用的各种定量方法实际上都不准确。因此在处理这三者关系的时候，还不同程度地要依赖伦理道德原则。

现代市场经济正越来越成为一种规范经济、信誉经济、文明经济和法制经济，要求现代市场上的企业家是讲法制、讲道德、讲文明的现代企业家。因此，在现代社会和市场中，一个企业越是具有伦理道德水平，就越有可能在市场上和社会上赢得消费者和同行的信任和声誉。在一个讲道德、伦理、文明的社会和市场中，企业的信用、声誉是一种无形的资本、潜在的市场。这种无形的资本、潜在的市场是在企业发展中长期起作用的因素。从这个角度看，企业伦理建设虽然直接提高的是企业的伦理素质、伦理水平、伦理价值、伦理形象，但它们的提高却可以转化为企业的经济效益，转化为企业在经济上的利润和收入。

四、商务世界中的经营之道

商品的生产和经营直接与金钱打交道，所以自商品和商人出现以来，专门从事商品生产和经营的领域就围绕以“钱”为本，还是以“人”为本的问题争论不休。

（一）遵守规则是基本的经营之道

商人（或企业家）为钱似乎是天经地义的，不为钱而经商的人就不是商人。钱出现以后就与自私和奸诈联系在一起，而为了钱而存在的商人就注定与自私和奸诈联系在一起。因此就有了“无商不奸”的普遍认识。

在老百姓眼里商人是可恨的，因为商人把自己辛苦赚来的钱又拿走了，可是谁也离不开商人，因为商人的存在，老百姓才有了各种生活所需要的东西。在这个交换过程中，商人与商人之间，商人与消费者之间都要讨价还价，为自己获得更多的利益，连专门研究钱的经济学也将人是自私的作为基本的前提。

因为资源的普遍稀缺性，作为个人必须努力争取自身的利益。在钱出现以后，它成了衡量自身努力和利益的标准，个人争取自身利益的努力就变为挣取更多的钱，而在许多人的眼里，能够支配钱数量的多少就成为一个人是否成功的标志。

应该承认，以能够拥有或支配的钱的多少作为衡量一个商人成功与否的标准是没有疑问的。但同时如何获得这些钱及其支配能力是更重要的，因为，任何一分钱都不是从天上掉下来的，每一个人都必须付出努力，这样的努力与读书人功成名就、体育明星令人羡慕的荣耀背后需要付出等量的努力是一样的。

也许有不少人会认为商人不就是凭自私和奸诈进行竞争的吗？实际上有这样认识的人对于商人和企业几乎是一无所知。企业为钱而产生和生存，并围绕钱而开展经营活动。

在经济发展的历史中，因为钱是如此的重要和稀少，为了能够有一个人们普遍接受的方法来配置钱的流动、分配和使用，人们建立了许多的规则和方法，尽管迄今为止这些规则和方法还远没有完善，但毕竟其中的许多规则和方法已经为在特定社会经济条件下配置钱的流动、分配和使用提供了基本的框架。

这些基本的规则和方法有什么作用呢？在人的社会中，为了维护秩序，人们建立了大量的规则用来约束不合理和不被大家所接受的行为。在任何正常和稳定发展的社会中，被社会认可的规则都是人心的反映，也就是大多数人的期望。由于明文规定的法律法规和行业规范仅仅是这些规则的一部分，而更多的规则存在于社会的人心之中，成为维护社会发展和保证社会稳定的基础。

政治家们知道“水可载舟，也可覆舟”的道理。官是舟上人，民是载舟水。驾舟之人必须熟悉水性才可在水上泛舟。经营企业同理，人心为水，企业为舟，企业的管理者是驾舟之人，舟行的前方有金山。欲到金山取金必须先了解水，才能得到水的帮助，如果仅仅把水当做工具任意使用，甚至玩弄和欺骗，即使到达金山脚下也不会安全回来。

什么是企业家的道德？企业家的道德就是遵守规则。在规则范围内，充分发挥自己的能力，再加上足够的聪明和勤奋。企业家的道德表现在获得“人心”，通过真诚的服务和勤奋的劳动，用消费者满意的产品和服务获得认可和承认，在这个过程中获得必要的合理收益。

世界上所有成功的企业家都不是钱的奴隶，而是钱的主人，主人要决定钱的命运。成功的企业家与小贩之间主要差别是前者为了帮助别人而赚钱，后者为了钱而赚钱。

为了钱，相当数量的人总是在思考如何不遵守规则就能达到自己的愿望，获得钱、更多的钱。人们往往认为违反规则是最佳捷径，人则变得非常“聪明”，并把所有的“聪明”用在规则之外，他们视规则为无物或想尽办法绕开规则，为了摆脱规则的约束交换了包括尊严、原则、信誉等更为宝贵的东西。

（二）管理者的素养与企业经营

一个健康发展的企业与企业管理者制定的长远目标是分不开的。而健康发展的企业总与企业创立者和管理者个人的修养、观念、理想和意志等有密切的关系。企业的经营战略管理实际上是在企业经营的稳定发展、坚定的个人理想与变动的经营环境之间发现机会，选择企业的经营道路，将企业的发展引导到健康发展的轨道。

美国联合航空公司（United Airliner）的创始人将个人对于航空事业的热爱和追求与个人对他人的关爱转化为一整套企业经营理念，在航空史上创建了航空小姐服务和航空安全保证的一系列规则，使联合航空公司成为世界上最大的航空公司。在管理联合航空公司的几十年中将联合航空公司“在友好的天空中飞翔”的企业经营理念深入到全世界。在不断变化的世界航空服务市场经营中，尽管政府的管理在不断完善，航空飞机也从螺旋桨发展到喷气式，人员从几十人发展到几万，航线从美国的中部到西部发展到全世界，但是联合航空一直致力于在“友好的天空”中铺就坦途。

松下幸之助所创立和经营的松下公司致力于生产平民百姓用得起、方便和耐用的家用电器，多年来家用电器行业的技术不断发展，而松下公司的产品从来都是平民家中最常见的产品。

当然在世界知名企业的经营管理过程中也有许多产品是以追求产品的高质量和高档次，如 SONY、IBM 等著名公司的高级产品，不论市场如何变化，企业都将产品和价格定位于较高的层次。在多年的经营管理过程中形成了特有的企业信誉和形象，在企业经营和发展过程中这些企业一直致力于不断进行技术创新和开发新技术与新产品，以令人应接不暇的新技术和名、优、新的产品引导着相关产业的技术进步和发展方向。

在企业经营和发展的过程中，企业经营环境的变化和企业经营的观念是一对矛盾，在多变的环境中，在金钱和许多外部诱惑下保持作为一个正直的、善良的人的价值观，并将其逐步融化为企业经营和发展的灵魂是相当困难的，也是最难能可贵的。

我们认真研究和学习西方发达国家优秀企业的发展历程都会为这些企业所创造的光辉业绩所赞叹。同时在企业经营和发展过程中，著名企业家在复杂多变的环境中所具有的个人魅力和对理想的不断追求与对个人信念的那份坚持才是更加令人敬服的。没有这些，任何一个人都难以成为伟大的企业家，这些内容才是成为伟大企业家的精髓。

在企业的经营管理过程中，来自外界的诱惑实在是太多了。名誉、地位、金钱太多地左右了企业的经营行为；社会运行中太多的不规范和不合理的问题与现象也给企业的经营发展提供了许多偏离的机会和条件；社会政治经济制度的改变和技术的发展有可能影响人的观念；企业的相关利益者会通过各种方式影响企业的发展，并试图从中为个人获取更多的利益。以上因素使企业管理者很难正确面对这些诱惑，由此而产生了一系列问题。

名誉、地位、金钱是人们成功的重要指标，但“君子爱财，取之有道”。通过满足社会和市场的需求，以企业的整体发展为重，企业的所有者能够使企业在稳定的发展中获得长期稳定的收益，相反，在一定的情况下，部分企业的经营决策者也可以通过不合法或不合理的手段和途径在企业的经营过程中获得所期望的名誉、地位、金钱，在短期内成为“成功者”。但企业的整体和长远发展则有可能受到损害。

五、商务文化

商务文化，是指商务活动中产生的精神现象或文化现象。商务文化作为一个系统，它构成有四个层次：即商务物质文化、商务行为文化、商务制度文化和商务精神文化。

商务物质文化（包含商品文化），包括商业建筑、商店、技术设备、商品、包装、商标，广告及物质生活条件等文化内涵；商务行为文化，其中包括既受民族文化制约，又受外来文化影响的商业的思维模式、情感模式、行为模式等；商务制度文化，其中包括商务组织管理经营机构制度、商务经营管理政策、法令和规章制度、商业公共关系准则等文化内涵；商务精神文化，一般包括商务活动中的商务观念文化体系，如商务理念、商业伦理、商务心理等。商务文化的四个层次不仅由浅至深、由表及里，而且四个层次之间也是互相联系、相互制约、相互促进的，并构成了一个有机整体。

商务文化是商务活动中产生的精神现象或文化现象。包括商务伦理道德文化、网络文化、广告文化、饮食文化、酒文化、茶文化、服饰文化、商务礼仪、建筑文化、旅游文化、影视文化、宗教文化、商务民俗、商业文化与文化商业化等。

商务礼仪（business etiquette）是商务文化在企业商务交往中体现出来的人们之间互相尊重的意愿和交往规范，就是与人交往的程序、方式以及实施交往行为时的外在表象方面的规范，包括语言、仪容、仪态、风度等。受历史传统、风俗习惯、宗教信仰、时代潮流等因素影响，各个国家和民族都各自形成了独具特色的礼仪文化和礼仪规范，并对商务交往产生一定的影响。在现代商务世界也形成了一些被普遍认可和接受的礼仪惯例。

商务礼仪的核心是一种行为的准则，用来约束我们日常商务活动的方方面面。商务礼仪的核心作用是为了体现人与人之间的相互尊重。这样我们学习商务礼仪就显得更为重要。我们可以用一种简单的方式来概括商务礼仪，它是商务活动中对人的仪容仪表和言谈举止的普遍要求。商务礼仪是人际交往的艺术，教养体现细节，细节展现素质。

商务礼仪主要包括柜台待客礼仪、商务洽谈礼仪、推销礼仪、商业仪式等等。对商务人员来说，商务人员的素质就是商务人员个人的修养和个人的表现。教养体现于细节，细节展示素质。所谓个人素质就是在商务交往中待人接物的基本表现。商务礼仪有助于建立良好的人际沟通，维护形象，个人、企业和国家形象。商务礼仪就是要维护企业形象。

商务礼仪的“3A”原则，是商务礼仪的立足资本，是美国学者布吉尼教授提出来的。“3A”原则实际上是强调在商务交往中处理人际关系最重要的需要注意的问题。

第一原则：接受对方（accept）。告诉我们在商务交往中不能只见到物而忘掉人。强调人的重要性，要注意处理人际关系，不然就会影响商务交往的效果。宽以待人，不要难为对方，让对方难堪，客人永远是对的。比如在交谈时有“三不准”：不要打断别人；不要轻易地补充对方；不要随意更正对方，因为事物的答案有时不止一个。一般而言，不是原则性的话，要尽量接受对方。

第二原则：重视对方，欣赏对方（appreciate）。要看到对方的优点，不要专找对方的缺点，更不能当众指正。重视对方的技巧：一是在人际交往中要善于使用尊称，称行政职务，技术职称；二是记住对方，比如接过名片要看，记不住时，千万不可张冠李戴。

第三原则：赞美对方（admire）。应该赞美和肯定交往对象，懂得欣赏别人的人实际上是在欣赏自己。赞美对方也有技巧：一是实事求是，不能太夸张，二是适应对方，要夸到点子上。

第三节　商务世界的基本组织——企业

经济和社会的发展是以经济的发展为基础的。而这个基础则取决于企业的发展程度和水平。因此，企业的发展水平反映了社会的发展水平。工商业的发展水平表现为企业数量上的多少和质量上的高低，以及结构上的科学合理性。进入21世纪的中国是一个经济和社会飞速发展的社会，中国社会发展的程度在很大程度上取决于企业的发展水平。

一、企业的基本概念

企业对不同的人来说意味着不同的事物。对员工来说，它是工作的单位或谋生的地方；对于经营者来说，它是经营的舞台；对政府来说，它是创造社会财富的工具；对于老百姓来说，它是工厂；对于游客来说，它是商店和商品；对于某些政府管理部门来说，它是管理的对象；对于其他人员，它又是另外的事物。总之，企业是以不同的角色出现在人们的面前。

（一）企业的定义

企业是指依法设立的以营利为目的，从事生产经营活动，独立核算的经济组织。一般来说，是在特定的社会经济环境中，以资源为基础，自主经营，为社会提供特定的产品或服务，换取经济收益最大化为目标的经济实体。

企业是以独立法人为基本的存在和表现方式，为社会提供私人产品或服务，并以赢利为基本目标。

（二）企业的基本特征

企业具有以下基本特征：以追求利润最大化为目标；以有形财产的支配为基础；进行必要的生产或服务经营活动。企业的经营活动只有向社会提供了社会需要的产品或服务之后才能获得相应的经济收益，企业的产品或服务是获得预期经济收益的基础。

除了经济性之外，企业通过私有财产不可侵犯、平等、科学、理性、效率等对社会、政治、文化、技术等施加影响。国际经济一体化将极大地影响世界各国的社会、经济、文化等，经济大国的文化观念将通过企业经营行为进入和影响其他国家。

二、企业的经营活动：投入与产出

企业的经营活动是利用生产经营资源（投入）创造能够满足社会需要的产品或服务（产出）的社会活动过程。

（一）企业的基本投入

企业的生产过程是从投入开始的，这种投入包括自然资源、劳动、资本、管理和信息五个主要方面。

1. 自然资源（natural resources）

自然资源包括土地、矿产、森林、水、海洋等。自然资源不仅包括各种有形的物化资源，还包括优越的地理位置和环境等非物化的资源。在企业的生产、经营过程中对自然资源的开发和利用一直是企业传统生产过程的重要内容之一。企业通过对自然资源的占有、开发、使用，生产出人类生产和生活所需要的产品或服务来满足各种需要。

在人类对自然资源开发利用的历史进程中，经历了无偿开发、有偿开发和经营自然资源的三个阶段。由于自然资源是有限的，无偿占有、开发和利用自然资源的社会经济发展过程也带来了环境污染和生态系统破坏的问题。在20世纪的后50年，自然资源短缺和生态环境破坏所产生的问题日益引起社会的关注，并首先在经济发达国家开始了自然资源和生态环境保护运动，这些运动的结果使全社会开始重视无偿资源开发和利用所带来的问题。在20世纪90年代初提出了可持续发展问题，保护自然资源和生态环境成为社会经济发展的重要内容，世界各国纷纷开始制定各种法律法规和相关政策，通过各种行政手段和经济杠杆，限制对自然资源的无偿开发利用行为。各种野蛮的开发自然资源和破坏生态环境的经济活动受到法律法规和政策的制约，合理的开发利用活动也必须支付高额的费用。

20 世纪 70 ~ 80 年代，在世界各国开始了“经济生态化”的生态经济研究和实践活动，各种以节约利用自然资源为目标的经济活动和企业生产经营行为成为社会经济运行的重要内容。进入 20 世纪 90 年代后期，各种以投资自然，以自然生产力为基础，生产经营各种天然产品和良好生态环境为目标的绿色产业开始兴起，保护自然资源和生态环境的各种活动和行为已经不仅仅是政府和社会的公益事业，丰富的自然资源和良好的生态环境成为社会经济发展的基础，许多企业开始从事绿色产业，在生物技术和其他现代科学技术的支持下，与现代社会一起进入可持续发展的新纪元。

2. 劳动（labor）

劳动是通过人在企业的生产和服务过程中发挥作用，将各种投入转化为产出，并创造利润的重要因素。劳动的投入表现为体力劳动的投入和脑力劳动的投入，在传统经济发展的过程中，体力劳动一直是生产力的重要组成部分。不同类型企业的劳动投入量和脑力劳动与体力劳动的投入比重是不同的，在各种原材料生产企业需要投入大量的体力劳动，如农业、林业、矿业企业等。而在高新技术企业，要求投入大量的脑力劳动，需要大量的资金、技术和设备。在服务性企业中，也需要大量的体力和脑力劳动。

随着社会的发展，生产自动化、信息技术的发展和提高劳动生产率的要求使企业的生产过程越来越多地使用机器，机器和脑力劳动逐步替代体力劳动。不同国家的经济发展水平不同，这种替代的程度也是不一样的。

劳动要素是企业运行的必要条件之一。在市场经济条件下，理想的劳动能够获得其他各种企业运行的必要投入，并获得预期的经营效果。

3. 资本（capital）

资本是企业在生产和服务过程中投入的各种物化劳动的总称。狭义的资本主要是指货币，也就是通常所说的资金。单纯的货币并不是资本，货币只有在用于购买生产资料，并投入生产或服务过程才变为资本。货币在投入生产或服务过程以后，成为生产要素。用于购买生产和提供服务的工具、机械、建筑、设施等，在生产和服务过程中，资本通过人的劳动转化为社会生产或人所需的各种产品或服务来满足需要。

广义的资本表现为多种形式，它既包括用于生产或服务的货币，也包括企业占有的自然资源（也称为资源资本）、拥有的设备、设施（也称为资产）、技术、管理知识、经验（知识资本和企业家、管理专家）、制度和体制（管理资本）、品牌或声誉（无形资本）、优秀的人员（人力资本）以及信息（也称为信息资本）。

企业可以在经营过程中用较小的资本逐步获得较大的资本，也可以在资金比较充裕的条件下，通过直接购买获得广义的资本。

4. 管理（management）

管理是通过计划、组织、激励和领导、控制等环节来协调人力、物力和财力资源，以期达成组织目标的过程。在这个过程中，管理是通过企业中从事管理的人来实现的。从事管理的人包括企业家、管理专家、管理人员等。

狭义的管理人员主要是指在企业中专门管理人的各级领导，广义的管理人员不仅包括专门管理人的各级领导，还包括各种工程技术人员和其他管理各事务的人员，也就是企业中所有负有一定业务责任的人员都是管理人员（也称为白领）。在大量使用机器和已实现了自动化的今天，负有业务责任的广义的管理人员越来越多。

在企业中，那些对企业整体运行负有责任，将自然资源、劳动、资金和资产等生产要素转化为社会需要的产品或服务，并实现赢利活动的人是特殊的管理人员。这些管理人员包括企业家（entrepreneur）和管理专家（management expert）。

企业家和管理专家并不完全相同。在企业创立和经营的初期需要企业家认识和发现市场的需求，并将市场的需求与特定的生产或服务经营活动联系在一起，将各种投入有机地联系和组合在一起，构成产出，形成企业组织体系，实现赢利，开创企业经营的局面。

企业家是特殊人才，首先企业家是产品或生产过程的创新和革新家，能够发现市场的新需求，并将满足需求的过程实际化，成为一个完整的过程；其次，企业家是经营活动的冒险家，愿意并敢于承担经营活动的风险；第三，企业家还必须是一个优秀的企业管理者，在企业发展过程中，他必须能够制定各种决策。

如果说企业家是通过经验、灵感和机遇造就企业的话，管理专家的责任就是通过理论和知识使企业运行过程逐步规范和实现科学运行。在一个企业中，通常只允许有一个企业家来推动企业的运转，而一个规范化的企业中有许多管理专家共同努力。

5. 信息（Information）

企业的运行过程是商流、物流和信息流的流动过程。信息在企业运行过程中发挥了重要的作用。无论企业家通过经验、灵感和机遇造就企业的过程，还是管理专家通过理论和知识管理企业的过程都需要大量和准确的信息作为基本条件。

（二）企业的基本产出（Output）

企业的基本产出包括有益产出和有害产出两个方面，如图 1-1。

1. 工商业的有益产出

工商业的有益产出体现在多方面：对于用户和消费者可以提供多种产品和服务，满足生活需要；给政府上缴了大量的税收，这些税收被用于公共事业，提高社会的整体发展水平；对于社会来说，企业能解决就业问题，促进社会的稳定繁荣；对于员工来说，是生活收入的重要源泉；对于股东来说，意味着红利和股票升值等带来的经济利益；银行因为有了企业，才能够获得利息，使银行运行起来；对于企业家来说，企业就是创造利润的神秘机器。

2. 企业的有害产出

企业不仅提供有益的产出，在社会的法律法规和管理不健全的情况下还生产许多有害的或负面的产品：生产过程中的环境污染问题，为追求利润导致的各种违法问题，个别企业生产的假冒伪劣产品，企业间和企业对消费者的欺诈行为，由企业运行产生的拜金主义观念。在部分国家，还有企业或企业家直接干预社会和政治，败坏社会风气的问题。

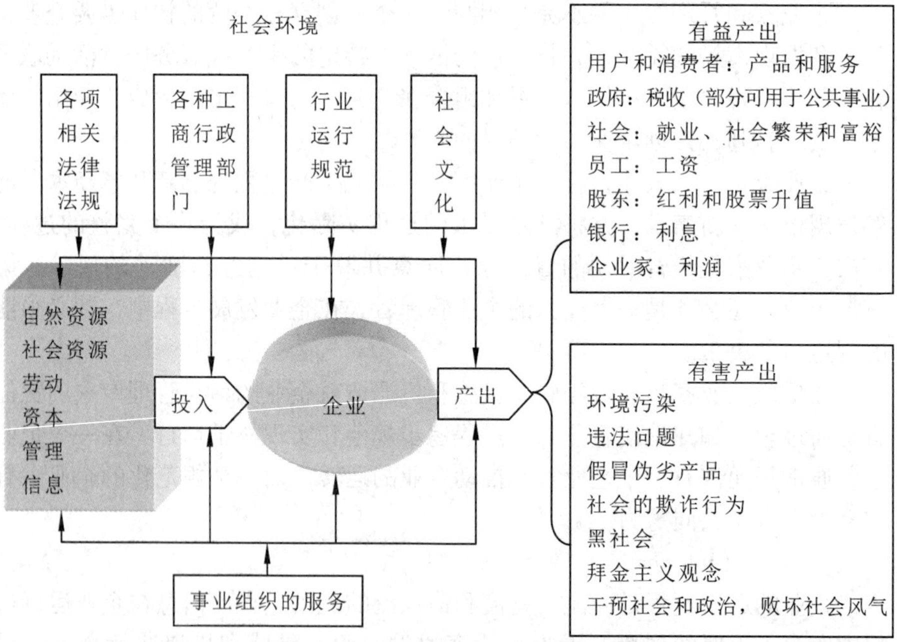

图 1-1 企业的投入产出过程示意图

国家宏观管理的重要任务就是通过有效的管理，并通过企业的自律行为，尽可能增加企业的有益产出，减少或消除有害或负面产出。

企业是一个利用各种生产经营资源（各种投入）创造各种产品或服务（各种产出）的社会活动过程。在这个过程中，企业既能够创造各种有益产出满足社会的需要，也可能出于对经济利益的追逐制造各种有害产出危害社会的运行。

三、企业运行约束框架

社会为了约束企业组织的运行，激励其经营的产出满足社会的需要，防止有害产出，建立了一系列的制度和管理机制作为约束企业的框架和体系。

企业必须在以下框架内进行经营活动：第一是国家和地方的法律法规框架，企业各项经营活动必须做到遵纪守法，在这个框架内，企业可以按照市场竞争的基本规律，采取合理的竞争手段；第二是符合行业运行的基本规范，任何行业在其运行的过程中都有各自的一些基本运行规则，这些规则使行业中的各类企业在各种经营活动过程中维护行业的稳定和秩序，违反行业规范的企业会受到其他企业的抵制和排斥，使之在经营中遇到困难，甚至难以经营下去；第三是企业的经营活动必须要满足市场的需求，在满足市场需求的过程中获得利润，只想获得利润，而不满足市场需求的企业就难以生存；另外，任何企业都是在特定的社会环境条件下从事经营活动的，企业的经营活动必须符合特定的文化环境，与特定的文化融合在一起。上述框架构成了企业组织运行的外部环境。

经济和社会的发展是以企业的发展程度和水平为基础的。因此，企业的发展水平也是社会的发展水平。工商业的发展有数量上的多少和质量上的高低，以及结构上的科学合理性。工商业的发展既反映了经济发展的成熟程度，也表现出国家机构管理国家的能力。

四、企业经营的利益相关者

由于企业是社会运行的基本单位，是社会运行的基本经济来源，企业作为一个社会团体，它在市场上的任何行为都不可能是孤立的，企业的每一个决策及其结果好坏都会对企业内部或外部的很多部门与群体产生影响。同时，企业的经营管理及其结果也会受到很多部门与群体的影响。

这些受企业运营影响和能够影响企业运营的部门和群体就是企业的利益相关者。因此，在企业组织的运行过程中存在众多的相关利益者。

（一）企业内部的利益相关者

1. 股　东

股东是企业的投资者，是与企业联系最密切的利益相关者。股东的利益由企业的经营状况和赢利水平决定。同时，股东的决策与需要会直接影响企业的经营管理与赢利水平。大家都知道，股东之所以对企业进行投资，最主要的目的就是为了追求利益——获得更多的利润，或者说现金回报。

2. 员　工

员工作为企业经营管理的实际操作者，对企业最直接的利益要求就表现在薪资上。他们总是期望比较高的薪资，这个高薪资不仅体现在当前金额上，还体现在一定程度的持续性的增长上。除了有薪资的要求外，员工还要求满意。这个满意包括：第一，公司有没有发展前景；第二，员工个人是否有发展机会。因此，员工对利益的要求不仅能满足个人的现在需要，还要满足他的未来发展。员工往往要求企业提供一定的保障，比如要求参加养老保险、失业保险、医疗保险等，这些制度往往能够给员工带来一定的心理保障。

（二）企业外部利益相关者

企业的经营是在一定的外部环境与条件下实现的，企业为社会提供产品与服务，同时也需要社会为它提供产品与服务。因此，企业也就必须承担一定的社会责任与义务，必须平衡社会利益与企业利益的关系。

1. 客　户

客户作为企业产品或服务的购买者和使用者，他们对企业同样也有利益要求。客户的这种利益要求体现在以下三个方面：交易是有价值的；交易是安全的；追求长期的满意。

2. 供应商

企业与供应商的利益关系与企业和客户的关系相似。供应商对企业的利益要求是希望维持较稳定的交易联系，并实现利润。

3. 政　府

政府对企业的利益要求主要体现在税收征管和公共责任上。

4. 社会大众

企业的赢利来自于社会。因此，社会大众往往希望企业能够在一定程度上回馈社会。比如说，希望企业在慈善事业上有所作为。

这些相关利益者既可能是企业运行的合作者、竞争者，也可能是企业经营的优势条件或存在的威胁来源。

这些相关利益者都是企业运行的信息来源，还有许多相关利益者是企业组织信息的收集、加工利用和使用者，都对企业的运行产生影响。随着社会的发展，来自相关利益者的信息来源会更加丰富，使用企业信息会更加频繁，对信息的管理就成为企业运行越来越不可或缺的企业管理内容。

第四节 商务世界中形形色色的企业

在商务世界中，不同的企业从事不同的经营活动，分工构成了不同的产业。产业是提供同类产品或服务经营活动的企业集合。在社会生产力发展的不同阶段，由于社会分工的主导形式转换并不断地向深层发展，形成了多层次的产业范畴。产业和产业之间、产业内部的企业之间存在着极其复杂的直接和间接的经济联系，使产业成为一个有机的系统。

一、农业产业与农业企业

农业是通过培育动植物生产食品及工业原料的产业。农业属于第一产业，农产品是支撑国民经济建设与发展的基础产品。传统的中国农业是以土地资源为基础的种植与养殖业，养殖业是建立在种植业的基础上。土地是农业中不可替代的基本生产资料，劳动对象主要是有生命的动植物。由于生产时间与劳动时间不一致，受自然条件影响大，农业有明显的区域性和季节性。

由于各国的国情不同，农业包括的范围也不同。狭义的农业仅指种植业或农作物栽培业；广义的农业包括种植业、林业、畜牧业、渔业和副业。有的经济发达国家，还包括为农业提供生产资料的前部门和农产品加工、储藏、运输、销售等部门。

在我国，农业包括农业（农作物栽培，包括大田作物和园艺作物的生产）、林业（林木的培育和采伐）、牧业（畜禽饲养）、副业（采集野生植物、捕猎野兽以及农民家庭手工业生产）、渔业（水生动植物的采集、捕捞和养殖）。

我国农业生产经营以种植业为主，种植业内部结构不尽合理，联产承包之后，我国家庭农业生产经营分散、规模小。农民对生产的投入大部分仍然集中在土地与劳动的投入之上，普遍采用的是粗放经营方式。

农业现代化是指从传统农业向现代农业转化的过程和手段。农业现代化可以概括为机械化、化学化、水利化和电气化，农业机械化是农业现代化的基础。在这个过程中，人们用现代工业、现代科学技术和现代经济管理方法发展农业，使农业生产力由落后的传统农业转化为当代世界先进水平的农业。这既是建立高产、优质、高效的农业生产体系，把农业建成具有显著经济效益、社会效益和生态效益的可持续发展的农业的过程，也是大幅度提高农业综合生产能力、不断增加农产品有效供给和农民收入的过程。

随着农业经济的发展，农产品与服务成为传统种植业发展和延伸的途径。对于农产品的深加工和精加工增加了农产品的附加值。现代旅游业，又为整合和提升农业产业链创造了条件。

农业生产和组织方式非常简单。传统的农业是基础产业，以分散生产的方式为其他各产业提供原材料。现代农业不仅为其他产业提供原材料，而且直接为消费市场服务。除了政府为提高农业产业竞争力所创造的各种条件以外，农业自身的产业化程度直接影响农业的现代化进程。

农业产业化是指农业生产单位或生产地区，根据自然条件和社会经济条件的特点，以市场为导向，以农户为基础，以龙头企业或合作经济组织为依托，以经济效益为中心，以系列化服务为手段，通过实现种养加、产供销、农工商一条龙综合经营，将农业再生产过程的产前、产中、产后诸环节联结为一个完整的产业系统的过程。

农业产业化经营其实质就是用管理现代工业的办法来组织现代农业的生产和经营。它以国内外市场为导向，以提高经济效益为中心，以科技进步为支撑，围绕支柱产业和主导产品，优化组合各种生产要素，对农业和农村经济实行区域化布局、专业化生产、一体化经营、社会化服务、企业化管理，形成以市场牵龙头、龙头带基地、基地连农户，集种养加、产供销、内外贸、农科教为一体的经济管理体制和运行机制。

发展农业产业化经营，可以促进农业和农村经济结构战略性结构调整，有效拉长农业产业链条，增加农业附加值。

农业产业化经营是提高农业竞争力的重要举措。加入世贸组织后，国际农业竞争已经不是单项产品、单个生产者之间的竞争，而是包括农产品质量、品牌、价值和农业经营主体、经营方式在内的整个产业体系的综合性竞争。积极推进农业产业化经营的发展，有利于把农业生产、加工、销售环节联结起来，把分散经营的农户联合起来，有效地提高农业生产的组织化程度；有利于应对加入世贸组织的挑战，按照国际规则，把农业标准和农产品质量标准全面引入到农业生产加工、流通的全过程，创造出自己的品牌；有利于扩大农业对外开放，实施“引进来，走出去”的战略，全面增强农业的市场竞争力。

农业企业是指从事农、林、牧、副、渔等生产经营活动，具有较高的商品率，实行自主经营、独立经济核算，具有法人资格的盈利性的经济组织。

早在14世纪，英国、法国就已出现了最早的资本主义性质的农业企业——租地农场。产业革命以后，各种形式的资本主义农业企业，如家庭农场、合作农场、公司农场、联合农业企业等大量发展，成为农业生产的基本经济单位。中国的农业企业在1949年以前为数很少，在中华人民共和国成立以后才迅速发展起来。1979年以后，随着改革开放和农村商品经济的发展，农业企业出现了多种形式。

新视点：现代农庄

近年来，随着社会经济的不断发展，农业经济中出现了一种集特色农产、旅游、住宿、餐饮、景观、民俗为一体的农业经营方式——农庄。

农庄为消费者提供了特色产品、旅游观光服务，通过旅游观光吸引城市消费者来到农村体验不同的生活方式。在消费者体验不同生活方式的同时，特色农产品的生产和经营活动不断提升。农业生产的现代化水平、园艺化水平不断提高。

各地政府为了鼓励农业经济的发展，纷纷推出一镇（村）一品、一乡（村）一特色的特色农业鼓励政策。在农民发展特色农业和农庄的过程中，政府提供规范化服务培训，对于经营秩序和经营行为进行监管。

目前现代农庄已经成为农业经济的新载体。农业经济特色化、生态化、体验式、贴近自然、亲情化、信息化等已经成为现代农庄经济的显著特点。

将产业资本与农业资源和农户的生产经营活动联系在一起，利用产业资本在市场经营方面的能力和丰富多样的农业资源具有广阔的发展前景。农业龙头企业在当前现代农业和产业化发展进程中具有强大的推动力。在龙头企业的带动下，农业能够迅速实现产业化和规模化经营，提高竞争力。

在用产业资本开展农业经营活动的时候还存在很多难以解决的问题。其基本的生产活动属于商业开发活动中的分散性资源生产——集中加工和销售模式。前一阶段属于农业生产类型，生产活动要依靠土地资源，进行植物资源培育、管护和种子收获与原料集中。然后才能进入工业加工阶段。

具有投资能力的企业组织虽然比较熟悉产业开发活动中的工业加工和市场经营与开发环节，但对于产业开发过程中的农业生产环节并不十分了解，思想准备不足。而拥有人力和土地资源的乡、村和农民对大规模产业开发活动没有基本的认识。在这样的情况下，采用分散经营的方式培育农产品作为原材料的经营活动存在很大的风险和不确定性。

二、制造业

制造业是利用各种物质资源制造工商业产品和消费品的行业，制造业通过购买各种有形资源，采用或机械、或手工的方法制造各种机械设备、原材料、成品和半成品、零件等来满足其他企业或消费者的需要。制造业通过制造产品的经营过程满足社会需求，并创造利润。

制造业是国民经济的基础，也是各类工商企业经营和发展的基础；制造业的技术发展水平是国家工业技术发展水平的标志；制造业的从业人员的素质也关系到国民素质。

制造业的发展水平在某种意义上也标志着一个国家的经济和社会发展水平。制造业将制造资源（物料、能源、设备、工具、资金、技术、信息和人力等）按照市场要求，通过制造过程，转化为可供人们使用和利用的工业品与生活消费品的行业。制造业的基本产出包括：原材料成品或半成品（用于其他加工制造业企业进一步加工制造其他产品）、机械设备（用于其他加工制造业进一步加工制造其他产品）、各种零配件（用于其他加工制造业进一步加工制造其他产品或直接消费）、各种消费品（汽车、电器、服装、家具等）。

制造业中包含了大量工业企业。工业企业是指依法成立，从事工业商品生产经营活动，在经济上实行独立核算、自负盈亏，法律上具有法人资格的经济组织。

现代制造业是一种广泛采用先进技术和设备、现代管理手段和制造模式，科技含量较高的制造业形态。与传统制造业相比，现代制造业有下列特点：产品设计制造和企业管理信息化，生产过程控制智能化，制造装备控制数字化，制造工艺装备紧密化，产品制造过程绿色化，产品经营全球化。

在制造业开展经营活动的企业经营过程包括：研究市场需求，确定企业的经营范围；研究该领域发展的基本状况；制定企业发展的战略计划；制定工艺、工装、技术规程；筹集生产经营资金；购买原材料、设备、零件等；建立技术人员和生产人员队伍，形成基础的生产组织体系；组织和管理生产加工过程；建立生产经营控制体系，科学有效地降低成本；建立产品销售网络，采取现代营销手段销售产品。

三、服务业

服务业的概念在理论界尚有争议。一般认为服务业即指生产和销售服务商品的生产部门和企业的集合。服务业有服务产业和服务事业之分。以增值为目的提供服务产品的生产部门和企业集合叫服务产业；以满足社会公共需要提供服务产品的政府行为集合叫服务事业。

（一）商 业

商业以货币为媒介进行交换从而实现商品流通的经济活动。商业有广义与狭义之分。广义的商业是指所有以营利为目的的事业；而狭义的商业是指专门从事商品交换活动的营利性事业。商业企业就是买进货物，然后转手卖给别人，从中获取利润。不对购入的货物进行加工，再生产以得到更大的利润。

商业企业以商品的购、销、运、存为基本业务。商业企业主要是通过对商品的购进和销售以及因此而必需的运输和储存业务，完成商品由生产领域到消费领域转移的过程，满足消费的需要。商品的购进、运输、储存、销售也是流通过程中的四个基本环节。

商业企业对经销的商品基本上不进行加工，免去了加工机械设备和厂房的支出，资金除部分用于物流环节中仓储、运输机械的购置外，其余大部分垫支于经销的商品。所以，在商业企业的资金结构中，流动资金占的比重较生产企业要大、资金周转速度比生产企业要快。

1. 零售业（retail industry）

零售业是指通过买卖形式将工农业生产者生产的产品直接售给居民作为生活消费用或售给社会集团以供公共消费的商品销售行业。美国商务部定义零售贸易业为包括所有把较少数量商品销售给普通公众的实体。他们不改变商品的形式，由此产生的服务也仅限于商品的销售。零售贸易板块不仅包括了店铺零售商而且包括了无店铺零售商。

从行业的生产要素来看，零售行业是典型的劳动力密集型和资金密集型行业。而且，随着零售业发展水平的提高，行业生产要素逐渐由典型的劳动密集向典型的资金密集转移。

2. 批发（wholesale Business）

批发商业是指向再销售者，产业和事业用户销售商品和服务的商业。所谓再销售者是指二次及其以下的批发商和零售商；产业用户是指从事生产和服务提供的营利性组织，批发商业是相对于零售而言的面向大批量购买者而开展经营活动的一种商业形态。

我国现阶段的批发体系即批发商业的主体构成主要有：生产企业的直供批发，代理商批发，经销商批发，第三方物流企业批发，配送中心的供货批发和批发市场批发等。在西方发达国家，批发体系除了以上构成，还有专业批发公司（美国电器批发公司），分销商（集中采购低值日用品），仓储式会员制商场，贸易中心（展销），网络批发（贸易），邮购批发商等。

批发对商品的合理流通的集散功能和商品需求信息的传递功能不可替代，几乎所有的批发企业都将信息传递作为企业生存发展的关键要素。和传统批发业相比，物流配送中心是现代批发业的主要形式。目前，连锁经营方式在各种零售业态中的引进，为物流配送中心的发展提供了广阔的前景。

在计划经济时期，我国已建立起具有的良好信誉和庞大的进货渠道的批发商业体系。随着市场经济的发展，这个体系拥有的仓库、网点、设施、设备等成为集仓储、包装、加工、分货、配送、运输等功能于一体的社会化专业物流配送中心。

（二）交通运输业

交通运输业指国民经济中专门从事运送货物和旅客的社会生产部门，交通运输业是凭借交通线路和交通工具使货物和乘客实现定向位移的生产部门。它属于国民经济中的第三产业，对农业、工业和商业有着重要的影响，是经济发展的关键部门，主要表现在工、农业商品物资的集散过程。

交通运输业构成的五大要素为线路、运具、客流和货流、动力、终端设备。通过不同方式的选择，也就可以构成多元化的运输模式以满足所需。终端设备包括运营所需的建筑物（港口、码头、机场、车站等）和相关设施（装卸、仓储、管理、保养维修等设备）。现代形式的运具主要包括铁路、公路、水运（包括河运和海运）、航空、管道。从当今交通运输业的空间发展和对经济的影响角度来看：呈现出从单一运输方式的网络化向多种运输方式的综合网络化发展；从地区内的运输网络化向国家级运输网络化和洲际国际网络化发展的趋势。

随着运输从承运人市场向委托人市场转移，随着选择性的增加，委托人对运输的要求似乎变得越来越苛刻。精细运输（lean transportation）取之于制造业在20世纪80年代中期提出的精细生产（lean production，又叫精良生产、精益生产）的概念。精细运输是指在委托人为其货物的位移或者为其出行所需投入减少的情况下，承运人为提供更具有选择性和更高质量的运输服务而又必须降低成本所进行的对运输过程的精心设计、安排与实施的运输方式。

精细运输具有以下的特点：强调以委托人为中心的运输，以信息技术为支撑，委托人与承运人之间的“命运共同体”的维系是靠联系彼此的信息网络，开展服务多样化的运输，消除浪费的运输，达到准时运输、节省成本，提供“尽善尽美”运输的服务等目的。

（三）物流业（logistics industry）

我国国家标准《物流术语》中定义：物流是“物品从供应地向接收地的实体流动过程。根据实际需要，将运输、储存、搬运、包装、流通加工、配送、信息处理等基本功能实施有机结合”。

物流业是物流资源产业化而形成的一种复合型或聚合型产业。物流资源包括运输、仓储、装卸、搬运、包装、流通加工、配送、信息平台等。运输又包括铁路、公路、水运、航空、管道五种资源。这些资源产业化就形成了运输业、仓储业、装卸业、包装业、加工配送业、物流信息业等。物流活动是一种以运输、储存为主的，多种功能相结合的服务活动。这些物流资源也分散在多个领域，包括制造业、农业、流通业等。把产业化的物流资源加以整合，就形成了一种新的服务业，即物流服务业。它是一种复合型产业，也可以叫聚合型产业，在产业分类中归为第三产业范围。

物流业包括交通运输业、储运业、通运业、配送业。交通运输业起支撑、保证、衔接作用；储运业是以储存为主体的兼有运输业务的行业；通运业是货主和运输业之外的第三者从事委托、承办、代办等业务的行业；配送业是以配送为主体的商流、物流一体化的行业。

我国的运输、仓储、包装等行业已有长时间的发展。近年来，各种专业化物流企业的大量涌现及其表现出来的快速发展趋势表明，专业化物流服务已成为一个新的专业化分工领域。

现代物流是以物流企业为主，以运输和信息为平台，涉及生产、流通和消费全过程的现代全供应链管理系统。物流的信息化、网络化和社会化是现代物流的发展趋势。

互联网出现使买卖过程得以简化，信用证申请可通过网上银行服务处理。有了网上交易平台后，通过 EDI（电子数据交换），成本明显降低。网上营销必须拥有完善的库存和送货管理系统，这些系统便是电子物流管理（e-logistics）。企业也可以通过 EDI，直接连接客户的数据系统及仓库管理系统（WMS），让管理层能在网上及时监管及规划存货的流转及补充。因此，网上物流管理系统不仅可降低成本，更重要的是让管理层能有效地管理其供应链资料，及时了解掌握最新信息。透过计算机条形码扫描、电子数据交换系统、桌上计算机货物追踪、仓库管理系统以及互联网等物流管理工具，充分掌握货物在供应链上的流转状况。

新知识点：现代物流业

现代物流业（modern logistics industry）是指原材料、产成品从起点至终点及相关信息有效流动的全过程。它将运输、仓储、装卸、加工、整理、配送、信息等方面有机结合，形成完整的供应链，为用户提供多功能、一体化的综合性服务。

现代物流业是一个新型的跨行业、跨部门、跨区域、渗透性极强的复合型产业。现代物流业所涉及国民经济行业包括：铁路运输、道路运输、水上运输、装卸搬运及其他运输服务业、仓储业、批发业、零售业。

现代物流业是以现代运输业为重点，以信息技术为支撑，以现代制造业和商业为基础，集系统化、信息化、仓储现代化为一体的综合性产业。因而它的发展，必将对优化产业结构、增强企业发展后劲、提高经济运行质量起到巨大的促进作用。

美国是世界上最早发展物流业的国家之一，也是物流业发展较为成熟的国家。美国物流模式强调“整体化的物流管理系统”，尤以配送中心、速递、第三方物流等最为突出。美国的第三方物流，不仅承担仓储或运输的单项业务，而且负责配货、送货、库存管理、收货验货以及调货分装等综合性客户物流业务。

我国物流业起步较晚，进入21世纪现代物流业发展受到前所未有的关注，发展势头迅速。现代物流涉及贸易经济、管理学、运输学、包装学、情报学、社会学、工程技术、电脑技术等，要重视物流科技的发展与人才的培养。

（四）旅游业

旅游业不是严格意义上相对独立的服务业部门。除旅行社活动隶属于租赁和商务服务业下的服务业小类外，其他如旅游设施建设、旅游餐饮、旅游住宿、旅游购物、旅游文化、旅游产品开发等活动均分属于其他产业部门范畴。这与当前流行概念有明显差别。

（五）餐饮服务业

餐饮服务业是利用各种物质资源，特别是利用生活资料，为人们提供食、住、行、通讯、娱乐、商务服务的多种服务的行业。餐饮业是国民经济发展状况的晴雨表，餐饮业的发展改善社会文化的构成，餐饮业的发展促进文化的交流，餐饮业的发展促进信息的交流，餐饮业的发展水平在某种意义上也标志一个国家的经济和社会发展水平。以各种旅馆、饭店、商务中心、会议中心或小型餐饮企业构成的餐饮业行业体系逐步形成了一个小社会，构成了社会经济和文化的一个重要内容。

随着社会经济的发展，餐饮服务业的服务对象不断扩大，由针对个人的各种出行服务，发展到为社会，包括政府、企业、社会团体在内的个人及其组织提供出行、旅游、会议、办公、商务、居住等多种相关的服务。

餐饮业通过提供多种餐饮、会议、商务、办公、旅游、出行、生活服务的经营过程满足社会需求，并创造餐饮经营利润。餐饮业的主要投入包括：场地，各种餐饮服务设备，各种会议、办公、商务、生活资料，服务劳动力（一般服务劳动力或专业服务人员），资金，餐饮服务管理，信息及其他投入。餐饮业不仅提供各种直接用于消费的产品，还提供各种商务、会议、社会经济信息，现代生活方式和现代观念。

其他现代服务业还包括房地产管理、公用事业、居民服务、咨询服务、金融、保险、科研、技术服务、高新技术产业。事业服务包括文教、卫生、体育、社会福利、教育、文化艺术、广播电视等。

（六）经纪人（broker）与代理服务

经纪人是指为市场上买卖双方提供中介服务，从中收取佣金的人，对外贸易的经纪人也被称为“买办”。经纪人可分交易商经纪人（inter-dealer brokers）和代理经纪人（client or agency brokers）两大类，前者只为专业的做市商服务，后者则为机构或个人投资者服务。

经纪人，按我国《辞海》中的定义，是买卖双方介绍交易以获取佣金的中间商人。2004 年 8 月 28 日公布并施行的中华人民共和国国家工商行政管理总局令（第 14 号）《经纪人管理办法》指出：“本办法所称经纪人，是指在经济活动中，以收取佣金为目的，为促成他人交易而从事居间、行纪或者代理等经纪业务的自然人、法人和其他经济组织。”

一般地讲：经纪人是指为促成他人商品交易，在委托方和合同他方订立合同时充当订约居间人，为委托方提供订立合同的信息、机会、条件，或者通过在隐名交易中代表委托方与合同方签订合同的经纪行为而获取佣金的依法设立的经纪组织和个人。

经纪人最基本的工作就是通过中介业务来促成交易。首先，对委托方的业务进行有效的、正确的评估；第二，与委托方签订经纪人合同，确立双方的权利和义务；第三，根据委托方的具体要求，以及合同规定，为委托方寻找买家；第四，促成双方交易的成功。

经纪人可划分为一般经纪人和特殊行业经纪人。特殊行业经纪人是指从事金融、保险、证券、期货、科技、房地产等行业的专业经纪人，必须通过专业培训，经考核合格获得专业经纪人员资格证书后才能上岗。

（1）一般经纪人：是指从事国家允许公开交易，又不属于特殊行业的商品交易的中间商。在国外一般经纪人也被称为商业经纪人，就是为用户提供商品交易提供中介服务，包括房地产买卖，生产资料，生活资料等交易、转让、闲置设备出租或出售、运输等方面的中介服务。一名优秀的商业经纪人不仅拥有非常良好的社会关系，而且还具有非常好的信誉和社会公共形象，他们严格按照原则办事，为委托方（用户）积极寻找买家。

（2）期货经纪人。由于期货交易的特点，期货经纪人一般分为经纪公司和经纪人。

（3）技术经纪人是指以收取佣金为目的，为促成技术交易而从事居间，经纪或者代理等经纪业务的自然人、法人和其他经济组织。

（4）劳动力经纪人是以获取佣金为目的，从事劳务中介的个人、机构和公司等。

（5）房地产经纪人是代表客户进行房地产投资或交易，以取得佣金收入的中介人。房地产经纪人一般分为两类：法人房地产经纪人和个人房地产经纪人；专家房地产经纪人和一般房地产经纪人。

（6）文体经纪人是指文化艺术经纪人和体育经纪人。文化艺术经纪人的服务对象是文化艺术界的人，体育经纪人的服务对象是体育界的人。

第五节 世界经济一体化条件下的商务世界

当今企业面对的经营环境是生产的高度全球化。飞速的技术进步、贸易和投资的自由化、国际规章制度的强制执行都推动了全球价值链（GVCs）和生产网络（GPNs）的逐步延伸。这一全球商业场景增加了提高收入和提供就业的机会，但是也带来了挑战。

丁伯根于 1950 年首次提出了“经济一体化”这一概念，在他所著的《国际经济一体化》一书中对世界经济一体化问题作了比较系统的理论分析。随着科学技术的进步和生产的发展，世界上没有哪一个国家能够拥有发展本国经济所必需的全部资源、资金和技术，也没有哪一个国家能够生产自己所需要的一切产品，因此，必须进行交流和相互合作。

一个多世纪以来，世界经济一体化大大向前发展了。正像邓小平同志精辟地指出：“现在的世界是开放的世界。”

世界的开放反映着生产和国际关系的发展，这是社会生产力发展的必然结果和进一步发展的客观要求。而世界的开放与科学技术的进步、社会发展、商务世界的生产经营活动是密不可分的。可以说，科学技术的每一次重大变革都使世界的开放进入了一个新阶段。产业革命前，各个国家和民族之间虽然也存在一定的经济联系，但那只是偶尔发生的互通有无的少量的交换关系，而这种交换基于各国之间自然条件的差异。产业革命后，国际商品交换的品种和数量扩大了，并且形成了长期稳定的交换关系，世界开始进入了开放的时代。

世界的全面开放形成于第二次科技革命后。第二次科学技术革命开始于19世纪70年代，它以电力的应用为主要标志，电不仅被用作强大的工业动力，而且被运用于照明、通讯。广播等方面，人类进入了“电气时代”。

第二次科技革命所造成的空前强大的生产力，给资本主义的生产关系和国际经济关系带来了新的内容和新的形式。首先，规模庞大的工业要求巨额资本，加速了资本的集中，自由竞争的资本主义进入垄断阶段。其次，资本主义生产社会化的发展，需要寻找国外市场，原料产地和投资场所。而交通运输业和通讯事业的发展，为世界的进一步开放提供了物质技术条件。第二次科技革命导致了世界市场和世界经济体系的最终形成，世界全面开放的格局已基本奠定了。第三次科学技术革命开始于20世纪中期，它以原子能、电子计算机。空间技术、合成材料与激光技术等为主要标志，推动了世界开放的新发展。

电子计算机的运用是人类智力解放道路上的重大里程碑。它不仅大大增强了人类认识和改造世界的能力，而且广泛涉及和影响到人类社会的各个领域。电子计算机向小型化、智能化发展，可部分取代人的智力，运用于生产、经营管理、资料处理，并已进入办公室和家庭领域，使人类生产、生活的各个领域都在发生重大变化。

与生产力的高速发展相适应，现代生产、流通、分配和消费的面貌大为改观，生产专业化与生产国际化进一步加强了，各国之间的相互依存关系随之加深，世界开放格局取得了新发展。国家之间因经济上的相互需要，彼此联系密切，交往十分频繁。

近50年来新技术革命的发展，又把世界各国的交往推到了一个新阶段。地球上的空间距离“缩短了”，信息的“时间差”也趋于消失。这种局面不仅大大改变了人类的生活条件，而且加快了经济生活的国际化，使世界变得空前开放了。开放的世界使世界各国原有的“一国经济”正在走向“世界经济”，从而形成了“全球相互依赖”的经济格局。

经济全球化是世界生产力发展的产物，同时又对世界经济的发展起到了巨大的推动作用。它可以在世界范围内实现资源的合理配置，使新的科技成果在全世界更快地传播，让世界各国人民都有可能享受生产发展的成果。

世界经济是以各国经济为主体，通过各种纽带联结，在世界范围内所进行的生产、分配、交换和消费等经济活动的总和。第二次世界大战后，特别是20世纪80年代以来，在以信息技术和生物技术为代表的新技术革命的推动下，世界经济领域正发生着深刻的变化，一体化趋势日益增强，成为推动世界经济发展的重要力量。世界经济一体化为国际直接投资的发展创造了良好的外部环境，而国际直接投资发展所导致的资本、技术和劳动力等要素在各国间更为自由地流动，将进一步加快世界经济一体化的进程。

经济的影响是联动的，经济上的任何一个环节出现问题都会影响整个经济状况。一个国家的经济发展状况潜在地影响着世界经济的整体状况。世界每一个角落所发生的经济情况对全球都可能产生作用，其力量之大小和力量所触及的方向及领域很难预测。这就是全球经济一体化所产生的联动作用，而且以后会愈演愈烈。2008年美国出现的次贷危机不仅给美国的金融业带来巨大的损失，也对世界经济的发展带来巨大的负面影响。

经济全球化导致生产资源在全世界范围内重新配置。商务世界在世界经济一体化的进程变得更加相互依赖、相互竞争、相互合作。产业链在竞争与合作中建立和优化，各个单独的企业逐步在产业链和世界经济一体化的环境下联系在一起。

中国加入WTO以后，愈来愈多的中国企业已经开始树立国际市场的观念，努力根据国际市场的需求，按照国际市场的营销战略组织生产经营活动。加入WTO所产生的压力和动力已对中国经济体制的改革、特别是企业内部的改革产生了积极的推动作用。同时企业也面对双重挑战：一是国内市场竞争加剧。二是国内企业面临进入国际市场的困难。

改进企业生产经营价值链的过程是一个学习的过程，学习的第一步是参与，参与的代价首先是传统产业的经营活动受到挑战。在改革开放之初，中国社会最明显的特点是发达国家的产品充斥市场。在进口产品的压力下，引进产品的过程中从贸易活动开始延伸到生产领域，中国的生产企业开始大量生产模仿产品，传统产业受到严重冲击。

参与全球价值链和全球生产网络有助于发展中国家的生产商利用全球市场来挣取更多的外汇，将出口产品多元化；还能够掌握新技术，并提高生产效率。但同时也迫使传统的生产方式和管理方式发生变革。

发达国家的产品在技术、性能、可靠性方面的先进性导致企业在开放条件下的生产经营活动受限，便从模仿性生产入手，引进更好的产品，从产品的质量或性能价格比上进行改进。在生产技术不能满足生产同样性能产品的条件下，企业必须改进生产设备和技术等。生产技术的改变要求管理水平的改变，进而导致生产经营价值链的改变。

企业参与全球价值链和全球生产网络促使企业在单一生产活动中改善效

率，也会改变整个价值链的形成过程，甚至导致宏观经济及管理体制的变革。

第六节　中国企业在改革开放中学习成长

中国的市场经济和企业运作与管理方式是在20世纪80年代初开始的改革开放中萌芽（尽管在20世纪的30~40年代，中国已经出现了一些民族资本主义工厂和企业，但从本质上说，这些工商企业还不是真正市场经济意义上的规范化企业），90年代得到发展。

在中国现代经济发展的过程中，经历了由计划经济向市场经济体制的根本性转变，市场也迅速由卖方市场向买方市场转变，在这个过程中人们的观念和素质也在发生着巨大的变化。

由于中国社会不断加快开放和改革的步伐，社会能够接触和了解现代企业、企业管理的信息与新观念的途径越来越多。人们所处的环境不同、经验不同、所从事工作和管理对象不同，多种思维、观念、认识、理论、方法的相互交流产生了不同的认识和观念，传统的、现代的、先进的、落后的、全面的、片面的企业思想和方法同时并存是中国现实企业管理理论与实践发展状况的基本特征。

中国的企业管理与西方现代企业管理理论与实践的交流仅仅经历了30年的时间，而用市场经济的观点和思维方式去认识和全面系统地学习管理理论和实践也就是十几年的时间。在这样短的时间内，相当数量的企业和企业管理者已经能够尝试用现代企业管理的思想和理论来指导实践，出现了各种新思维与新方法。

西方国家的企业管理经历了200多年的发展过程，在不断理解和回答上述问题的研究和实践过程中出现了许多成功的企业。这些企业通过巧妙的技术和资源结合，满足市场的需要，在不断创新中获得了满意的经营效果。

技术的进步使企业的管理由单纯的经验管理向依靠制度和规则的转变，定额、标准、规章制度等使企业的管理日益理性化。理性化的企业管理建立在车间和生产运作流程基础之上，强调技术和运作程序的核心作用，将人作为依附于技术、机械、生产或服务过程的工具来对待，在一定程度上被程序、技术、机械所约束。

在管理思想的发展历程中，人被机械所制约的问题早在20世纪20年代就已经被人们发现，在著名的霍桑实验中，梅奥发现：先进的技术、设备和优越的工作条件尽管可以在一定程度上保证生产运作的秩序，但没有人群关系的改善，特别是管理者与被管理者的沟通，没有在企业内部建立和谐的上下级领导和合作关系，企业的创新和发展就会受到限制。

第二次世界大战结束以后，大量的战争资源生产力被用于民用产品生产，经济的恢复产生了巨大的需求，市场需求和供给都极大地刺激了西方资本主义国家的经济发展和企业管理水平。由于信息经济的兴起，以计算机为基础的网络和信息技术的发展极大地影响了企业管理和一般管理的理论和实践。知识管理、核心能力、组织学习、团队管理、战略联盟等越来越成为管理界理论研究的新热点。

在世界经济和企业管理的发展历程中，我们能够深切地感受发达国家先进的生产技术和管理水平在市场竞争中带给发展中国家的压力。我们却难以感受到西方发达国家文艺复兴所带来的社会变革和产业革命对于社会经济和人的思想观念、社会的上层建筑所产生的巨大变化。而这样的变化正是西方社会经济和社会发展以及企业发展变革的深层次原因。这种变化导致了封建社会思想体系的瓦解和社会生产关系的变革，解放了以人为主体的生产力，使之成为社会经济和企业发展的原动力。

进入21世纪的中国是一个经济和社会飞速发展的社会，经济和社会的飞速发展是以经济的发展为基础的。而这个基础则取决于工商企业的发展程度和水平。因此，企业的发展水平也反映了社会的发展水平。工商业的发展有数量上的多少和质量上的高低，以及结构上的科学合理性，更表现为具体企业发展和管理方向。

企业管理的理论和实践有一个发展过程，任何成功企业的管理实践都是在适应这个过程中通过巧妙的技术和资源结合，满足市场的需要，在不断创新中获得满意的企业经营效果。

企业管理理论试图揭示管理的普遍规律，理论产生于管理的实践，在总结诸多企业管理成功或失败经验的基础上，试图摸索出一些普遍的规律。而这些规律与任何后来的管理实践都不是百分之一百的完全吻合，就产生了理论和实践的差异性，面对这种差异，一方面需要理论工作者认真总结管理实践的普遍规律，客观反映企业管理实践的状况；另一方面则要求实践工作者能够客观认识理论与实践的差异，将理论灵活应用于管理实践。

从管理理论上来说，管理的理论来源于实践，并应能够指导实践。在中国的经济发展过程中，企业管理的实践比理论的发展快得多。在市场经济体制下进行企业管理首先是从实践中开始的，在理论上，由于对改革开放和建立市场经济体制的研究在进入90年代才逐步形成体系，而适应中国国情的管理理论和企业管理理论与方法还没有足够的时间来总结，中国的管理理论就采取了引进市场经济发达国家的先进理论和方法的做法，在20世纪80年代初开始聘请国际知名商学院的著名教授培训企业的高级管理人员和高等学校的教师，并引进了成套的教材。国内的理论界从开始排斥和怀疑西方经济和管理思想到全面接受并没有经过太长的时间。

在一定程度上，相当数量的企业管理是在用传统（80年代，甚至更早）的观念，现代（90年代）的技术、标准和生产方式，各种理论、思想、观念和方法（从20世纪初到21世纪初的中外管理），来面对一个经济和社会迅速发展而不平衡、人的观念和行为千姿百态而渴望核心价值取向、社会文化丰富而日益国际化、人所能获得的知识和信息来源日益丰富而缺乏评价和判断、人的知识水平有所提高而整体素质参差不齐的社会经济和企业发展现状。

企业管理是一项系统工程，由于企业所有者的目标设置不同，不同的企业管理系统的结构和运行方向、方式存在较大的差异。而企业管理者对于企业经营目标的设置受个人的思想意识、价值观、社会经济的发展水平、社会经济的管理体制等多种因素影响，导致不同企业在管理和运行的绩效上存在差异。即使处于相同的社会经济体制、接受了相同的教育，个人的经验、智力水平、思想意识和价值取向的差异依然会使人们在具体问题的认识和决策方面有所不同，再加上管理的对象（特别是人的不确定性）的不同，就产生了管理的复杂性。

中国的企业改革过程为企业的发展扫清了体制上的障碍。当今的中国社会政治稳定，经济繁荣，在不断开放的环境条件下，企业必须不断学习，提高管理水平，获得和提高竞争力。

我们现在不仅要学习企业的经营管理知识，还要学习在产业链中运行的企业经营管理知识。同时，还要学习在国际经济一体化的环境下，与经济发达国家的企业进行市场竞争。

案例：改革开放后第一只股票——“飞乐音响”股票

1984年11月18日，上海飞乐音响股份有限公司正式成立（人称“小飞乐”）。当日下午，《新民晚报》第一版刊登了此消息：上海飞乐音响公司18日开业接受个人和集体认购股票发行1万股，每股50元。当年12月，飞乐公司正式由上海静安证券营业部代理发行股票1万股，共计50万元。其中单位和个人的购买比例为各占50%。由于静安营业部场地小，所以发行工作安排在飞乐公司，发行人员背着钱箱、股票箱，当场收钱、开票，售股工作基本顺利。

1986年11月14日，美国纽约证券交易所的董事长约翰·范尔林先生访华。邓小平同志会见他时专门提到了中国也发行了股票。范尔林很高兴，随即向邓小平赠送了一枚纽约证券交易所的证章。按国际惯例和中国礼节，邓小平同志回赠50元面值的飞乐股票作为礼物。由当时的中国人民银行上海市分行的领导周芝石亲自交给了范尔林。

范尔林接过这张股票，又高兴又惊讶：高兴的是，中国改革开放才6年，居然有了股票，而且他是持有中国股票的第一个外国人；惊讶的是，这张股票的真名实姓不是他，而是周芝石的名字（为股票真实、可靠，当时没有想到填范尔林的名字，而是填上了中国人民银行上海市分行副行长周芝石的名字，这也说明当时大多数人不懂股票所有权这一基本属性）。这位股票专家立即看出破绽，说："周芝石是谁？我是范尔林啊！"当向他解释了为保证股票有效而印上周芝石的名字后，他说："我的股票就要用我的名字，我亲自去上海更名过户。"

11月23日，范尔林一行抵上海，决定明天就去办过户手续。范尔林随行人员提出要警车开道，而上海方面觉得很为难。按规定，国家首脑才能用警车，上海警方提出范先生可否自费2000美元租借警车开道，范尔林随行人员同意。

11月24日下午1点，由中国人民银行上海市分行行长李祥瑞陪同，范尔林走进了这不足10平方米、连卫生间都没有的中国首家证券交易部静安证券营业部的营业厅。

他很郑重地将"周芝石"的股票递过去，希望负责人黄贵显给他过户，并幽默地说："该收多少手续费，别客气！"

为了表示友好，营业部免收了1元过户费。范尔林连声道谢，同时又幽默地说："中国好，不像我们美国人光认钱。不过今后你们要买美国股票，要过户，我可不能给你们免费啊！"

临走范尔林和工作人员合影留念。整个参观、过户活动不到一小时，但这是一次奇迹。现在，这枚范尔林先生的"原始股"已永久陈列在纽约证券交易所的橱窗内。飞乐股份公司的"原始老外"股东范尔林先生，也永久地载入飞乐公司的花名册中。

范尔林的这一股，通过多年的送配，一股变成了3183股，市值由50元变成最高时的10.76万元，回报率高达2152倍！

第二章
企业的基本理论

企业是社会经济的基本细胞，是现代经济生活中不可缺少的一部分。为社会提供产品，满足社会生产和生活的需求，并为社会的繁荣创造财富，对国家的政治、军事、文化等有重要的影响。

第一节　公司的类型和特征

在现实经济生活中，企业形式多种多样，每种企业形式的产生与发展都是同一定时期的生产力发展水平相适应的。企业组织形式的发展变化与生产力和商品经济的发展密切相关。现代公司是商品经济高度发展的产物。

一、企业的主要形态

企业是按照商品经济规律办事的商品生产经营者，是体现社会生产力规模和水平的独立经济组织。企业从法律形式上讲，主要有独资、合伙和公司三种类型，其中公司是现代市场经济条件下最主要的企业形式。

企业制度是指以产权制度为基础和核心的企业组织制度，它决定了企业财产的组织形式和经营机制。企业制度形态的发展过程已经历了三种形态，即业主制、合伙制和公司制。

（一）业主制

业主制企业是在企业发展的初始时期，最早出现的企业制度形式。在现代社会中，业主制企业在数量上是占绝对优势的组织形式，大多数中小企业采用的就是业主制企业形式，如零售商店、个体理发、个体农业、单个开业的律师、医师和个体餐饮业等。

业主制企业通常也是最简单的企业形式，只有一个产权所有者，企业就是业主的个人财产，由业主直接经营。业主享有该企业的全部经营所得，同时对它的债务负完全的责任。这类企业规模小，结构简单，不需要复杂的管理。通常无需很大投资，这类企业的缺陷表现在由于个人资金和个人能力的限制。企业不易扩展。

（二）合伙制

合伙制企业是在两个或两个以上业主的个人财产基础上成立的、开展经营活动的企业形态。合伙制一般是业主制企业的扩张形式。合伙制企业的优点表现在：①集多个合伙人的才能和经验；②合伙人承担无限责任，对外易取得信用，因而容易从外部筹措资本；③合伙制企业成立较为简便，花费低廉。

其缺点表现为：①合伙制企业的产权转让须经过所有合伙人的同意，产权转让困难；②合伙制企业存在的相互代理在企业内外容易产生分歧，不利于长期经营；③合伙制受法律约束较少，容易解散。合伙制的这些缺点使合伙制企业在创立时选择合适的合伙人变得极为重要，因此以血缘关系、地缘关系建立起的合伙企业就较为普遍，合伙制企业的规模通常较小，它是古典企业的另一种形式。

对于合伙人的特殊要求、规模较小及易于解散这些现象，在企业理论中是通过外部性和道德风险引起的搭便车以及对于搭便车的监督存在一定的费用而得到解释的：假定只有两合伙人，而且在管理上的报酬是确定的，并且合伙人之间的相互监督不存在费用，双方多次“博弈”的结果将产生一个“合作均衡”，即两人都会在管理上努力工作，双方搭便车的动机都会减少；在上述假定中，如果是多个合伙人由于每个合伙人在管理上的努力对自己报酬份额的增加越来越小，合伙人之间搭便车的动机就会增加，多个合伙人在管理上努力的报酬是不确定的，且合伙人之间的监督费用不为零或报酬计量能力较差，其结果是所有合伙人都没有努力管理的动机。

在存在明显的规模经济的情况下，即规模经济的利益大于合伙人之间搭便车引起的损失时，合伙企业的规模也会扩大。扩大后的企业很快面临了由于相互代理引起的高昂的谈判成本问题，即如果每一个合伙人都参与公司必须作出的每一项决策，那么在公司中的规模经济将很快为较高的谈判成本所压倒。而解决这一问题的办法，就是德姆塞茨所说的产权的重新调整，第一次法律修正使企业的决策权向较小的管理团体转移。

（三）公司制

公司制企业是一个法人团体，其产权分属股东，股东享有公司剩余索取权。公司制企业的突出特点是：①公司股东只对企业的债务负有限责任，即只在他们缴纳的股金范围内对企业的债务负责，从而使公司大规模发行股票、出让股份来筹集资本成为可能，以适应社会化大生产的要求。②公司的股东不像合伙制企业中的合伙人那样，能直接作出经营决策和代表其他合伙人与他人签约，而是由股东大会按一股一票的原则投票选举董事，组成董事会并代表公司法人从事经营活动，董事会则聘任总经理等高级管理人员从事公司的日常经营管理，这样保证了公司的管理权在管理专家手中，使公司的资源配置更为有效。③公司制由一系列法律法规加以确认和保证，使公司的存续、运作处于公共监管之下，减少了公司机会主义行为，也满足了股东们不再参与公司的直接营运但又关心公司运作状况的要求。

二、产权制度是企业的基本制度

产权制度是现代企业制度的基本制度，产权关系决定了企业的权利、经济和管理关系。

1. 决定企业的权力关系

企业的产权制度决定了企业的决策方式，只有拥有产权的人才可能拥有企业运行的决策权和管理权，当然，拥有产权的人可以将决策权或管理权委托给别人。因此，拥有企业决策权的人大致上有两类：一类是出资建立企业或购买了企业产权的人；第二类是受这些出资人的委托行使产权权力的人。

那么什么人可以拥有特定企业的产权呢？一般来说，用资本投资或购买了企业资本的人才拥有了企业的产权，也就是说，将物化劳动投入企业才可能拥有企业的产权。在特殊情况下活劳动也可以作为资本投入，如智力可以作为智力资本进行投资，名誉和地位在特殊情况下也可能作为投资，不过各种物化劳动依然是企业产权的基础，因为只有物化劳动的投入才能使投资人承担相应的风险和责任。在投入了大量的物化劳动、承担了巨大的风险的情况下，只有投资人才能决定企业资本的使用方法，拥有企业的最终决策和管理权。

企业资本结构对企业决策权的实施影响很大。在企业资本比较集中的情况下，拥有比较多的企业资本具有重要的意义，因为拥有比较多的企业资本就意味着能够完全支配企业的运行，如福特家族对福特公司的统治和管理。但在企业资本比较分散的情况下，是否拥有企业资本并不是决定性的，关键在于你的资本额是否能够足够大到影响其他资本拥有者的决策，如在股市中“炒股”的单个“股民”对于企业的经营几乎没有任何影响。

2. 决定经济分配关系

一般来说，对企业投入越多，风险就越大，获得收益的可能性也越大；对企业投入少，风险就小，获得收益的可能性也越小。由于大量物化劳动的投入，使部分投入者必须承担更大的风险。资本的投入决定了企业的经济分配关系，投资多，可能获得的利益就多，投资少，可能获得的利益就少。

3. 决定企业的管理方式

企业的权力关系和经济分配关系使企业的管理方式必须与之相适应，以实现投资者经营企业的目标。由于企业所有权结构的不同，表现出不同的管理方式。一般来说，少数所有者拥有的企业，特别是存在单个人拥有较大股份的情况下，企业大多实行集权制的管理方式，而在企业拥有众多所有者，没有任何个人能够掌握完全控制企业的股份的情况下，企业一般采取集体决策和设立委托代理人的方式。

三、企业的基本类型

由于各个国家的社会经济体制不同，企业的发展历史不同，统计体系也不完全相同，因此世界各国对于企业的分类也不完全相同。按照所有制成分的不同可以分为国有、集体和私营等类型；按照行业可以分为制造业、服务业等；按照规模可以分为大型、中型和小型等。在不同的时期，企业的分类在具体的划分上也存在差异。

一个企业采取什么形式组成，主要是由以下因素决定的：

（1）企业的负债有多大？

（2）如果企业的所有者发生意外，企业是否应当存续？

（3）法律法规和国家税务对企业的影响是什么？

（4）企业吸纳资本和优秀员工的能力有多大？

（5）建立一个企业的成本有多大？时间有多长？

（6）企业的目标是什么？哪种企业形式最适合公司实现目标？

（7）企业主对公司的控制能力有多大？

由于各个国家的情况不同，各国的工商行政管理允许企业采取的形式也有较大的差别。一般来说，企业分为三种形式：独资企业、合伙企业、股份有限公司。

需要说明的是各种类型的企业可能都会称自己的企业为××公司。但理论意义上的公司仅指股份有限公司。

这种划分方法是国际通行的。考虑到我国的许多公有制企业都是单一国家投资的企业，实际上也是一种独资企业，不过由于出资人是国家或政府，与私人投资的独资企业在国家的工商体系上有所不同，在此不对这个问题进行过多的讨论。

（一）独资企业

独资企业，也叫单一所有制企业，是指由个人（这里的个人既包括自然人，也包括法人）出资建立、拥有、运行管理的企业，出资人具有企业完全责任和经营权。由于独资企业包括了法人，所以，在我国独资企业包括个体、集体和国有企业中的单一所有制企业。在国外，独资企业的主要经营领域有农业、批发和零售业、服务业等，通常独资企业在上述领域经营的数量为总数量的70%左右。在我国的非公有制成分中，独资企业主要是个体经营企业。其主要经营领域有乡镇企业中的“五小”、批发和零售业、服务业等。

独资企业的优缺点见表2-1。

表2-1　独资企业的优缺点

独资企业的优点	独资企业的缺点
建立容易，经营成本较低	具有无限的责任，除担负注册资本之外，个人还必须负其他责任
经营者可以独享利润和各种收益	个人的融资能力有限
实现对经营业务的完全直接控制	知识有限
涉及的法律法规问题较少	管理能力有限
纳税项目较少	难以接纳高质量的经营管理和技术人员
解散容易	经营者必须承担全部风险

任何一个大企业都是从小企业开始做起的，而小企业大多是独资企业。拥有一个精心策划、运作良好、收益稳定的独资企业是许多人的梦想。在自己的独资企业经营中，你可以不必请示别的什么人，而可以根据自己的想法去管理这个企业。

不过由于企业的规模比较小，知识和管理能力都有限，有能力和经验的人不愿在独资小企业中工作。许多独资企业家常常是生存和经营在非常艰苦的环境中，也正因为这样的环境，造就了许多非常有个性的企业经营人才。

（二）合伙企业

合伙企业，是由两个或两个以上的人共同出资建立、拥有、运行管理的企业。所有合伙人共同拥有企业的所有权和经营权，享有经营利润。在企业登记设立之前，各合伙人必须就个人对企业的责任和义务达成协议。

合伙企业中的合伙人有多种类型，各种类型的企业合伙人见表2-2。

合伙企业是企业发展的重要阶段，在独资企业经营发展到一定阶段时，一般会通过合伙的方式扩大企业的生产和经营规模。由于合伙企业的合伙人出资情况不一样，再加上其他的一些原因，各合伙人在企业中的角色时不同的。

表 2-2 企业合伙人类型表

合伙人类型	说明
普通合伙人 (general)	享有企业的管理权、利润的分享权、共同拥有资产的所有权。一般来说，这种合伙人为出资合伙人，通过向企业注入资金，取得合伙人的资格
出资匿名合伙人 (dormant)	只出资，但不在企业文件上显露
非管理合伙人 (silent)	不参与企业的管理
秘密合伙人 (secret)	参与企业的工作，但不在企业文件上显露
名义合伙人 (nominal)	不注入资金，但享有利益分享权，主要是专家学者和社会名流
项目合作 (joint venture)	为特定项目而建立的合作关系，项目结束，合作关系完结

在合伙企业中，普通合伙人是主体，也就是个人通过向企业出资获得合伙人的资格，并根据出资的多少，确定在企业中的地位。

合伙企业的优点是显而易见的。首先，企业的融资能力增强了，可以从事经营规模比较大的项目。另外，随着企业经营规模的扩大，企业所能容纳的各种专业人才也随之增多。但由于合伙企业需要两个以上的自然人共同经营，对企业经营有不同看法和存在不同利益关系的合伙人常常在企业的经营管理过程中产生许多矛盾，因此合伙企业经营中变动因素比较多。一般来说，具有经济头脑和技术知识的合伙人之间的合作，往往比较持久。

合伙企业在企业发展过程中是一个非常重要的阶段，在这个阶段中良好的经营能够为企业迅速开拓市场，快速实现资本的原始积累，为进一步发展奠定坚实的基础。但如果合伙企业没有一个长远的目标，仅仅是为了赚钱而经营，企业常常会因为经济利益方面的矛盾使企业经营的领域变化不定，技术不能迅速升级，管理总是围绕人际关系和利益分配而纠缠不清，企业的前途就比较危险了。

合伙企业趋向于风险较小，见效较快的经营项目，因此在商业、贸易、服务行业等比较常见。由于合伙企业需要企业的合伙人对企业的经营活动进行集体决策，而在经营管理过程中的集体决策往往趋向于尽量减少经营风险，所以在同行业的同类型企业中，经营内容和方式的同一性现象比较多，见表 2-3。

表 2-3　合伙企业的优缺点

合伙企业的优点	合伙企业的缺点
容易设立	普通合伙人负有企业经营的连带责任
比较容易融资	个别合伙人的行为可能产生不良连带效果
可以容纳多种业务和技术专业人员	有限的企业经营寿命
经营比较灵活	多人分享利润
政府和公众对企业的监督和控制较弱	终结个别人的合伙资格比较困难

合伙企业发展的出路是通过建立股份有限公司，建立现代企业制度，走上规范化运行的道路。在这个过程中，企业的规模进一步扩大，企业的所有者数量迅速增加，企业的所有者和管理者开始分离，技术开始在企业的运行中发挥关键作用，企业由经验管理走向科学管理。

（三）股份有限公司

在独资企业或合伙企业中存在一个重要的问题，那就是任何企业的出资人都在一定的程度上决定了企业的命运，一旦出资人确定了，企业的规模也就确定了，企业的利润收入能否继续用于企业的再生产投资就成了不确定的因素。怎样保证企业的经营不受个别人的影响，而不断向前发展就成为一个重要的问题。

1. 股份有限公司的基本概念

股份有限公司，是指注册资本分成等额股份，企业通过发行股票（或股权征集证）筹集资本，股东以其认购的股份对公司承担有限责任，企业以全部资产承担有限责任的企业法人制度。

股份有限公司具有以下特点：

（1）资本证券化。在股份有限公司中，企业将全部资本分为等额股份，这些股份可以上市交易、股票自由流通、自然人或法人通过掌握的股份参与对企业的管理。

资本证券化是股份有限公司区别于其他企业形式的最重要的特点，由此形成了其他重要的差别。资本证券使企业募集大量的资金成为可能，所以大型企业均是股份有限公司。

（2）有限责任制。从企业所担负的经济责任来说，一般有有限责任和无限责任两类。有限责任是指企业仅仅对所发生的债务负有限责任，一般担负注册资本额的相应债务责任；无限责任是指企业对所发生的债务负无限责任，担负全部债务责任。

由于股份有限公司的责任承担者并不是自然人，而是企业法人，股东对公司承担有限责任，公司对债权人承担有限责任，使有限责任制度得以实行。

（3）所有权和经营权分离。在股份有限公司里，股东组成股东大会，股东大会以股份多少投票选举董事会，委托董事会负责资产的使用和收益管理。董事会选择特定管理人员，负责公司各项业务的管理。股东不论大小在理论上均不直接负责公司的直接管理。

（4）公司的账目向股东公开。因为公司的产权属于所有者，而所有者又是购买了股份的股东。在公司上市的情况下，所有股民都是公司股东，所以上市的股份有限公司必须向所有公众公布企业的经营管理状况。股份有限公司在一定程度上已经是一种“公有制”形式，账目和各种管理上的变化必须向广大股东和社会披露。

2. 股份有限公司的优缺点

由于股份有限公司将资本分为较小的股份，能够吸收社会资源，有利于吸纳大量的社会资金，有利于建立大型企业；再加上股份可以上市交易，有利于产权转换，使企业的发展与具体的自然人的联系并不紧密，增加了企业经营的灵活性；同时由于企业可使用资金的增多和经营规模的扩大，企业能够吸引大量社会优秀人才；企业所有权和经营权的分离，将企业的经营和发展建立在科学管理和长远规划的基础上。

股份有限公司和股票市场的建立与完善将企业经营的形式推向高层次，把股份有限公司视为人类经济史上最伟大的成就绝不过分。

由于股份有限公司以及与之相适应的金融市场的发展是建立在法人制度和不断完善的法律法规体系基础上的，公司的设立和运行需要遵守严格的法律程序，社会必须建立庞大和合格的律师队伍来适应公司制度的运行，同时企业也需要拥有律师或法律顾问来帮助企业解决各种法律问题。法律纠纷促使社会不断对法律法规存在的漏洞挑战，使法律法规不断完善。同时，也使企业的运行常常会遇到各种繁杂的法律事务。

金融市场的建立和运行为企业的资本运作创造了广阔的空间，同时对社会开放的企业资本运行获利的机会增加了，同时企业资本运行也具有更大的风险，特别是在社会经济管理体制处于不断的变动时期，法律法规和社会管理体系尚不完善的情况下，来自企业运行以外的经营风险大大增加了。

在企业内部，简单的劳—资两方的矛盾变为劳—资—管三方的矛盾，特别是管理者和产权所有者之间的矛盾突出，管理问题的复杂程度加大了。

3. 股份有限公司建立和运行的条件

股份有限公司和股票市场的建立和运行对国家的社会经济管理提出了更

高的要求。

首先，由于股份有限公司的建立和运行需要完善的法律体系，要求国家和社会的管理严格按照法律程序进行，因此依法建立和不断完善的社会和经济法制运行秩序是公司制度的基本保证。

其次，对企业产权和产权制度的建立和完善提出了很高的要求。在独资企业和合伙企业中，产权是十分明晰的，可是在股份有限公司中由于产权是在交易和转移过程中实现动态平衡的，所以对产权的管理不仅是企业而且也是社会经济管理的重要内容。

第三，为了能够使股份有限公司能够通过产权交易从社会上融资，社会需要建立包括股票交易在内的金融市场。这个市场的建立需要完善的国家金融管理体制、社会公民的投资和风险意识、有效的社会和法律监督及有效的市场经济宏观管理。

四、现代公司与企业

企业的组织形式有多种，公司是一种特定的企业组织形式。公司有着一般企业的特征。但企业却不一定是公司。我国相关法律中所指的公司是指依法定程序设立，以盈利为目的的社团法人。也就是说公司是以盈利为目的的经济组织，具有法人资格，由两个以上股东共同出资经营的，并依照法律进行登记注册的经济组织。

（一）公司与企业的共同之处

公司作为企业，是一种社会经济组织，具备以下几个基本条件：有自己的住所以及固定的生产经营场所；有必要的资金和生产经营必需的设备；有与其经营规模相适应的从业人员和专业人员；有健全的财务制度。

公司作为企业，也是一种营利性的社会经济组织。现代公司与企业都是从事一定生产经营活动的经济组织。所谓生产经营活动是指创造社会财富的活动，包括生产、交易、服务等经营活动。

企业和公司都是实行独立核算的社会经济组织。所谓独立核算是指要单独计算成本和费用，以收抵支，计算盈亏，对经济业务做出全面反映和控制。企业和公司作为独立从事生产经营或服务性经济活动的组织，不但应具备自主经营的权利，还应具有自己独立的经济利益。企业之间、公司之间及与其他独立的社会经济组织之间的关系，是平等的、独立的生产经营者之间的商品交换关系，遵循的是等价交换的原则，而不受任何一方的限制或管制。企业、公司要作为一个独立的经营性组织，必须要有与其经营规模相适应的独立的财产，这也是企业和公司作为从事生产经营或服务性活动的实体，能够独立享有经济权利和承担经济义务的物质基础。

企业、公司有自己的资金运转形式，要以收抵支，并对自己的盈亏负责，为此必须独立记账、独立核算，成为一个独立的会计主体或会计单位。凡没有独立记账和独立核算的就不是企业，当然也不能称其为公司。

企业和公司都必须依法成立。企业和公司是依法成立的社会经济组织，是一种合法的组织，能得到了国家法律的认可和保护。我国企业法体系主要由如下法律、法规构成：《中华人民共和国全民所有制工业企业法》（其原则适用于全民所有制交通运输、邮电、地质勘探、建筑安装、商业、外贸、物资、农业、水利企业）、《中华人民共和国合伙企业法》、《中华人民共和国乡镇企业法》、《中华人民共和国中外合资经营企业法》及《中华人民共和国公司法》（以下简称为《公司法》）、《中华人民共和国私营企业暂行条例》等几十种法律、法规。根据我国企业和公司的复杂情况，这些法律、法规对企业的经济性质、事业特点、法律地位、设立条件、组织结构、活动要求等分别做出了细致全面的规定。

《公司法》第 2 条规定：本法所称公司是指依照本法在中国境内设立的有限责任公司和股份有限公司。另一方面是程序法意义上的依法成立。在公司的组建、成立、合并、分立、变更、解散等一系列问题上，都应该依照有关法律的规定办理，凡不符合法定程序自称公司的，或欺骗国家有关部门而登记成立的公司均为非法的公司。

《公司法》明确规定了公司设立、变更、解散的条件和法定程序。同时，规定公司要在法人资格取得以前筹措开办公司所需的法定数额的资金、制定公司章程、聘请与生产经营和服务规模相适应的从业人员、成立公司的各类机构、向有关主管部门办理申请和核准手续、办理公司登记等一系列连续性的法律行为。而这一系列行为都必须符合法律规定的条件，最后才能取得法人资格。根据修订后的《公司法》，还可以设立一人有限责任公司，同样具有法人资格。

公司作为法人企业，区别于独资企业和合伙企业等自然人企业。独资企业和合伙企业虽然也是企业，但不是法人，属自然人企业。独资企业和合伙企业是它们的所有人的延伸。这两类企业无法同作为自然人的所有人从法律上分开。

（二）公司与企业的不同之处

公司作为企业组织形式的一种，具有企业的一般特征。然而公司只是一种特殊的企业组织形式，它有着区别于其他企业组织形式的特征，主要体现在：

公司是法人，但企业并不一定都是法人，法人是具有民事权利能力和民事行为能力，依法独立享有民事权利和承担民事义务的组织。也就是说，法人是具有民事权利、义务主体资格的组织。公司在法律上具有法人的地位，有经济法律关系主体资格。

公司作为法人，应该具有法人所必须具备的三个基本特征，即组织特征、财产特征和人身特征。所谓组织特征也就是公司必须依法成立，具有从事经济活动的统一组织，有名称和场所，设有固定的组织机构和必要的职能部门。财产特征就是公司必须拥有能够独立支配和管理的财产，要符合法定的资金数额。这是公司作为法人存在和进行活动的物质基础，是公司享受经济权利与承担经济义务的前提条件。

公司具有联合性或集合性，而企业则不一定具有。“公司”在英语中为“company”或“corporation”，在中文中为公司，在日语中为会社。公司一词是指数人以上集资而组成的企业，都包含有联合的意思。“公司”一词出自《庄子》：积卑而为高，合小而为大，合并而为公之道，是谓公司。“公”者，大家的意思；“司”是管理的意思，“公司”也就是大家管理的意思。

尽管各国公司法对此具体规定不一，但公司的股东人数一般至少都得两人以上。公司除了具有人合的属性，还具有资合性，即公司的股东必须出资，是资本和资金的结合。按照公司的组成是否强调股东个人的信用、声望、地位、财力等，公司可以分为资合公司、人合公司和人合兼资合公司。其中，资合公司以出资为条件，并不强调股东个人的信用、声望、地位和财力等条件；人合公司则以股东个人的信用为条件。前者如股份有限公司，后者如无限公司。人合兼资合公司如两合公司、有限公司、股份两合公司。

公司相对于其他企业组织形式来说，具有投资主体多元化的特征，尤其是股份有限公司最为明显。独资企业是由个人出资，生产资料归独资企业主个人所有，生产成果也归企业主个人所有。合伙企业是由各合伙人共同出资，共同所有，生产成果由各合伙人按出资额或按契约规定分享。一般来说，合伙人的数量非常有限，而公司则不同，其股东数量可以有很多，我国《公司法》规定有限责任公司的股东数量不多于50人，而对于股份有限公司的股东人数则无上限规定。

公司所有权和经营权在形式上是相分离的，而企业则不一定。股东出资组建公司，成为公司的所有人，但股东即公司的投资者却不一定参与公司的经营管理。股东的利益在于利润的分配和股价的上升，所以他们一般只关心公司经营运行的结果，而不关心其运营的过程。至于公司的经营管理权，则由董事会和董事所有，股东只有被选为董事，才有参加企业经营管理的权利，一般的股东平时不参与企业的经营管理。

在大、中型公司中。公司的投资者一般不参与公司的日常经营管理，公司的经营管理者，可以不是公司的股东，尤其是一些大公司，往往聘请各种专家来对公司进行经营管理。

股份有限公司的股权和产权相分离具体表现在企业资产作为整体存在，财产不可分割，但股权可以分割。另外公司资产与股票相分离，企业财产的处置与股东转让股票的活动相互独立。最后企业不管股东怎样变化，但公司的生产经营是连续的，股东则可以根据市场变化，随时出售股票。

出资者对公司和企业的责任不同。公司是独立的法人组织，有其独立的财产，而且以这些全部公司财产为基础，独立从事生产经营或服务性的经济活动。公司的全部财产，区别于出资人自由支配的私人财产，且公司以其全部财产对公司的债务负责。

公司有自己独立的财产，独立自主地进行生产经营或服务性经济活动，这也决定了它必须独立承担法律责任，具体包括：公司以自己的名称或名义进行活动。公司自主经营，自负盈亏，独立享受因自己的经营行为而获得的权利，并承担相应的义务，对因自己的经营行为而遭受的亏损负财产责任。公司应以其全部财产承担债务。公司对其法定代表在其权限内的活动，承担民事责任。公司法定代表的活动视为公司自己的活动，法定代表享有其所代表的公司的所有权利，同时其行为所带来的一切经济后果和民事责任则皆由公司来承担。公司以自己的名义起诉、应诉。企业、公司不仅是独立的民事主体；而且还是独立的诉讼主体。

第二节 企业的产生和发展

企业是社会分工和协作的产物，随着生产力发展到一定水平，简单的家庭手工业作坊向商人雇主制的工场过度。在商人雇主制的工场基础上形成了以分工协作、进行经济核算和追求盈利为特点的新型组织形式——企业。

一、西方企业的产生与发展

一般来说，企业的起源，尤其是现代企业的起源与资本主义生产关系相联系。企业是与资本主义生产相联系的组织形式。

早在农业经济社会，家庭（个体）手工业和匠人手工业就在社会经济的发展中占有主要地位，自给自足是最大特点。在欧洲的中世纪，随着生产力的发展，城市在集市贸易的基础上逐渐形成起来，城市居民大多数是手工业者。它们从事各种手工业作坊生产，分别参加行业组织——行会。这种手工业作坊规模一般都比较小。早期的手工作坊有了初步的分工协作，生产的目的不仅用于个人消费，还包括营利。

商人雇主制是一种以商业资本为中心的组织形式。所谓商人雇主制，即由商人为手工业作坊提供原料，让其加工成成品后，商人再收购销售，这样就形成了一种松散的、以商品为中心的生产联合体。在这种形式下，如果商人提供劳动场所，并对分工协作进行直接管理，初始企业形态就出现了。

随着生产规模的扩大，需要较多场地和设备投资的工场已经不是个体商人或手工业者力所能及的，需要吸引投资者合资经营。在欧洲，采矿、冶金、纺织、造船等行业的发展过程中，这样的合资工场是比较普遍的。到工业革命前夕，合资工场不仅实现了生产与销售的分离，而且业主制、合伙制以及资本对劳动的雇佣制度开始建立，资本和劳动彻底分离，资本追求利润的本性形成了生产和经营过程的严格经济核算和管理，真正的企业开始形成。

手工业工场使生产组织形式发生了本质上的变化，资本和劳动的分离形成了雇佣劳动制，资本的聚集使生产规模迅速扩大，为建立规模较大、结构复杂、组织严密、形式多样的企业形式创造了良好的条件。

19 世纪资本主义制度的确立以及资本主义工业革命的发生，使得机器大生产代替了手工生产。而机器工厂的产生、发展和资本主义工业经济的发展互相促进，使以英国为首的主要资本主义国家实现了工业化，确立了大规模生产制度，大批失业的手工业者沦为雇工，因而资本雇佣劳动的工厂制度也随之确立。工厂制度利用机器进行生产，要求大额资本的投资，形成一定的规模经济。随着企业规模的扩大，在工厂制度中，管理也日益复杂。管理组织不仅划分厂、车间、工段、小组，并且分化出各种专业职能，出现了执行这些职能的专业人员，由此管理方式不能再局限于过去的经验管理，而应实行一种科学的管理方式——企业管理方式。

二、现代公司在西方的产生

所谓公司，就是指由众多的人经营某项共同的事业所组成的一个集合体。一般来说，公司是由两人（自然人或法人）以上，以一定形式出资联合而成的企业。公司是商品经济发展到一定阶段上形成的必然产物。公司组织形式的发展变化与生产力发展密切相关。

公司制度最早产生于西方，公司的起源和发展经历了一个漫长的历史过程，是西方经济、文化发展的产物。

经济史学家认为，公司的最早起源可以追溯到古罗马帝国时期。为了支持罗马军队进行战争，需要用船运输粮食。帝国政府通过与船夫行会签订合同控制这一贸易活动。船夫行会与帝国政府签订合同，并向社会发行筹资的证券，被禁止经商的罗马元老则往往是这些行会的匿名股东。罗马帝国在后期还采取了包收税金招标的制度，即包税人在收税以后，要按期将固定数额的税金上交国家，剩余的部分归自己。包税人为了中标，在投标时就必须提供一笔数目较大的款项作为保证金，但包税的个人往往无力提供这笔巨款，因此，多人合伙的包税商制度就产生了。

在12世纪，热那亚人为了对塞浦路斯岛进行海上大远征，曾经通过一个被称为“moone”的组织筹集资金。这个组织就是为了征服和发展这个岛屿而设立的一个股份信托企业，从这个组织，可以看到股份公司的影子。

个体商人在中世纪社会经济活动中占有十分重要的地位。商人们一般都要把自己所经营的商号传给自己的亲属、子女。为了便于共同继承、共同经营先辈所经营的商业企业，共享盈利、共负亏损，形成了所谓的家族营业团体或称家族企业（family business undertaking）。以后又在家族经营基础上允许外族人加入，或由几个家族联合，发展成为新的共同经营团体——合伙经营团体，承担无限责任。这种组织形式在当时的欧洲广为流行。1673年法国首次在法律上承认了它的地位，将之称为普通公司。这种公司实际上是一种合伙公司或合营公司，入股者之间是一种合伙关系。它是后来的无限公司、有限公司的雏形。中世纪还出现了自由民、手工业者之间以劳动力、资本、土地、生产工具等各种具体生产要素相联合的合伙经营方式，并按入股的人、财、物份额来分配收益。

14世纪起，出现了新的合股公司。这种公司不仅规模扩大，而且持股者已不是小生产者，而是贵族、地主、王公、大臣、商人和教会等，这些人并不亲自从事生产经营，而是交由经理人员和雇佣工人经营，他们从生产和销售的产品中获取利润。

在西方，近代公司的发展是伴随着封建社会的解体和资本主义的发展而发展起来的。从16世纪到18世纪英法等国先后爆发了资产阶级革命，相继完成了产业革命，机器大工业取代工场手工业，为资本主义制度奠定了物质技术基础，从而促使公司这种企业组织形式迅速发展，并逐步走向成熟。

17世纪英国詹姆士一世统治期间，首先确认了公司是一个独立法人。之后，1657年英国出现了一种较为稳定的公司组织，股本趋向于变为长期的投资，股息定期发放，股票交易市场也开始出现。在17世纪末，英国商人利用自由转让股份来吸引投资者——这种公司被称为合股公司。这种合股公司没有皇家的特许，股票可以自由转让，股东只负有限责任，而股票持有者也不像合伙企业中的合伙人那样有权代表其他合伙人签署对所有合伙人都有约束力的合约，而是由被股东集体授权的经理人员来经营。

19 世纪末到 20 世纪初，资本主义由自由竞争向垄断阶段过渡。公司组织以其筹资和联合的优势，在资本加速集中和垄断形成过程中，发挥着巨大的杠杆作用。与此同时，公司制自身也获得了迅猛发展。首先在金融业和交通运输业以及其他一些公共事业部门发展起来。从 17 世纪末开始，资本主义商品经济的发展，要求扩大资金来源和市场。19 世纪末，新的技术革命的发生使重工业发展迅速，并开始在整个工业中占了主要地位。而发展重工业部门需要筹措大量的资金。为了能够加快资本的集中，占据垄断地位，资本家便大量地通过发行股票、合资经营等形式筹资。

随着公司规模的扩大，公司业务也日益复杂化，同时股东人数增多，股权也越来越分散，技术和管理过程的复杂化导致了专职经理人员作用的增强，现代公司所有权与经营权相分离的特征得到进一步的发展和深化。从 19 世纪 50 年代到 20 世纪初，股份公司得到迅猛发展。20 世纪初，公司尤其是股份公司已普通流行，并成为一种占统治地位的企业组织形式。

公司制度在近百年的发展历程中，先后出现了无限公司、两合公司、股份有限公司、有限责任公司等形式。但是，当今世界各国由于科技进步和商品经济的高度发展，无限公司和两合公司日趋减少，为数不多。股份有限公司和有限责任公司是适应现代经济发展需要而形成的，经过长期的实践，已日趋完善，成为一种规范化的产权组织形式，并在很大程度上推动和促进了经济的发展和繁荣。公司作为现代企业制度最典型的形式，得到空前发展。

三、中国企业的发展历程

在中国，企业的产生与发展经历了曲折的道路，可谓饱经沧桑。中国在几千年的封建社会中重农轻商，商业极不发达，制约了企业的发展。中华人民共和国成立以来，政府重视发展经济，企业有了很大的发展。但由于长期的计划经济体制影响，直到 20 世纪 90 年代初，中国的企业还没有走上建设现代公司的轨道。建立现代企业制度的三十年间，中国的企业在改革开放中学习前进，企业管理的水平也在不断提高。

（一）中华人民共和国成立以前的资本主义民族工商业发展回顾

在明代后期，资本主义生产关系的萌芽就已经在手工业中产生了，到了清代前期，手工业中的商品生产和资本主义生产关系的萌芽在原有的基础上得到了进一步的发展。明末清初，在丝织、冶铁、井盐、煤窑等行业中，都存在着资本家雇佣一定数量的劳动力在自己的作坊中从事商品生产的情形。比如江南地区的丝织业、景德镇的陶瓷业、四川的井盐业等，其规模之大已非一般独资经营者的资本能力所能承担。所以说在明朝末年，我国就已经有了合伙（合股）经营的企业组织形式。这种合伙企业与欧洲早年的合伙经营团体比较相近。到了清朝，合伙企业有了更大的发展，但由于长期以来，中国重农轻商，特别是明、清两代都实行“海禁”政策。从整个社会来看，自给自足的自然经济仍占主导地位，资本主义的手工作坊以及工场发展缓慢。

17～18世纪，一些西方国家已经进入了资本主义社会，经历了产业革命，并步入了机器大工业阶段。此时，封建生产关系的桎梏却仍在束缚着中国社会，中国的经济结构依然保持着封建主义的特征。鸦片战争前，中国已有资本主义萌芽；鸦片战争以后，外国资本主义侵入，一些官僚和商人开始引进外国先进生产技术和机器，投资于近代企业，中国资本主义工业在上海、广东、天津等沿海地区兴起，上海发昌机器厂、天津贻来牟机器磨坊，都是早期著名的民族资本主义企业。19世纪末，中国民族工业有了初步发展，这一时期民族资本主义工业发展的主要特征是设立的厂矿企业数量增多、投资额扩大；以轻工业为主，其中棉纺织业发展最为迅速。

在中国这块古老的土地上，最初的公司组织出现在鸦片战争以前，主要是英国人在中国创办的，当时人们称之为洋行。两次鸦片战争以后，资本主义列强完全打开了中国的门户，清政府的闭关政策也随之破产，外国资本大量流入。外国商人纷纷来到中国开公司、设工厂，建立了各种各样的洋行。第二次鸦片战争后，外国人开始在中国大规模地建立公司，并仿照欧美发行股票来筹集资本的做法，在上海发行股票。这样，公司就逐步在中国盛行起来。

19世纪60年代开始，清政府及洋务派推行所谓的“洋务运动”。清政府建立了规模不同的军用企业，从组织形式上看不是公司，但洋务派经营的近代民用企业却有少数是采用公司的形式。例如，1872年开业的轮船招商局是官督商办企业，它是中国第一家轮船公司。不过官办和官督商办工业一般都是以失败而告终的。甲午战争前后，除了外国人在中国办公司和政府洋务派发动的洋务运动外，一批民族资本主义工业企业和公司也在中国大地上出现了。在甲午战争前，我国的民族资本在创办企业时，也开始采用集资合股的办法，即开始利用公司的形式。如1882年广州商人合股建立的广州造纸厂、1886年杨宗濂等创办的天津自来水公司和1891年创办的上海棉利公司等都是我国最早的一批民族资本创办和经营的公司。

甲午战争以后，清政府也开始鼓励创办近代企业和发展新兴工业。1895～1911年，民族资本创办和经营的公司逐步增多。我国的民族资本主义工业是以轻工业为主体的，1866年创办的上海发昌机器厂是我国第一家民族资本主义工业企业。尤其是甲午战争后，由于政府鼓励兴办民族企业，因而民族资本创办和经营的企业和公司逐渐多了起来。这其中便包括上海燮昌火柴公司、通海垦牧公司、南洋兄弟烟草公司等。1903年，清政府颁布了《奖励公司章程》，设置商部，同年12月5日又颁布了《商人通例》和《公司律》，这是中国历史上的第一部公司法。

辛亥革命推翻了封建专制统治，辛亥革命使民族资产阶级的社会政治地位有了提高，南京临时政府奖励发展实业的法令激发了他们投资近代工业的热情。1912～1919年，中国新建厂矿、新增资本超过了过去的半个世纪；发展最快的部门是纺织业和面粉业；但是重工业基础极为薄弱，没有形成独立完整的工业体系。

南京国民政府成立以后，官僚资本逐步控制了国民经济，民族工商业深受官僚资本的压迫。从洋务运动到北洋军阀政府统治时期，再到国民党统治时期，官僚资本已经创办和控制了许多企业、公司。抗日战争结束后，蒋、宋、孔、陈四大家族官僚资本垄断了全国的经济命脉，包括农业、工业、商业和交通运输业等。抗战结束后，美国加紧对中国经济的侵略，美国商品大量涌入中国市场，民族资本受到官僚资本的压制，工业产值大幅度下降，工商业企业大量倒闭破产，国统区的工业体系趋于瓦解。

（二）中国社会主义企业的产生与发展

在新民主主义革命时期，为了支持长期艰苦的战争，满足根据地广大群众的生活需要，根据地军民在党和政府的领导下，公营企业得到了较快的发展，这是传统社会主义企业的萌芽形态。土地革命时期，在湘鄂根据地建立了兵工厂、机械厂、被服厂、造纸厂、制药厂和硝盐厂等军需工业企业，这些工业企业都是采用手工操作的小规模的自给工业。经过抗日战争和解放战争两个时期，公营企业迅速发展壮大，并普遍建立了企业的统一领导机构，确立了一系列企业管理制度。

从1949年中华人民共和国成立到1956年基本完成社会主义改造这段时期内，国家没收和改造了官僚资本主义企业，用和平的方式改造了私人资本主义工商业和个体经济，实现了企业的国有化和集体化，建立了社会主义的企业体系。新中国成立后，我国公司的发展也进入了一个新的阶段。当代中国最早的一批公司（严格意义上来说，这些公司并不是理论意义上的现代公司），是全国解放以前解放区的公司。当时，在大连等城市，解放区的人民政府就采用过公司的形式来管理工业。当时的城市工业管理体系是把在生产上和技术上有较为密切联系的工厂联结到一起，成立工业联合公司，在若十个工业联合公司之上，设立总管理处。

在国民经济恢复时期以及第一个五年计划的初期，通过对官僚资本主义工业企业的没收、改组和大规模的建设，在钢铁、纺织等工业部门组建了一些公司，如鞍山钢铁公司、重庆钢铁公司等。另外，还在商业、物资、外贸、交通等部门也逐渐组建了国营公司。但这些国营公司数量不是很多，较多的还是私营公司。在国民经济恢复时期，公私合营企业迅速发展，这一时期的公私合营企业采取的实际上是股份有限公司的形式。因为当时有关管理条例明确规定了公私合营企业可以吸收私人投资，股东对企业的债务负有限责任，条例还对公私合营企业的股份、经营管理、盈余分配、董事会和股东会议等都作了具体规定。

从解放初期到 1956 年，我国由社会主义公有制经济为主体、多种经济成分并存的局面向单一的高度集中统一管理的计划经济体制转变。由于受国际局势的影响，经济建设环境相对封闭，物资严重匮乏，推行计划经济，有利于集中全国的人力、物力和财力，统筹规划，进行大规模的国民经济建设，实行资本主义工商业的社会主义改造是推行计划经济的必然要求。1953～1956 年，中国对农业、手工业、资本主义工商业进行改造，改变了全国所有的生产资料私有制企业的性质，转化为社会主义公有制。这种体制在建国初期对恢复国民经济、建设工业化起到了积极作用，取得了一定的经济成效，但其弊端日益暴露，企业失去经营的活力。

（三）中国的企业改革进程

20 世纪 70 年代末改革开放以来，我国的企业也得到了长足的发展，尤其是集体企业和个体企业，尤为突出的是我国乡镇企业的兴起和繁荣。随着社会主义市场经济的建立和发展，国有企业向企业独立自主经营的方向变化。

中国共产党十一届三中全会之后，我国由单一的公有制经济转变为以公有制经济为主体的多种所有制经济成分并存，计划经济转变为计划经济为主、市场调节为辅的经济模式。

从 1978 年底开始的国有企业改革，可以分为两大阶段。第一阶段是从 1978～1992 年，主要是放权让利，探索两权分离。第二阶段是 1993 年起到现在，明确以建立现代企业制度为方向，不断深化改革、完善体制。

1. 扩大企业经营自主权

1978 年 10 月，四川省宁江机床厂等 6 个企业进行了扩大企业自主权的试点，确定企业在增收基础上，提取一些利润留成，职工可以得到一定的奖金。允许国有企业从事国家指令性计划之外的生产，允许出口企业保留部分外汇收入自主支配。1983 年开始，国有企业由向政府上缴利润变为上缴利润所得税。

2. 实行承包制

1984 年 10 月，党的十二届三中全会作出了关于经济体制改革的决定，确认社会主义经济是有计划的商品经济。国有企业改革的目标是：要使企业真正成为相对独立的经济实体，成为自主经营、自负盈亏的社会主义商品生产者和经营者，具有自我改造和自我发展能力，成为享有一定权利和承担一定义务的法人。

从扩大经营自主权到承包制的放权让利改革，使企业开始有了一定的活力。但是，承包制也有重大缺陷，承包制强化了政企不分，承包制只有激励没有约束，所有权和经营权虽然分离了，但所有权不能约束经营权。经营者滥用经营自主权谋取私利或小集体利益，出现了“内部人控制”和“短期行为”，以致普遍出现企业承包一轮，国有资产流失一轮，富了和尚穷了庙，后果严重。

3. 建立现代企业制度

1992 年，党的十四大确立社会主义市场经济体制为中国经济体制改革的目标模式。1993 年 11 月，党的十四届三中全会做出了《关于建立社会主义市场经济体制若干问题的决定》，第一次明确提出国有企业改革的方向是建立现代企业制度，并指出现代企业制度的特征是：产权清晰，权责明确，政企分开，管理科学。从此，中国国企改革进入制度创新阶段。

由于承包制不能促进国有企业适应市场经济的发展，还带来国有资产的流失，使许多国有企业包括大中型企业陷于困境。1997 年党和政府提出帮助国有企业脱困的任务，其目标是：从 1998 年起，用 3 年左右的时间，使大多数国有大中型亏损企业摆脱困境，力争到 20 世纪末大多数国有大中型骨干企业初步建立现代企业制度。

现代公司的形式主要是股份有限公司，改革开放后，我国股份制企业始于 1983 年，当时深圳宝安县联合投资公司在深圳发行了全国第一只股票。由此，我国开始了股份制企业和证券市场的初创阶段。1984 年以前，我国所组建的公司大多数是作为整个工业管理体制或整个国家行政管理体系中的一级行政组织而存在的。1984 年上海飞乐音响公司比较规范地公开发行股票。1987 年 5 月深圳发展银行发行了全国第一家上市股票。从 1989 年 12 月 9 日上海证券交易所和 1991 年 7 月 3 日深圳证券交易所正式开业后，我国的股份公司数目迅速增加，股份公司的管理和运营进一步规范化。

1999 年，党的十五届四中全会出台了《关于国有企业改革和发展若干重大问题的决定》，提出了从战略上调整国有经济的布局和结构的任务和抓大放中小的方针，要求从整体上搞好国有经济，发挥国有经济的主导作用。

经过十年的努力，国有经济和国有资本逐步向关系国民经济命脉的重要行业和关键领域集中，向大企业集中，而从一般竞争性行业中逐步退出，开始改变国有企业量多面广和过于分散的状况。1998 年，全国国有工商企业共有 23. 8 万户，而到 2006 年，国有企业户数减少至 11. 9 万户。2007 年，《财富》全球 500 强中，中国有 30 家。

经过十几年的发展，2005 年 10 月 27 日，修订后的《中华人民共和国公司法》（简称《公司法》）和《中华人民共和国证券法》（简称《证券法》）正式颁布，并于 2006 年起正式实施。这表明随着市场经济的进一步发展和完善，我国的公司发展也步入了规范和完善的快车道，中国企业改革发展大事记参见表 2-4。

表 2-4　中国企业改革 30 年大事记

1978 年	十一届三中全会召开
1979 年	首钢等八家国企进行扩大企业自主权试验； 上海出现第一家民营企业——上海工商办爱国建设公司和第一则广告
1980 年	国务院同意国家经委、财政部修订的《国营工业企业利润留成试行办法》试行
1982 年	中共中央国务院做出《关于国营工业企业进行全面整顿的决定》
1983 年	国务院批转财政部《关于国营企业利改税试行办法》
1984 年	国务院颁发《国务院关于进一步扩大国营工业企业自主权的暂行规定》；上海飞乐发行第一只股票
1985 年	《中华人民共和国企业破产法》通过试行
1987 年	石家庄造纸厂厂长马胜利成为改革典型，被称为“企业承包第一人”
1990 年	上海证券交易所、深圳证券交易所开市
1991 年	山东诸城市探索国企产权试验，通过股份制、股份合作制等形式将国营或集体企业出售给个人
1992 年	国务院第 103 号令《全民所有制工业企业转换经营机制条例》发布实施
1993 年	《中华人民共和国公司法》正式颁布
1996 年	国家经贸委宣布“抓大放小”
1999 年	中共十五届四中全会审议通过了《中共中央关于国有企业改革和发展若干重大问题的决定》
2000 年	中国电信、中国联通、中国石油等先后在纽约或香港上市

第三节 现代公司的基本特征

与业主制、合伙制、无限公司、两合公司等企业制度相比，现代公司制度最充分、最完整地体现了公司的基本特征。

现代公司制度有三个基本特征：一是法人特征；二是有限责任；三是公司治理机制。在现代公司制度中，这三个基本特征之间的关系是：现代公司制度的核心是法人特征，基础是有限责任，关键是公司治理机制。

一、现代公司制度的核心是法人特征

公司必须依法成立，有其拥有的财产，并以其全部财产对公司债务负责。公司作为法人，是具有民事权利能力和行为能力的法律关系主体，有自己的名称、机构，可以进行诉讼和应诉等。

公司的权利能力在其成立时产生，到其终止时消灭，类似于自然人的出生到死亡。公司的权利能力不是无限的，应遵循法律和公司章程的规定，其内容必须与法律规定公司的宗旨、法律允许的生产经营范围和公司章程规定的内容相一致。而且公司作为法人虽然和自然人一样也享有名称、荣誉等人身方面的权利能力，却不享有自然人享有的婚姻、家庭、收养等方面的权利能力。

公司作为法人，以其拥有的财产对公司债务承担全部责任，各股东以其出资额形成对公司的股权。公司作为法人亦可以像自然人那样投资成为其他公司的股东，但由于公司法人的独特性，各国公司法对于本国公司向其他国家公司的投资时皆有多种限制。最主要的限制体现在禁止本国公司作为其他国家公司的无限责任股东和合伙企业中合伙人的限制。这是由于如果公司作为无限责任股东或合伙人，当其他国家公司破产进行偿债时，作为无限责任公司的股东或合伙企业合伙人的本国公司，必将负连带责任，这就损害了本国公司的权益以及本国公司股东的利益，甚至有时会导致本国公司的破产。

与公司权利能力同时产生并一起消灭的还有公司的行为能力，即诸如公司订立合同、出售产品、获取利润的能力。公司的行为能力与公司的权利能力在范围上是一致的，两者的范围都是法律规定和章程载明的。

公司虽然为独立的法人，但却是无意志的，所以公司的行为能力是由公司的机构和负责人来实现的。公司负责人作为公司行为能力的执行者，对外代表公司，对内执行业务。公司负责人包括公司的法定代表人，如董事长，以及职务负责人，如经理、清算人等。公司应对其法定代表人的正常的合法

经营活动承担责任。在对外关系上，公司负责人和法定代表人在公司授权范围之内，以公司的名义进行活动，代表公司参与有关诉讼活动等。对内，公司的有关负责人依照法律、章程以及股东或董事会的决议，执行公司登记业务范围内的事务。如果公司执行业务违反了法律和法规，则公司的主要负责人负连带责任。

二、现代公司制度的基础是有限责任

在现代公司制度中，有限责任的含义，一是指公司以其全部法人财产对其债务承担有限责任；二是指公司破产时，股东仅以其出资额为限，对公司承担有限责任。

有限责任是现代公司制度的基础。许多学者认为，有限责任改变了整个人类社会的经济史。有限责任具有极为重要的三大功能：①风险减少和转移功能。它表现在两个方面：一方面，如果股东的责任没有限制，而单个股东又不能完全控制公司的运营，那么在公司欠下大笔债务时，债权人就有可能对公司的股东进行直接追索，从而招致众多的单个股东破产；另一方面，在以投资者责任有限性为基础的证券市场上股东可以随意转让其股票，即“股东可以在事先未得到其他股东的许可或在不解散公司情况下出售自己的股权”，从而使投资风险能随着股票的转让和卖出而自由转移。②鼓励投资功能。它表现在股东能预先确定其投资者的最大风险仅限于其出资的损失。③资本流动促进功能。人们投资股票，不仅意味着可能获得收入，而且意味着可能遭受损失；股票的正面是获益凭证，而反面则标明持有者要承担风险。有限责任使股份的购买者大大降低了交易股份的风险。

但是，在肯定有限责任功能的同时，也应该看到有限责任的缺陷。学术界认为，有限责任有三个缺陷：一是忽略了对债权人的保护；二是为董事滥用公司的法律人格提供了机会；三是存在对侵权责任的规避。为了弥补有限责任的这些不足，有些西方学者提出了公司人格否定理论。这一理论在英美法系中称为“揭开公司的面纱”（lifting the veil of the corporation）制度，具体含义是当股东滥用公司法人独立地位和股东有限责任逃避债务时，该股东即丧失依法享有的仅以出资额为限的对公司债务承担有限责任的权利，而应对公司全部债务承担连带责任。在现实生活中，有的股东滥用权力，采用转移公司财产、将公司财产与本人财产混同等手段，造成公司可以用于履行债务的财产大量减少，严重损害公司债权人的利益。借鉴一些市场经济发达国家具有法律效力的判例和法律规定，我国修订后的《公司法》明确规定，公司股东滥用公司法人独立地位和股东有限责任，逃避债务，严重损害公司债权人利益的，应当对公司债务承担连带责任。这一制度的引入，为防范滥用公司制度的风险，保证交易安全，保障公司债权人的利益，维护市场经济秩序，提供了必要的制度保障。

三、现代公司制度的关键是公司治理机制

公司治理机制涉及公司内部组织结构设计以及相互之间的权限分配和运作规则。公司治理的目标是实现企业长期战略目标和计划，有效的内部管理机构设置能够按部就班地落实这些目标和计划。我国《公司法》第 99 条、第 109 条、第 114 条、第 118 条和第 123 条规定，股份有限公司的内部组织结构应当包括：股东大会、董事会和经理、监事会。

所谓公司治理机制，是指由所有者、董事会和高级经理人员三者组成的一种组织结构及相互之间的权力制衡体制。股东虽然不直接参与公司企业的经营管理，但对公司的经营管理有表达其意见的权力。股东一般通过股东大会来表达意见，如决定公司的经营方针和投资计划，选择和更换董事，审议批准董事会的报告等。股东大会是公司的最高权力机构。董事会是由公司股东选出的股东所组成的必要的对内执行业务的机构。董事会是公司的最高决策机构，拥有对高级管理人员的聘用、奖惩以及解雇权，执行股东大会的决议等权力。

高级经理人员受雇于董事会，组成执行机构，在董事会的授权范围内经营企业。经理人员一般负责公司的日常经营管理活动，如主持公司的生产经营管理工作、组织实施董事会决议等。

在公司治理机制中，股东及股东大会与董事会之间、董事会与高级经理人员之间存在着不同性质的关系。要完善公司的治理机制，就要明确划分股东、董事会、经理人员各自的权力、责任和利益，以维持三者之间的制衡关系。从法律上看，股东与董事会，董事会与高级经理人员之间为两种委托—代理关系。

股东作为公司的所有者，将公司财产委托给董事会进行经营、管理。股东一旦授权董事会负责公司后，股东便不能随意干预董事会的决策。董事长是公司的法定代表人。但股东并没有因此而丧失对公司的控制权，股东大会是公司的最高权力机构，它们可以决定董事会人选，并有推选或不推选直至起诉某位董事的权力。而且股东是公司产权的所有者，对公司的剩余收入及剩余财产有索取权，所以现代公司并不像某些人所担心的那样已不再是股东（所有者）的公司，更何况，股东若对董事会的治理绩效不满意，还可以“用脚投票”，即转让股权。

董事会以经营管理知识、经验和盈利能力为标准，挑选和任命适合于本公司的经理人员。经理人员作为董事会的法定代理人，拥有管理权和代理权。经理人员作为公司的法定代理人统管企业日常经营业务，在董事会授权范围之内，经理人员有决策权，其他人不得随意干涉，但是经理人员经营业绩的优劣要受到董事会的监督和评判。公司董事会与经理人员之间的委托—代理关系不同于公司股东与董事会之间的委托—代理关系，前者是一种有偿委任的雇佣，而后者则是一种信任托管关系，不是雇佣关系。所以经理人员有义务和责任依法经营好公司业务，而董事会也有权根据经理人员的经营业绩做出奖励或激励的决定，当然也可以随时解聘他们。钱德勒曾经给现代企业制度下了一个定义：由一组高薪的高中层经理人员所管理的多单位企业，可以恰当地被称为现代企业。

应该看到，委托人和代理人各自追求的目标是不同的。董事会作为委托人，要求经理人员尽职尽责，执行好经营管理的职能。董事会本身的职能已经从管理转为起战略决策和监督的作用，高层管理人员的权力要比法律上的规定更大。

董事会代表股东追逐获得更多的“剩余收入”，即利润。而作为代理人的高层经理人员则追求他们的知识、才能、社会地位的增值以及工资收入的最大化。所以如何加强对经理人员的监督以及如何激励他们为公司努力工作已经成为完善现代公司治理机制的一项重要课题。现代公司一般都会设置由股东选出来的监事所组成的监事会来监督经理人员的业务，同时，也对董事进行适当的监督，所以董事、经理及财务负责人不得兼任监事。

在道德风险的假定下，对代理人或经理的监督永远是不完善的，所以对经理人员的约束和激励就成了一个国际性的难题。尽管如此，从发达国家经济的发展经验来看，到目前为止，现代公司制度仍是被一致公认的最符合现代生产力发展的企业制度形式。

第四节 经济理论对于企业的解释

在一般有关企业和企业管理的书中均用新古典企业理论来解释企业，将企业视为投入与产出之间的生产转换函数，在给定制度的条件下分析技术因素对企业最优生产的影响。管理学理论一直注重研究企业何以能够创造出最大最有效的产出。组织行为理论主要从内部成员权力分配、相互依赖和利益冲突的角度来理解企业；经营管理理论强调所有权与控制权的分离以及这种分离对企业行为的影响；新兴的企业能力理论则从内部核心能力的培养与发展的角度探究企业的秘密。

经济学是用抽象理论解释经济活动和事务的。由于上面的这些解释并不能满足经济理论中要求用一种更加准确的认识来说明企业为什么产生、发展，企业内部是如何进行交换、相互之间的关系是什么等问题。

一、企业的本质

（一）什么是企业

为什么在人类经济发展史中会出现企业这样的组织形式来协调生产、交换和分配？为什么是企业而不是其他的形式？

传统理论的解释是，规模效应和范围经济的存在使得企业这种拥有分工与协作的组织可以比个人创造出更大更有效的产出。在经济学理性人的假设下，不论个人还是企业都要追求效用最大化（企业效用通常用利润指标表示）。企业产生的根本原因在于这种组织形式与其他生产、交换、分配形式相比较，在一定的范围内具备更高的经济效率。

因此有的经济学家认为利润来自行为所承担的风险，而企业这种组织形式可以有效规避风险，获得经营利润，这就是企业的效率所在。

1. 交易费用理论

科斯 1937 年在《企业的性质》一文中认为“企业是价格机制的替代”。企业人与人之间的关系与市场一样是一种交换关系。例如，工人做工是为了用体力交换工资，老板开工厂是为了用投资交换利润。在交换过程中存在交易费用。

交易费用（交易成本）指的是协商谈判和履行协议所使用的各种资源，包括制定谈判策略所需信息的成本，谈判所花的时间，以及防止谈判各方欺骗行为的成本。在企业内部，需要经理、主任、监督者、管理者、实施者、甚或中间人的活动来完成组织的各种职能。企业要给他们发工资和福利。当然企业也可以不存在，投资人可以通过市场购买所需要的商品。

根据交易费用理论，某一项交易（生产活动）的有效性决定于其交易费用的大小。交易费用的存在是企业产生的根本原因。如果这些成本能够通过组织的形式，并允许“权威（企业内部的管理）”的方式来安排就能够节省或降低。那么交易就会通过“内部化（组织的方式）”的方式加以解决。“内部化”的过程就是企业扩张的过程。企业的扩张是在内部成本小于外部成本的情况下进行的。一旦两者相等，企业的扩张就会停止。

2. 威廉姆森的交易费用经济学

威廉姆森（1975）在科斯的基础上深化了交易费用的分析，指出了交易费用产生的原因。威廉姆森认为决定市场交易费用的因素可以归纳为交易因素和人的因素两类：交易因素主要是指市场的不确定性、潜在的交易对手的数量以及交易物品的技术特性如资产专用性程序和交易频率；人的因素是指交易主体人性的假定是有限理性和机会主义。

有限理性（bounded rationality）这一概念是由西蒙定义的，它指人的行为只能是“意欲合理，但只能有限地达到”。人的有限理性是由两个方面的原因引起的：其一就是上面提及的人的感知和认知能力的限制，它包括个人在无误地处理、接受、储存和使用信息的能力方面是有限度的；其二是来自语言上的限制，它指个人在以别人能够理解的方式通过语句、数字或图表来表达自己的知识或感情时是有限制的，语言上的限制部分地来源于交流的双方没有掌握一些必要的专业词汇或这些专业的词汇根本就没有发展起来。这时，人们将借助组织或其他方式来取得沟通和理解。

威廉姆森认为内部科层组织的产生可以有限理性，减少可能产生的机会主义，组织内部产生的预期集中（con-vergent expections），也可以减少不确定性，压缩的信息易于被释放。此外，还有助于取得满足交易情况的氛围。简言之，科层组织的出现是用来节省市场交易费用的一个有效制度。

新制度经济学（new institutional economics，缩写为 NIE）最早由威廉姆森（Oliver. E. Williamson）于20世纪70年代初提出来。他认为自己的理论渊源是康芒斯的“交易”单位、科斯的“交易费用”概念以及哈耶克的合理经济秩序理论及市场失灵的理论，产生了三个重要分支：交易费用经济学、产权理论、代理理论或激励机制设计理论①。

3. 产权理论

企业产权理论是指企业内部产权结构的安排，企业产权理论不是将企业简单地看做以权威、计划来配置资源的组织形式。企业中董事与经理，经理与工人之间的契约关系，仍然是一种交易，这与市场交易中的市场契约没有什么不同。因此，企业内部产权结构安排，同样对企业的效率产生重大的影响。

和“市场合约关系”一样，“所有权关系”也存在着成本。如果说企业通过所有权关系降低了市场交易费用，那么所有权关系成本就是企业付出的代价。所有权有两项重要权力，即行使控制权和剩余索取权。每一权力的行使都有相应的成本。这些成本可分为三类：代理成本、集体决策成本和风险承担成本。其中前两项成本与行使控制权有关，第三项成本与剩余索取权相

① 芮明杰，袁安照．现代公司理论与运行．上海：上海财经大学出版社，2005：27.

关。对于不同的企业惠顾人，这些成本也不相同。

以格罗斯曼、哈特及摩尔（Grossman，Hart & Moor）等人为代表的产权学派将企业所有权定义为对物质资产的控制权，他们认为，产权安排对经济行为的影响来源于合约的不完全性。因为人们不可能事前预料到未来所有可能出现的情况；或者即使预料到了，也不可能在合约中明确写出；或者即使写出来了，也会因法庭无法证实或监督成本太高而无法执行。而当合约不完全时，就会出现一个问题，即合约中未规定的事情发生后谁有最终决定权。

在公司制企业中，投票权的分配按一股一票的原则；在其他合作型企业中，则按一人一票的原则。

所有权关系本身也是有成本的——这些成本被称为“治理”成本——它们包括所有者进行集体决策的费用、监督经营者的费用，以及由于经营者决策失误和滥用管理权能造成的损失等。此外，还有一种与剩余索取有关的风险承担的费用。企业的最优所有权安排是使这两项成本之和最低。而公司通常是比较有效的所有权安排形式。

4. 能力理论

以能力和知识为基础的企业理论关注能力和知识的特性，主要解释为什么企业是各不相同的。企业能力理论把企业看作特殊能力和资源构成的资源集合，资源的多少和质量决定了为什么有的企业能够建立竞争优势。

20 世纪 90 年代关于企业能力知识等的观点和认识很多。企业能力理论并不是一个以某种观点为核心的理论体系，而是具有密切联系的理论观点集合体。包括“企业资源基础论”（Wernerfeh，1984）、“经济变迁演进理论”（Nelson & Winter，1982）、“企业成长论”（Penrose，1959）“企业知识基础论”（Demsetz，1988）以及“企业核心能力理论”（Parahalad & Hamel，1990）等。

企业是生产活动所需知识的获得、运用和积聚的有效制度，包括运营的方式、规则、技术标准、程序、习惯、战略和技术等。在生产过程中，需要将个人的专业化知识整合起来，知识的专业性决定了生产活动需要拥有各种不同类型知识的个人的共同协作和努力。有效的生产要求某一制度安排能起到协调个人知识的功能。市场并不能承担这种协调功能，市场在协调过程中会因知识的隐含性和不可分割性等原因而失效，企业作为一种生产产品和服务的制度安排能够完成协调个人知识的作用。

在企业的生产过程中，个人的知识通过产品或服务的生产过程得到体现和发挥，同时生产过程也提供了大量学习的机会（组织学习），生产知识在企业中聚集的过程是企业各种专业知识在生产过程中相互作用的结果。

（二）企业内部的相互关系

1. 契约理论

契约理论认为企业是包括了企业的要素投入者和利益相关人（提供资金的股东和债权人、提供劳务的经理和工人，以及消费者和供应商等）之间的“一组契约”关系。例如，与投入要素供应商订立的供货合同、与提供劳动力的个人订立的雇佣合同、与银行和债券持有人订立的借款合同以及与消费者订立的销货合同等。这些契约使企业有义务去完成约定的活动。企业也有相当的自由度来决定采取怎样的方式去生产合同规定的产品或提供约定的服务。这部分企业自由决策（discretion）的空间是企业（剩余）控制权最核心的内涵。

2. 不对称信息

交易双方对交易产品或服务的了解程度是不一样的，在一方对另一方拥有信息优势的情况下就产生了所谓的信息不对称。严重的信息不对称会导致市场消失、交易停止。如企业往往比消费者更多地了解产品或服务的信息，企业的领导一般比员工了解的信息更多。在这种情况下，拥有较少信息的一方的利益将会受到损害。如果没有特殊的信息来源进行补偿，交易就难以持续维持下去。因此社会要建立消费者协会，企业要建立工会等组织来维护权益，实际上就是保证信息的对称。

3. 博弈行为

信息在交易中扮演了举足轻重的角色，保持信息不对称是在交易过程中获得优势的关键。交易各方都不会轻易暴露自己的私人信息，导致了交易双方之间的机会主义行为，各方都会花费大量的时间和精力去探测对方的真实信息并传递对自己有利的某种信号。这样，就形成了博弈关系。在现代企业中，劳—资—管之间就存在博弈。

4. 委托—代理理论

委托代理理论是制度经济学契约理论的主要内容之一，所研究的委托代理关系是指一个或多个行为主体根据一种明示或隐含的契约，指定、雇佣其他行为主体为其服务，同时授予后者一定的决策权利，并根据后者提供的服务数量和质量对其支付相应的报酬。委托—代理是现实经济活动中的一种非常普遍的现象，如公司中的股东和公司经理关系。

委托代理理论的主要观点认为：委托代理关系是随着生产力发展和生产规模化的出现而产生的。生产力发展使分工进一步细化，所有者由于知识、能力和精力的原因不能行使所有的权利。专业化分工培养了一大批具有专业知识的代理人，他们有能力代理并行使好被委托的权利。但在委托代理的关系当中，委托者和代理者的利益经常并不完全一致，委托人追求的是自己的财富最大化，而代理人追求工资津贴收入、奢侈消费和闲暇时间最大化，委托人与代理人对于决策的看法也不相同。在没有有效的制度安排下代理人的行为很可能最终损害委托人的利益。在这种情况下，决定委托代理关系的关键因素是对委托—代理关系的控制。对于一个企业来说，如果企业必须要雇用职业经理人来管理企业，那么就需要解决好董事会（老板）与代理（管家）之间的关系和董事会对职业经理人的控制和管理。

委托代理理论是建立在非对称信息博弈论的基础上的。非对称信息（asymmetric information）指的是某些参与人拥有但另一些参与人不拥有的信息。研究事前非对称信息博弈的模型称为逆向选择模型（adverse selection），研究事后非对称信息的模型称为道德风险模型（moral hazard）。委托代理理论是20世纪60年代末70年代初一些经济学家深入研究企业内部信息不对称和激励问题发展起来的。委托代理理论的中心任务是研究在利益相冲突和信息不对称的环境下，委托人如何设计最优契约激励代理人。

对于企业来说，委托代理问题实际上是一个剩余索取权的性质问题，不同的环境决定了不同的组织形式，这些组织形式之所以能够得以生存取决于该组织所选择的剩余索取权的性质——激励机制。

由于委托代理关系在社会中普遍存在，因此委托代理理论被用于解决各种问题。如国有企业中的国家与国企经理、国企经理与雇员、国企所有者与注册会计师、公司股东与经理、选民与官员、医生与病人和债权人与债务人都是委托代理关系。因此，寻求激励的影响因素，设计最优的激励机制，将会越来越广泛的被应用于社会生活的方方面面。

二、公司治理

现代企业理论和产业组织理论已经证明，企业的绩效由多种因素综合决定。首先，产权安排决定公司治理结构。其次，公司治理结构影响着企业家的素质（能力）高低和努力程度。其三，企业家的能力和努力水平，决定企业的经营战略和管理水平，这两者同时影响企业的营运。其四，市场结构对企业绩效也有着重要的影响。最终，企业绩效由企业营运和市场结构共同决定。不同的企业产权契约，决定了不同的公司治理结构。

治理结构是一种制度安排，它通过一定的契约和治理手段，合理配置剩余索取权和控制权，以形成科学的自我约束和相互制衡机制。目的是协调包括股东、债权人、券商、投资银行、职工、经理人员、销售商及市场中介机构等在内的利益相关者（stakeholder）之间的利益和权利关系，促使其长期合作。企业治理结构的核心，是如何解决利益相关者的责权利关系问题，尤其是剩余索取权和控制权的配置问题。

企业治理可以分为两个部分：一个是治理结构（governance structure），另一个是治理机制（governance mechanism）。

治理结构包括股权结构、董事会、监事会、经营团队等。法人治理结构是企业内部通过组织程序（通常以章程的形式）所明确的所有者、董事会和高级经理人员等利益相关者之间权力分配和制衡的制度体系，旨在维护股东、公司债权人以及社会公共利益，保证公司正常有效地运营。其内容包括：如何配置和行使控制权，如何监督和评价董事会、经理人和职工，如何设计和实施有效的激励和约束机制。简言之，法人治理结构就是股东会、董事会、监事会和经理阶层的权力分配模式。

治理机制包括用人机制、监督机制和激励机制，这两者共同决定了治理效率的高低，而治理机制应是其核心，治理结构只是基础。从经济学分析，治理结构一般包括两个方面：一是企业的外部治理。主要包括产品市场、资本市场、经理人市场和劳动力市场。外部治理实质上是市场对企业的治理。二是企业的内部治理。内部治理即人们通常所说的法人治理结构。

公司治理机制，实际是在法律保障条件下的一整套制度性安排，着力处理因两权分离而产生的“委托—代理”关系。公司治理结构解决的主要问题，是对代理的激励和约束问题。激励就是针对代理人（经营者）设计周详的激励报酬合同，促使代理人（经理）将个人利益最大化目标与委托人（所有者）利润最大化目标相结合，尽可能消除在所有权与控制权分离下所有者与经营者目标的背离，使代理人积极地为委托人的利益而勤勉尽职；约束是为了防止经理人员因努力程度不可观察与不可证实而引发地欺诈和懈怠，保障委托人的最大利益及其最终控制权，使代理人不会由于信息不对称滥用职权而损害委托人的利益。

为了激励，就要使代理人有职、有权、有利；为了约束，就要使代理人的职位、权力、利益时刻受到监控。二者之间的制衡，成为公司治理结构是否有效的关键。失去制衡的公司治理结构只有两个结果，一是代理人成为傀儡，二是内部人控制（insider control）。

三、企业发展的生命周期

企业的发展一般会呈现一个由创建—发展—或再生或衰退的生命周期。不同企业的发展轨迹并不完全相同。不同企业的发展过程与多方面的因素有关，但主要取决于企业自身。也可以说企业自身的管理是企业发展状况的依据，外部环境是企业发展变化的条件。

企业生命周期理论是阿尔弗雷德·钱德勒（Alferd Chandler）1962 年在《战略与结构》一书中首先提出的，并在随后的研究中，逐步形成了三阶段论，认为一个正常经营和发展的企业基本会经历三个基本阶段：小型企业（small company）、完整企业（integrated company）和多角化经营（diversified company）。

企业生命周期理论不断发展，1972 年拉里·格林纳提出了五阶段理论，认为一个组织的成长大致可分为创业（creativity）、聚合（direction）、规范化（delegation）、成熟（coordination）、再发展或衰退（collaboration）五个阶段，每个阶段的组织结构、领导方式、管理体制和职工心态都有其特点。五阶段理论成为描述企业组织生命周期普遍采用的模型，只不过随着时代的发展，企业生命周期理论所包含的内容也在不断变化和丰富。

为了能够比较全面地了解企业发展的完整过程，将各个阶段所包含的内容汇集到表 2-5 中。这个表中所反映的仅仅是成功企业发展的一般过程，实际上许多企业并不能走完这个过程。

表 2-5　企业生命周期不同阶段包含内容表

	第一阶段 创业阶段	第二阶段 发展阶段	第三阶段 规范化阶段	第四阶段 成熟阶段	第五阶段 再发展阶段
企业类型	小型独资企业	小型合伙企业	中型合伙企业	股份有限公司	企业集团
产品	单一产品	同类多种产品	个别不同类型的产品	纵向或横向一体化	多角化经营
主要经营手段	技术和销售	技术与销售	技术 + 生产 + 财务	技术 + 生产 + 财务	资本运营
组织结构	没有组织结构	财务管理和生产管理结构	比较完整的生产运营、财务和销售管理	完整的企业内部管理体系	行政管理 + 企业管理结构
领导人	企业家 + 推销员	企业家 + 会计	企业家→管理专家	企业管理专家	行政管理专家
员工眼中的企业领导人	家长	老板	领导	教练	领队
企业领导人关注的重点	产品销售	销售 + 生产成本	技术和经营过程	企业经营和股票市场	外部经营环境的变化
计划与战略	没有计划和战略	生产和财务计划	生产、销售和财务计划	完整的经营计划	企业经营战略管理

（续）

	第一阶段 创业阶段	第二阶段 发展阶段	第三阶段 规范化阶段	第四阶段 成熟阶段	第五阶段 再发展阶段
所有权和管理权的关系	所有权和管理权合一	技术和运营管理岗位具有有限权力	更多的职能管理权力下放，但严加监督	主要经营管理权力与所有权分离	所有权和经营管理权完全分离
企业任务	开发产品，创造市场	降低成本	占领市场	提高市场占有率	行业领导

许多因素都能影响企业发展的过程，在创业的早期阶段，企业依靠具有企业家素质的个人为企业的建立创造出一个市场，此时某个具体的个人往往发挥举足轻重的作用。在创业的后期，企业家开始利用“第一桶金”的原始积累，建立企业。在这个过程中，企业的人际关系比较简单，我们可以形容为“家长带着孩子”或“师父带徒弟”打天下，企业家必须是“技术权威（即使是最简单技术的权威）+家长或师父”。企业的一切由一个人决定，企业家个人的公平、义气和能与大家同甘共苦等特点能产生凝聚力，这对于创业时期的企业是非常重要的。

在发展阶段，由于产品或服务的成功，企业开始进入扩大生产或经营规模的阶段。企业人员迅速增多，组织不断扩大，职工的情绪处于亢奋状态，对组织有较强的归属感。市场需求和同类产品或服务竞争的压力要求企业迅速扩大生产能力，此时的生产、营销和会计管理是新企业运行的基本管理问题。

与此同时，市场开始发现原始产品或服务的缺陷（对于新产品或服务来说，几乎都存在缺陷），竞争者会利用大批量生产所带来的利润的诱惑和产品缺陷的机会，通过推出改进产品，用更低的成本、价格和更优越的性能占领已经有巨大需求的市场，这也叫做“改进新产品竞争策略”。由于竞争者可以不必支付新产品的研究和开发费用，仅需支付仿制成本和制造成本，所以在经济上具有竞争优势。对经营原创产品的企业来说，这种威胁是最主要的威胁。在新产品开发过程中，多数企业难以度过这个阶段，常常是努力开发的产品并不能为本企业产生满意的效益，却成全了别的企业。

在发展阶段注重通过管理降低成本、提高和改进产品质量是十分重要的，也是常常被忽略的环节。企业创业者在企业中的特殊地位容易形成其在企业中的“绝对权威”，最初的成功往往也使其难以接受其他人的不同意见。巨大的市场需求、不断增加的收益与竞争者的存在、产品本身的缺陷、以及需求的变化构成了企业成长时期的尖锐而复杂的矛盾。管理者的特殊地位常常使人注意到了创业的成功，而忽视了经营的艰难。此时的企业发展所面临的管理问题日趋复杂，创业者已经无法用个人的经验和技术来完全控制企业的发展，组织内部管理问题层出不穷，从而产生了“成长危机”。企业发展要求由创业企业家的经验和非正式沟通方式解决问题过渡到规范的、通过制度和正式沟通管理企业。

在规范化管理阶段，企业的职能和直线部门比较齐全，人员配备完整，企业的运行按照制度进行。这时的企业已有相当规模，生产运行按部就班，增加了许多生产经营单位，甚至形成了跨地区经营和多元化发展。企业的管理者需要对下级部门进行授权管理，与此同时，新的专业管理人员开始进入企业，企业所有者与管理者之间的矛盾开始产生。企业进入一个重要的战略抉择时期，是延续经验管理还是走上现代企业制度，由管理专家对企业进行管理。许多企业采取了延续经验管理的做法，毕竟传统的方法比较容易被人们接受，但是对人情、传统等的认识和想法都会阻碍企业走上规范化管理的轨道。

规范化管理阶段为企业的发展奠定了坚实的基础，企业开始走上现代企业制度的轨道。企业的管理者在这个过程中需要完成从家长→老板→领导→教练→领队的角色转换，但实际上，许多人难以完成这样的角色转换。在大多数情况下，创业阶段的企业家开始退居二线，由它们委托的代理人来管理企业。

案例：德国联邦铁路公司（Deutsche Bahn）

德国铁路始建于1835年。1879年，以债券交换股权的方式，各州开始接管私人铁路。早期，铁路是国家统一和军事行动的重要工具，为国家财富的积累作出了重要贡献。1920年，德国铁路开始国有化，1924年正式成立了国家铁路。从20世纪50年代中期起，西德铁路开始出现亏损，到1992年已成为政府的沉重负担。1994年，当东西德合并之后，德国铁路开始从联邦政府中逐渐脱离出来，开始私有化改革。1989年政府铁路委员会研究改革方案，经过近两年的研究，提出了将西德铁路与东德铁路合并、成立国有铁路股份公司、然后由股份公司向控股公司过渡、最后实现私有化的10年方案。

德国铁路改革的目的是使它能够在市场经济的竞争中，摆脱亏损的困境，成为独立的以赢利为目的的服务性企业。德国铁路的整个改革步骤按10年计划实施，分两阶段共四步进行。

第一阶段，德国铁路有限公司在五年的时间内为第二阶段进行结构改革、建立法定公司的任务做准备工作。这一阶段分三步走：第一步，从

1994 年 1 月开始，将原东德国铁路与西德联邦铁路合并，组成联邦铁路资产局。这是一种过渡形式；第二步，根据《基本法》第 87 章和《联邦法》，成立德国铁路股份公司及相应的铁路联邦管理局，仍然保留联邦铁路资产局从事企业经营，裁决和行政管理；第三步，根据德国铁路有限公司基本章程的规定，组建了四个分公司。

第二阶段，即是德国铁路改革的第四步，其主要任务是第一阶段为之准备的结构改革。结构改革主要按照公司法通过分离的方法进行。德国铁路公司按照公司法的要求组建成在一个控股公司管理下的多层次的集团公司。德国铁路股份有限公司是这个集团公司的母公司。这个集团公司被分成集团公司的管理部门和五个分公司，每个分公司都有权以股份有限公司的身份独立经营各自的业务。这五个公司同时还分别是指定给它们的联营公司和参与公司的管理公司。按照计划，1999 年以后，德国国铁路股份公司依法解散，解除国有控股，五个公司独立运作、自主经营。

第三章

企业经营环境与要素市场

企业的经营活动都是在一定的环境下开展的。不同国家的企业有不同的环境条件，这种环境条件的差异在很大程度上是由于社会文化传统、政治体制、人的素质及其观念形成的。这样的环境决定了企业经营伦理的形成和发展，规定了企业经营活动的行为方式，决定了不同企业经营活动的自由度和绩效，也就是说决定了社会将出现什么质量的企业。

第一节　自由企业制度

一、自由企业制度的基本内涵

所谓自由企业制度（free enterprise system），就是确保企业能够拥有在产权受法律保护的基础上所享有的自由创业权、自由经营权、自由交易权以及自由支配或处置财产权等一系列的制度安排。它包括产权制度、进入退出制度、公平竞争制度、平等合约制度、平等交易制度以及平等获取信息服务制度等。

一般情况下，自由企业制度的基本内容主要有两个方面：一是企业自由创设权，二是企业自由经营权。

企业自由创设权是自由企业制度的核心内容，自由创设企业包含两个方面的含义：第一，任何人，除法律禁止从事经营活动的，如公务员以外，都有权设立企业。创设企业和从事生产经营活动是人生来具有的权利，在西方国家被视为天赋人权，非经法律特别规定，不得剥夺；第二，在创设企业过程中，只要符合法律规定的条件，就应该得到登记注册，任何机关以任何理由“批准”或“核准”，都是对公民自由创设权的侵犯或剥夺。

企业自由经营权是指企业一旦设立，从事何种经营活动和如何从事经营活动由企业自主决定，企业自由经营权的含义主要包括：第一，除法律明确规定限制经营和禁止经营的以外，企业生产经营范围由企业自主决定；第二，企业的经营活动由企业自主决定，完全依靠企业对市场信息的判断和经营规则的理解，他人不得干涉；第三，企业对其经营活动的后果负责；第四，对企业的处分，无论是解散还是破产还是与他人合并，由企业自行决定。

自由企业制度具有以下主要特征：第一是自由性。自由企业意味着经营主体拥有投资自由、经营自由、交易自由和进入退出市场的自由，企业生存与否、规模大小、效益好坏以及成长速度快慢均取决于市场的选择，不应该存在违背自由经济原则的任何外在限制或行政性保护。第二是民营性。自由企业作为独立的经济利益主体，应该也必须是以非官办的、非政府控制的平等的自由交易者，以此参与市场交易和市场竞争。但是，强调自由企业的民营化并非意味着私有化，更不等于私有化。第三是透明性。透明性是指交易的双方力求提供既全面又准确的交易信息，而且能够信守承诺。第四是自律性。自由不等于放弃自律，恰恰相反，自由的前提是自律。自律既是自由企业的特征，也是自由企业存在的基础。自由企业制度是市场经济发展的必然要求，市场经济是自由经济，市场经济的本质特征使劳动者的个性、才能全面解放和自由发展。市场经济中最活跃的主体是企业，企业的状态与活力直接决定着市场经济的兴衰，只有建立自由企业制度才能符合市场经济的发展要求，激发企业的活力和实现市场经济配置资源的作用。

诺贝尔经济学奖获得者、美国经济学家米尔顿·弗里德曼在其非常著名的《资本主义与自由》一书中指出："在美国，'自由'被理解为每一个人都有自由来建立企业的意思。"这可能是对自由企业制度最好的诠释。

自由企业制度的权利基础是人所具有的自由经商的权利，自由经商在商法中称为从商自由。"从商自由"原则是指，除非法律对人的商事资格作出限制，否则，所有人均享有按照自己意愿自由从事商事经营活动的自由。

自由经商或从商自由是人的一项基本权利，亚当·斯密在其《法学讲稿》中就已经明确指出："自由经商的权利和婚姻自由等权利如果受到侵害，这显然就损害了人自由支配自己身体的权利，也就是人自己想做并且不会对他人造成损害的事情的权利。"虽然不是所有国家在任何时期都严格贯彻从商自由原则，但从商自由原则已经在很多国家的法律中得到认可，甚至被认为是一种"宪法性的原则"。如 1919 年的《德国魏玛宪法》第 151 条第 1 款规定："经济生活之组织，应与公平之原则及人类生存维持之目的相适应。在此范围内，个人之经济自由，应予保障。"第 3 款规定："工商业之自由，应依联邦法律之规定，予以保障。"

美国是实行自由企业制度的典型国家。在美国，个人业主制企业可以分为经过注册登记的个人业主制和未经登记的个人业主制。依照美国的法律观念和法律制度，从事任何营利性商业活动，是每个公民天赋法定的权利，无需政府部门再依企业登记的形式加以确认或限制。任何公民都可以按照自己的意愿，依法从事经营活动，并获得收益。当美国公民以个人为单位独立从事经营活动时，就自然地成为美国市场主体中的独资企业了。

二、自由企业制度是市场经济的基本要求

市场经济（又称为自由市场经济或自由企业经济）是一种经济体系，在这种体系下产品和服务的生产及销售完全由自由市场的自由价格机制引导。经济学家所定义的理论上的自由市场模型，是一个完全没有政府干预或其他强迫力量的体制。

英国经济学家亚当·斯密在《国富论》中提出个人在经济生活中只考虑自己利益，受“看不见的手”驱使，即通过分工和市场的作用，可以达到国家富裕的目的。这种模式的主要特征是私有制，人人为自己，都有获得市场信息的自由，自由竞争，无需政府干预经济活动。

弗里德里克·哈耶克和米尔顿·佛利民认为经济的自由在公民和政治自由的创立和维持上是不可或缺的。他们相信这种经济自由只有可能在以市场为主的经济里才有可能达成，尤其是在自由市场经济里。他们相信足够的经济自由可以透过市场的价格和财产权利机制来实现。他们认为一个社会若拥有更多的经济自由，也代表拥有更多的公民和政治自由。

正常情况下，市场会以它内在的机制维持其健康的运行。其中主要依据的是市场经济活动中的经济人理性原则，以及由经济人理性原则支配下的理性选择。这些选择逐步形成了市场经济中的价格机制、供求机制和竞争机制。这些机制就像一只看不见的手，支配着每个人，自觉地按照市场规律运行。

在经济学理论中对于自由市场经济的批评主要来源于经济中存在的“市场失灵”或“外部性”。市场失灵是因为市场无法通过价格机制取得正确和足够的信息所造成的。负面的外部性包括了垄断、公共利益的缺乏以及社会的不均等（如极端贫穷）的出现。一些经济学家认为这些失灵必须由政府进行有限的干预。

20世纪30年代初，资本主义世界出现了罕见的经济危机，使得传统的经济理论对此束手无策。凯恩斯（Keynes）的《就业、利息和货币通论》的出版标志着宏观经济学的产生，也使得国家干预经济理论由配角变成了主

角。为了有效解决需求不足的问题，凯恩斯主张放弃自由经济主义，代之以国家干预的方针和政策。国家干预的最直接的表现，就是实行赤字财政政策，增加政府支出，以公共投资的增量来弥补私人投资的不足。增加公共投资和公共消费支出，实现扩张性的财政政策，这是国家干预经济的有效方法。

实际上，自由市场是一个仅限于保护财产权利及和平环境的政府干预体制，让市场机制能顺利运行（又称为自由放任）。许多被称为资本主义制度的国家并不一定符合自由市场的特点，即使是最能代表资本主义的美国，也对市场施加一定的限制。

市场机制就是市场运行的实现机制。它作为一种经济运行机制，是指市场机制内的供求、价格、竞争、风险等要素之间互相联系及作用的机理。一般市场机制是指在任何市场都存在并发生作用的市场机制，主要包括供求机制、价格机制、竞争机制和风险机制。具体市场机制是指各类市场上特定存在的并起独特作用的市场机制，主要包括金融市场的利率机制、外汇市场的汇率机制、劳动力市场的工资机制等。

根据科斯的理论，企业和市场是契约的两种形式。在市场经济体制下，虽然不反对政府对于经济行为的管制，但这样的管制不应当成为制约正常经济行为的理由。

自由企业制度最符合企业的本质特征，即最符合减少交易费用、降低成本的要求。因为企业自由创设权与自由经营权使企业的设立和企业的经营完全处于企业要求的状态之下，是企业对市场需求的直接反映，没有任何行政干预与市场之外的因素，不需要对市场之外的因素做过多地考虑和付出更多成本。

企业科层制的组织形式，起到了很好地协调合约各方、减少交易成本的作用。关于企业存在的价值及其意义，经济学家和法学家的诠释是完全不同的。经济学家更多研究经济活动为什么要通过企业来展开，而法学家直接界定企业是以营利为目的的生产经营组织，同时在肯定企业经济职能的同时还要求企业承担社会职能，即企业承担社会责任。除此之外，还要研究如何通过法律制度的设计使企业能够顺利实现其经济职能和如何通过法律制度的设计迫使企业承担社会职能。

市场经济要求企业具有多样性、层次性、灵活性和应变性，只有自由企业制度中的自由创设权和自由经营权才能够保证企业具有市场经济所需要的特点，自由创设权和自由经营权赋予了企业多样性、层次性、灵活性和应变性的特征；市场经济内部的运行是极其复杂的，变化是迅速和微妙的，能够及时捕捉市场经济信息并对其迅速做出反应的只有自由企业制度，因为自由企业制度弘扬了人的最本能的一面，使人的潜在本能得到了最大程度的发挥，这也是自由企业制度最具价值的部分。

市场经济与自由企业制度是一对孪生兄弟。没有自由企业制度就没有市场经济，而市场经济是自由企业制度运行的基本环境条件。

在我国，无论任何类型的企业在自主经营问题上已经不存在障碍，国家有足够的法律和政策保障企业的自主经营。不但企业的自主经营受到了法律的保障，而且2005年10月修改的《中华人民共和国公司法》（以下简称《公司法》）还非常明确地贯彻了公司自治原则。

改革开放以后，我国企业的设立也经历了从许可主义到准则主义的发展变化过程，以公司为例，修改前的《公司法》第77条规定："股份有限公司的设立，必须经过国务院授权的部门或者省级人民政府批准。"修改后的《公司法》第6条规定："设立公司，应当依法向公司登记机关申请设立登记。符合本法规定的设立条件的，由公司登记机关分别登记为有限责任公司或者股份有限公司；不符合本法规定的设立条件的，不得登记为有限责任公司或者股份有限公司。法律、行政法规规定设立公司必须报经批准的，应当在公司登记前依法办理批准手续。"

近年来，我国立法不但对企业设立的原则做出了重大的调整，而且企业设立的程序也已经相当简化，主要表现就是企业登记制度从实质审查转变为形式审查。2004年6月10日公布，2004年7月1日起（第9号）国家工商行政管理总局令《企业登记程序规定》。2005年12月18日，国务院又发布了修改后的《中华人民共和国公司登记管理条例》。按上述两个规定，申请设立企业，申请人可以直接到企业登记场所或通过邮寄、传真、电子数据交换、电子邮件等方式提出申请。

这种设立程序的规定无疑已经非常符合自由企业制度下的自由创设权的要求。在我国，设立企业是任何一个符合条件的公民的自我行为，不会受到任何机关的任何阻挠。

自由企业制度要求更多的是宽松、公平、平等、自由的市场环境和外部条件，而这一外部环境我国尚不具备。没有这样的环境，真正的自由企业制度不可能形成。

资料：世界银行的《2005年全球企业经营环境报告：消除经济增长的障碍》

由世界银行与世界银行集团的私营部门贷款机构国际金融公司联合出版的《2005年全球企业经营环境报告：消除经济增长的障碍》报告指出：

对145个国家的企业监管现状和改革进行比较分析研究发现，贫困国家设置的行政程序造成企业家在开办、运营和关闭企业方面的难度两倍于富裕国家，而贫困国家的企业得到的产权保护却不到富裕国家的一半。在一个富裕国家开办一个新企业平均需要经过6道手续、相当于人均收入的8%的费用和27天时间；在一个贫困国家或中低收入国家，同样的过程需要11道手续、相当于人均收入122%的费用和59天时间。有十几个国家注册一个新企业需要100多天时间。在许多富裕国家潜在投资者可以获得有关上市公司所有权和财务状况的全部信息，而在大多数贫困国家投资者却几乎得不到任何信息。与富裕国家的企业比较，贫困国家的企业要承受更繁琐的法规管制。贫困国家的企业在雇用工人、合同执行和登记注册上的成本更高；在破产清算、财产登记以及企业开办手续中耽搁的时间更长；他们所得到的在借贷双方法律权利、合同执行以及信息公开方面的保护也更少。单单是行政管理费用一项，贫困国家和富裕国家间就存在着三倍左右的差异。在行政手续的数量和由此耽搁的时间上，贫困国家比富裕国家高两倍。

在贫困国家，国际开发协会和捐款国的援助项目设立的绩效目标促使贫困国家检查其法规障碍并提出改革方案。大多数改革措施集中在简化企业准入程序和改善信贷信息系统方面。非洲国家是所有地区中改革举措最少同时也是企业经营法规障碍最严重的，其次是拉丁美洲国家。

企业经营环境最好的20个经济体是：新西兰，美国，新加坡，中国香港，澳大利亚，挪威，英国，加拿大，瑞典，日本，瑞士，丹麦，荷兰，芬兰，爱尔兰，比利时，立陶宛，斯洛伐克，博茨瓦纳，泰国。

《企业经营环境报告》是3000多名当地专家（包括商务咨询顾问、律师、会计师和政府官员）和著名学者参与的共同成果，他们提供了在调研方法上的协助和对报告的评审。报告的数据、调研方法和参加人的名字均可在网上查阅。

三、政府职能的界定

市场经济中客观存在的市场失效要求政府及其公共财政的介入，政府必须承担起应尽的职责。在当今世界上，政府的职能可以概括为三项：政治职能、社会职能和经济职能。

政府的政治职能是最基本的职能，它在一定意义上体现了政府存在的必要性，主要表现在维护国家主权、领土完整、国防和公共安全。政府的政治职能往往在战争、内乱等特殊情况下才充分发挥作用。在和平时期，则主要是实行政治统治，保障社会安定和维护公共安全。

政府的社会职能是指由于国家的一般的共同需要而必须执行的职能，它一般包括属于政府管辖的社会公共事务，如公共教育、消防、交通管制、医疗、社会保障、贫困救济、自然资源和环境保护等。在这些基本方面，中外学者也能达成相近的共识。

政府的经济职能包括在政府的社会职能之中，随着社会的发展逐渐从社会职能中分化出来而成为独立职能。市场经济中政府经济职能包括以下内容：

1. 确保经济稳定增长和收入公平、合理分配的调节职能

政府所采取的相应政策手段主要有：财政税收政策和货币金融政策。其中，财税政策主要是通过所得税、财产继承税的设定、征收以及在社会福利方面的财政支出等进行收入再分配；通过财政、税收的“自动稳定器”机制及财政支出规模的扩大、收缩或提前、推后支出以及特定条件下的关税进行调节；通过公共事业支出等在一定程度上参与或调整资源配置；通过财政支出来支付有关的中央及地方政府机构提供一般行政服务和建造公共设施等；此外，通过特别折旧等减税措施以及财政补贴，对某些产业的发展给予一定程度的支持。货币金融政策主要是通过中央银行准备金率的变化、公开市场业务操作、再贴现率调整以及作为对贷款规模直接限制手段的“窗口指导”进行货币供给量的调节和景气调节。

2. 提供公共产品的资源配置职能

政府所采取的相应手段主要是公共事业投资、基础设施投资、社会公共品或服务的提供及福利政策等。

3. 对微观领域的管理或规制职能

政府采取的相应政策措施包括：禁止垄断、共谋行为，限制不公正交易、限制企业集中等法规；经济直接规制，主要是对自然垄断、公益性领域进行有关进入、退出、价格等方面的直接管理；社会性直接规制及保护消费者政策，包括防止公害、环境保护政策，反毒品、工业安全和保护消费者权益；对某些产业的设备投资进行管理，通过直接数量限制或关税壁垒，限制同类产品的进口，保护国内幼稚产业；对衰退产业的调整给予补贴等援助，促进其资源转移及生产效率的提高；为促进中小企业的现代化和合理化，根据有关法规对中小企业给予一定的援助；为促进农业发展和保护农民利益进行的农产品补贴和促进农业经营合理化所采取的政策；扶持高科技企业发展等。

从上述政府职能所涉及的领域看，正是市场失效的领域。政府职能所包含的内容，都是针对着诸如公共品、外部性、自然垄断、信息不完善、收入

分配不公，风险及不确定以及经济波动等市场缺陷问题。

第二节 社会经济的发展对企业经营管理的要求

随着社会经济的发展、技术的进步、个人收入水平的提高，市场需求在不断变化。现代企业必须通过适应市场变化和不断满足消费者或使用者的需求来实现企业的经营。因此，现代企业的经营充满了变动和不确定性，需要在企业内部管理流程的稳定性和市场的变动和不确定性之间实现高度的协调才能保证企业稳定和健康的发展。

顾客的需求日益趋向个性化，使市场变得更加多样化，加快了市场的变化频率。市场的多变性使企业的新产品开发和技术进步变得更为重要，创新和变革成为企业间竞争的主要手段。这种趋势进一步加剧了市场竞争的激烈程度。为了取得经营的优势和竞争的主动，企业纷纷加强产品开发工作、生产过程的设计与优化。研究企业的生产和服务过程的技术开发和技术管理已经成为企业技术创新的重要内容。

一、必须满足市场需求的变化

西奥多·莱维特指出：推销观念注重卖方需要，现代市场营销观念则注重买方需要。推销观念以卖主需要为出发点，考虑如何把产品变成现金；市场营销观念则考虑如何通过制造、传送与最终消费产品有关的所有事物，来满足顾客的需要。现代企业市场营销观念使企业必须处理好近期利益和远期利益的关系；企业利益和消费者利益的关系；企业和其他社会团体的利益关系等。

（一）需求多样化和个性化导致定制化生产

进入20世纪70年代以后，由于科学技术飞速进步、生产力的发展、人们购买能力的快速提高和企业生产能力的增强，以满足消费者需求为核心的现代市场营销观念被越来越多的企业所接受。人们社会价值观的不断变化，导致了整体市场需求的日益多样化，顾客消费水平不断提高，使市场需求不断细分为更多的个性化市场需求。个性化的市场需求要求企业根据每一个顾客的要求定制产品或服务。

顾客宁愿为适合自己的特殊产品或服务支付更高的价格，而不愿意购买那些即使性能不错，价格适中，大众化的流行产品。20世纪80年代以后，发展起来的定制化生产、个别化经营、小批量、多品种的企业经营模式逐步替代了传统的大批量、少品种经营模式。企业逐步实行成组技术、柔性生产、个性化经营等来满足不断变化的市场需求。

传统的大批量生产方式是“一对多”的关系，即企业开发出一种产品，面对多种顾客，组织规模化大批量生产，达到高效低耗、占领市场的目的。在这种生产方式和技术条件下，企业的生产规模成为生产技术重点考虑的因素。

而定制化经营则要求“一对一”的生产和服务，组织小规模、多品种的生产，势必提高生产成本，影响生产者的经营效益。在这种情况下，上游企业规模化大批量生产零部件，再由下游企业根据市场需求的变化将这些零部件组装成能够满足市场多样化需求的完整产品。

在这种生产方式条件下，要求行业对零部件的生产制定统一的技术标准，这样的标准适用于各种市场。技术水平、创新的速度成为上游产品生产企业间经营竞争的关键因素。对于下游企业来说，快速和深刻了解市场的变化，不断提供多样化的产品和满足“一对一”需求的服务成为影响经营绩效的关键因素。

任何企业的经营管理过程都必须考虑市场需求多样化和个性化的趋势。有时这种市场需求多样化和个性化并不是与技术的进步有必然的直接的关系，仅仅是因为大众化的需求带有普遍性，而许多人更愿意追求属于自己的、独特的供给。独特的产品、独特的环境、独特的专门服务等成为越来越多人的梦想，可能这种独特的产品、独特的环境、独特的专门服务恰恰是多年以前经历的回忆或个人对某些事物或事情的假设。

（二）顾客需求导致企业不断提高自身经营竞争能力

顾客需求、竞争程度和环境变化引发了市场、经营和技术的多样性，成为市场需求不确定性的根源，也成为企业不断提高自身经营竞争能力的外在压力。

现代生产发展的特点主要有：第一，产品的生命周期明显缩短，汽车在20世纪70年代的生命周期为12年，80年代为4年，90年代为18个月；第二，产品的品种日益增多，日本的丰田公司3个月生产364000辆、4个车型、32100型号，平均每种型号11辆；第三，产品的交货期不断缩短，现在许多企业的交货期已经降到24小时。

案例：网上直销的Dell计算机

目前Dell计算机在世界上是赫赫有名的计算机品牌，但也就是在10年前，Dell还处于亏损状态。到1999年的第二季度，Dell的PC机销售量超过了一直处于全球销售量第一位的Compaq（康柏）公司，成为在美国销量第一的 PC 机供应商，并向全球第一 PC 机供应商挺进。Dell 公司在中国的经营和销售也取得了骄人的业绩，在中国这样一个 PC 机使用大国，Dell 也是家喻户晓的品牌。

Dell 迅速崛起的原因是看到了 Internet 的优势和潜力，并比其他业界同行更早地意识、研究和使用 Internet 作为企业经营的工具。早在 1996 年的 7 月，Dell 公司的客户就能够通过公司的 Internet 站点直接订购和配置计算机。Dell 根据订单进行生产和直接销售的模式消除了传统销售渠道中的代理商和零售商的层层加价，库存成本大大降低，与其他竞争对手相比，Dell 计算机占有 10% ~15% 的价格优势。

Dell 通过网上直销也减少了产品在流通领域的停留时间，公司的采购时间由 4~6 周缩短到 24 小时，个人购买更是做到了立即提货。

（三）信息化导致企业经营和管理的开放与合作

自 20 世纪 70 年代开始，计算机技术大量引入并越来越广泛地应用于生产过程。为企业从大批量、标准化生产转向多品种、小批量非标准化生产提供了现代化的管理手段。

信息技术是当今技术进步过程中发展最快、渗透性最强、应用和影响面最广的技术。企业信息化利用计算机、网络和通讯技术，支持企业产品研发、生产、销售、服务等诸多环节，实现信息采集、加工和管理的系统化、网络化、集成化、信息流通的高效化和实时化。企业信息化并不是将传统管理方式照搬到计算机网络中，简单地用计算机代替人工劳动，而是借助现代信息技术，引进现代管理理念，对落后的经营方式、僵化的组织结构、低效的管理流程进行全面而深刻的变革。

大量使用计算机促使企业生产的规模效益与市场多样化需求相结合，成为企业管理现代化的主要方向。

90 年代，面向市场的创新型企业管理的基本特征是开放与合作。在企业外部，要求企业与社会保持充分的接触和联系，企业间的竞争主要表现为企业核心能力中智力因素的含量以及这种含量所构成的经营壁垒的坚固程度。技术含量越高，创新的速度越快，被掌握和被模仿的难度越大，企业的优势就越明显。为了保证企业竞争的高效率，核心竞争能力强的企业，趋向于不断创新，并研究开发和掌握高端技术；与此同时不断淘汰低端技术，将低端技术和外围技术与外界共享。

一个企业难以研究、开发和掌握行业的全部核心技术，很难具有全面的核心能力，不同的企业在某一方面具有不同的核心能力。不同的核心能力之间的合作和共享就成为企业间合作的环境条件，而信息技术为企业间的合作创造和提供了开放的条件。

资料：虚拟企业

在封闭和追求全能制的生产方式中，企业组织不论大小都具备各种功能，在这种全能制的实体企业组织中，企业必须在自己的生产领域中完成产品生产或提供服务经营的全过程。企业的固定成本维持在一定的水平，企业提高经营效率的努力被限制在变动成本和产品或服务的价格上。

虚拟企业组织是在知识经济条件下产生和发展的，虚拟企业要求打破实体企业对生产过程、人员控制、技术创新的束缚，在全社会依据企业的核心能力和团队以及个人的知识能力重新培植资源。

在社会合作和协同的思想指导下，虚拟企业根据技术发展和市场需求变化的需要，根据企业间的协议，构成新的生产合作和协同体系。在新的技术和需求出现的情况下，大量的职能化工作由新的协作生产体系来完成，形成了在全社会各尽所能，互相协作的新的企业经营和组织形态。而具体企业能够在这种虚拟企业运作过程中取得优势的条件就只能是具有核心经营和竞争能力。

在企业内部，面向市场的创新型企业管理要求：企业组织的发展战略有明确的经营文化和核心能力发展方向，但没有十分具体、而固定不变的产品模式和严格的时间界定；约束企业经营模式的是核心能力和文化内涵，而不是权力和制度；企业组织有强大的学习能力、适应能力，组织结构灵活。

二、必须符合社会经济可持续发展的趋势

工业经济和科学技术的飞速发展，促进了全球经济的高速发展，但环境问题也越来越突出：森林破坏、水土流失、沙漠化、全球气候变暖、生物多样性退化和减少，跨国家的环境问题不断恶化。

在人类生存环境日益恶化的条件下，可持续发展理论逐渐为世界各国接受，可持续发展指既能满足当代人的需要，又不对后代人满足其需要的能力构成危害的发展。既符合局部人口利益又符合全球人口利益的发展。也可定义为环境、社会、经济综合集成的均衡发展。该理论认为，人类应当跳出单纯追求经济增长，忽视生态环境保护的传统发展模式，通过产业结构调整和合理布局，发展高新技术、实行清洁生产和文明消费，协调环境与发展的关系，使社会的发展既能满足当代人的需求，又不对后人需求的满足构成危

害，最终达到社会、经济、资源和环境的协调。可持续发展理论使得环保问题日益引起社会各界的注意，在此背景下，绿色贸易保护思潮迅速流行。

当前人们深刻认识到保护环境就是保护人类自身，环境质量的高低、生态环境的好坏直接关系到人类的生存和发展。人们环保观念和环保意识不断增强，人们的价值观念也在发生变化，人们在强调产品实用性、耐久性的同时，更加关注产品对环境和社会带来的影响，绿色价值观正在逐步形成，绿色概念正逐步深入人心。据 1995 年美国的一项市场调查显示，80% 以上的消费者愿意支付更多的美元来购买绿色产品，75% 的荷兰人和 80% 的德国消费者在购物时首选的是绿色产品。绿色消费心理的形成极大地刺激了绿色产品市场的扩大，为各国特别是经济发达国家制定较高的环境标准、检验检疫制度提供了消费基础。

但由于世界各国生产力发展水平的差异导致了各国经济发展的不平衡。发达国家经济发展水平高，科学技术和管理经验先进，因此，发达国家在环境保护方面制定的法律法规、标准等也严格，特别是一些强制性的标准，对一些达不到这些苛刻标准要求的产品形成了一道坚固的绿色壁垒。

50 年代以前，涉及环境保护问题的国际公约只有 6 项。70 年代后，随着全球经济的发展和环境问题全球化，国际上制定了大量的国际性环保公约，到目前已有 200 个左右的公约，我国已缔约或签署了其中的 50 项国际环境公约。各种国际公约的制定和执行对于全球的自然资源和生态环境保护发挥了积极的作用，这些国际公约将资源和环境保护作为全世界的共同事务，增进了相关事务的国际合作。

可持续发展理论包括两个重要的概念：“需要”的概念，尤其是世界贫困人民的基本需要，应将此放在特别优先的地位来考虑；“限制”的概念，技术状况和社会组织对环境满足眼前和将来的需要的能力施加的限制。经济与环境协调发展是实现可持续发展的重要手段，是可持续发展的基本要求。可持续发展包括经济、人类、环境与技术四个方面的内容，并不局限于经济发展，是社会、经济、自然环境的协调发展，涉及人口、经济、能源、野生动物保护、生物多样性等各个方面，可以概括为三个方面的实质：一是针对人类与自然界之间的关系的共同进化思想；二是针对人类自身世代关系的世代伦理思想；三是针对经济发展的效率与公平目标的兼容。

世界各国都面临发展经济，满足人民生活水平提高的需要。在这个过程中，世界各国由于所处的经济发展阶段不同，对经济发展和资源与环境保护关系的认识不同，经济发展对特定国家的眼前利益是现实的，环境保护对于特定国家来说可能意味着现实利益的牺牲和为别的国家或世界提供服务。各国政府和领导人对于相关问题的决策影响各个国家自身的经济发展和环境保护，也对周边国家和世界的经济发展和环境保护造成影响。

三、必须不断采用先进技术

由于市场需求的不断变化，对新产品研发的要求不断增加。要求企业的经营必须不断采用先进技术开发新产品和采用先进的生产技术，以适应市场对于新产品的需求。企业的生产技术也在不断变化，以满足降低成本的要求。

在产品和生产技术创新的基础上，部分国家和企业由于技术创新速度的加快，在市场竞争中逐步取得优势地位，这种优势地位也使企业间的竞争由最初的产品、原材料、价格的竞争，转变为对技术和相关标准的竞争。技术和相关标准的竞争逐步使部分企业在特定的经营领域、核心技术和相关标准方面形成新的垄断。这种垄断要求其他企业或国家在生产该领域的产品时必须按照优势企业的技术和标准进行生产和经营，而企业凭借自己的技术和标准能够获得在资源、市场和经营方式等多方面对其他企业的影响力。

这种影响力导致新的垄断企业可以在不消耗资源和大幅度提高成本的情况下，获得企业在市场经营中的全面新型的垄断。其他企业可以获得处于下游的相关技术的产品生产产量、市场上的占有率，可以拥有一定的生产资源，但必须按照垄断企业的技术和标准进行生产，否则产量、市场和资源都会变得没有意义。

联想可以获得亚洲计算机市场销售量的第一，但要采用 Intel 公司的 CPU 和其他知名企业的硬盘和主板。只要 Intel 公司的 CPU 发生了变化，联想的计算机就必须跟着立刻采用新的先进的 CPU，产品的价格也必须随之发生变化。

中国的汽车工业可以飞速发展，但是生产量的变化仅仅代表了市场需求在不断增长。中国的汽车生产厂家可以引进技术生产先进的汽车，但是不断有更加先进的汽车设计和技术出现。处于低端技术水平的生产企业为了生产相关的产品必须为购买技术支付高额成本，市场为购买新产品必须支付较高的价格。提供技术和标准的企业获得技术和标准的收益，这些收益要比生产和经营相关产品花费更小的资源消耗成本和经营成本。社会还要为生产、经营和使用这些成本付出高昂的资源和环境代价。

在特定领域中技术上处于上游的企业不断加快技术的创新步伐，进一步拉大与中下游经营和生产企业在技术上的差距，逐步形成更加全面，影响更加深化的垄断，进而左右领域中所有企业在市场上的经营活动。

能够经营技术和标准是企业长期经营的结构，是企业核心能力的集中反映，也是社会进步的表现，也就是说只有在企业具有对特定行业占有全面的信息和掌握最先进的技术的情况下，企业才获得了经营和发展的主动权。对于社会来说，只有在信息、技术、生产和经营，以及人才全方位的进步才具备了社会发展的基础。

四、适应社会对企业日益规范和严格的监督和管理

社会的发展和技术进步，要求社会不断加强对企业经营方式的管理，激励有利于社会发展和技术进步的正面产出，限制和杜绝不利于社会发展和技术进步的负面产出。

不断完善的法律、法规和各种行政、经济管理机制使企业通过短期的、大量外部不经济行为获得经济利益的机会越来越小。如果说在中国市场经济发展的初期，部分人还可以通过非法经营或社会经济管理体制中存在的不完善和不合理的漏洞获得诸如土地使用、主管部门批文、特殊物资或进出口指标等特殊的经营条件，实现资本的原始积累，这样的积累将越来越困难。企业的各种短期经营行为也会越来越多地受到限制。即使部分地区或部分人依然有这种特殊的条件，也面临越来越大的监管风险和更高的成本。

市场经济要求公平、平等、公开的竞争环境，与政府部门、管理人员的特殊个人关系在社会经济中的作用会逐步由于政府采取越来越多的公开竞争机制而弱化。大量的公共支出项目和预算逐步采用招标——投标方式，监理、审计、纪检、检查制度的完善都将使来自特殊部门关系和特殊人际关系所带来的对个别企业或个人的特殊市场竞争条件难以产生超额利润。

社会的不断进步还将企业的经营和管理活动置于消费者和使用者、公众、社会团体和媒体的监督之下，任何不合理、不合法，有可能造成危害的企业行为处于越来越多的监督和控制之下。

所有这些都使企业必须合法和规范化经营才能获得预期的经济效益。社会的进步要求企业的经营活动日益规范和科学，满足社会和市场的需要，依靠企业的能力和真正实力进行合法经营活动。

五、充分考虑人的素质变化和要求

社会发展所带来的最直接的结果是人的素质的明显提高。首先是消费者素质的提高，消费者越来越多地掌握了产品和服务的相关知识，人们不仅能够从企业的营销活动中获得相关的产品或服务知识，人们还能获得与这些产品或服务相关的生产、经营、消费知识，乃至各种保护自己的知识。

社会对于劳动者自由择业的限制逐步放宽，劳动者有更多的条件选择更加适合发挥自己知识和业务的企业或工作条件。在这种条件下，企业管理者对于所管理的劳动者基于权力的经济利益和个人工作的全面控制能力转化为基于知识的能力管理和激励。人与人之间的关系由一个人为另外一个人提供生活条件，管理者个人决定被管理者的生活质量转变为一个组织为员工提供成长的机会。企业与企业之间、人与人之间都存在多种选择的机会。知识水平越高的一方，选择的机会就会越多。

不仅企业内部是这样，消费者与供应者之间的关系也是这样。供应者或生产者与使用者或消费者之间的关系也会由于社会信息的逐步增多、信息来源的广泛性增强而呈现公开、平等的局面，消费者和使用者有更多的选择机会。

人的素质的提高要求企业内部管理逐步由依据人的经验和权力的管理过渡到依据规则和制度的管理，管理日趋规范化。同时也要求企业的外部经营和管理不断向高质量和多品种过渡，只有能够满足市场需要的企业经营行为才能获得预期的回报。

第三节　企业的外部经营环境

一、企业宏观经营环境

PEST 分析是指宏观环境的分析，宏观环境又称一般环境，是指影响一切行业和企业的各种宏观影响因素。对宏观环境因素作分析，不同行业和企业根据自身特点和经营需要，分析的具体内容会有差异，但一般都应对政治（political）、经济（economic）、社会（social）和技术（technological）这四大类影响企业的主要外部环境因素进行分析。

政治环境包括一个国家的社会制度，执政党的性质，政府的方针、政策、法令等。不同的国家有着不同的社会性质，不同的社会制度对组织活动有着不同的限制和要求。

企业的经济环境是指构成企业生存和发展的社会经济状况和国家经济政策，是影响消费者购买能力和支出模式的因素，它包括收入的变化，消费者支出模式的变化等。

经济环境主要包括宏观和微观两个方面的内容。宏观经济环境主要指一个国家的人口数量及其增长趋势，国民收入、国民生产总值及其变化情况以及通过这些指标能够反映的国民经济发展水平和发展速度。微观经济环境主要指企业所在地区或所服务地区的消费者的收入水平、消费偏好、储蓄情况、就业程度等因素。这些因素直接决定企业市场大小。

社会文化环境包括一个国家或地区的居民教育程度、文化水平、宗教信仰、风俗习惯、审美观点和价值观念等。

技术环境除了要考察与企业所处领域的活动直接相关的技术手段的发展变化外，还应及时了解国家对科技开发的投资和支持重点等。

社会经济结构指国民经济中不同的经济成分、不同的产业部门以及社会再生产各个方面在组成国民经济整体时相互的适应性、量的比例及排列关联的状况。社会经济结构主要包括五方面的内容，即产业结构、分配结构、交换结构、消费结构、技术结构，其中最重要的是产业结构。

新知识：SCP 分析模型（structure-conduct-performance Model，结构-行为-绩效模型）

SCP（structure-conduct-performance，结构-行为-绩效）模型是由美国哈佛大学产业经济学权威贝恩（Bain）、谢勒（Scherer）等人于 20 世纪 30 年代建立的。该模型提供了一个既能深入具体环节，又有系统逻辑体系的市场结构（structure）-市场行为（conduct）-市场绩效（performance）的产业分析框架。

SCP 框架的基本涵义是，市场结构决定企业在市场中的行为，而企业行为又决定市场运行在各个方面的经济绩效。外部冲击：主要是指企业外部经济环境、政治、技术、文化变迁、消费习惯等因素的变化；行业结构：主要是指外部各种环境的变化对企业所在行业可能的影响，包括行业竞争的变化、产品需求的变化、细分市场的变化、营销模型的变化等。企业行为：主要是指企业针对外部的冲击和行业结构的变化，有可能采取的应对措施，包括企业方面对相关业务单元的整合、业务的扩张与收缩、营运方式的转变、管理的变革等一系列变动。经营绩效：主要是指在外部环境方面发生变化的情况下，企业在经营利润、产品成本、市场份额等方面的变化趋势。

经济发展水平是指一个国家经济发展的规模、速度和所达到的水准。反映一个国家经济发展水平的常用指标有国民生产总值、国民收入、人均国民收入、经济发展速度和经济增长速度。

经济体制是指国家经济组织的形式。经济体制规定了国家与企业、企业与企业、企业与各经济部门的关系，并通过一定的管理手段和方法，调控或影响社会经济流动的范围、内容和方式等。

经济政策是指国家、政党制定的一定时期国家经济发展目标实现的战略与策略，它包括综合性的全国经济发展战略和产业政策、国民收入分配政策、价格政策、物资流通政策、金融货币政策、劳动工资政策、对外贸易政策等。

法律环境是指国家或地方政府所颁布的各项法规、法令和条例等，它是企业经营活动活动的准则，企业只有依法进行各种营销活动，才能受到国家法律的有效保护。

二、税收与工会

税收环境是指影响或决定税收制度产生、运行及其成效的各种外部因素的总和。税收有助于运用财政、货币、税收政策，调节宏观经济总量和结构，刺激经济发展和维护社会稳定，为实现宏观经济发展各项目标，积极创造公平、效率的税收政策环境。

工会组织是劳动者利益的代表。在现代各种社会组织中，工会是由劳动者组成的特殊的社会组织。工会运动涉及劳动者的经济生活及社会生活的各个方面，尤其在劳动关系的形成和变化之中有着重要的影响。工会是以劳动者的代表身份，就劳动关系中的矛盾和劳动问题与雇主一方进行交涉，诸如劳动工资、劳动工时、劳动待遇等方面维护劳动者的权益而进行活动的。作为劳动者群体的代表，工会成为市场经济中劳动关系的重要组成部分。工会的组织程度以及地位和作用的发挥与否，反映出劳动者群体的成熟程度，决定着劳动者在劳动关系中的权益是否能够得到保护。

在西方国家，企业工会的最初出现，是企业生产客观形势的需要和劳动者集体需求的产物。在企业工会未产生以前，企业中的每位劳动者要与企业管理者签订或形成一个单个的劳动合同。为了开展集体行动，并保持这种集体行动在时间和过程上的一致性，劳动者组成了企业工会。

企业工会的出现，在发达国家已有200多年的历史。在这200多年的发展历程中，企业工会在组织形式上发生了很大的变化。就拿美国来说，企业工会经历了一个从某单一工会组织到全国工会联合会的发展过程。公会的作用也在不断增强。

资料：《Z理论——美国企业界怎样迎接日本的挑战》

威廉·大内（William Ouchi），日裔美国管理学家，加利福尼亚州立大学管理学教授，斯坦福大学企业管理硕士，芝加哥大学企业管理博士，担任数家《财富》500强企业的顾问。

大内从1973年开始专门研究日本企业管理，经过调查比较日美两国管理的经验，提出了Z理论，《Z理论》出版后，立即得到各国管理界和管理学者的注意，引起了广泛的重视。

《Z理论》一书中提出的Z理论，其研究内容为人与企业、人与工作的关系，企业文化理论也是这种研究的一项重大成果。在Z理论的研究过程中，大内选择了日本、美国的一些典型企业进行研究。这些企业都在本国及对方国家中设有子公司或工厂，采取不同类型的管理方式。大内的研究表明，日本的经营管理方式一般较美国的效率更高，作者因此提出，美国的企业应该结合本国的特点，向日本企业的管理方式学习，形成自己的管理方式。他把这种管理方式归结为Z理论型管理方式，并对这种方式进行了理论上的概括，称为“Z理论”。Z理论认为，企业的成功离不开信任、敏感与亲密，因此主张以坦白、开放、沟通作为基本原则来实行民主管理。

第四节 生产要素市场

所谓企业经营资源就是指对企业有利用价值的事物，企业经营的实质就是资源的运作和管理。即以一定方式或途径获取资源，妥善地照顾资源，有效合理地利用资源，根据企业的优势，使资源转变为产品和服务，通过市场销售资源获取利益。企业家开展经营活动，资源是不可或缺的。在市场经济条件下，企业的各种资源都能够从生产要素市场中得到。发达的市场体系也为获得、聚集和分配这些资源创造了良好的条件。

生产要素是在生产经营活动中各种经济资源的统称，一般包括土地、劳动力、资本、技术和信息等。市场经济要求生产要素商品化，以商品的形式在市场上通过市场交易实现流动和配置，从而形成各种生产要素市场。

一、土地市场

土地作为生产要素范畴，是未经人类劳动改造过的各种自然资源的统称，包括一般的可耕地和建筑用地，也包括森林、矿藏、水面、天空等。

在私有制市场经济中，土地是私有的生产要素，土地市场实际上有两个层次：一是土地交易市场，以土地的最终所有权为交易对象，相应地形成土地价格；二是土地租赁市场，以土地的使用权为交易对象，相应地形成地租。

在我国，土地实行国家所有制和集体所有制两种制度。城市土地和非农业用地实行国家所有制，农业用地实行集体所有制。以此为基础，在改革中形成两种彼此分隔的土地市场，即城市土地市场和农村土地市场。

城市土地市场，包括土地使用权出让市场（一级市场）和土地使用权转让市场（二级市场）等两级市场。城市土地使用权出让市场是由国家的地产机构垄断经营的市场，农村集体所有的土地必须在被国家征用为国有土地之后，才能进入城市土地转让市场。

土地使用权的出让方式有“零租制”和“批租制”两种。“零租制”对出让的土地按不同等级逐年收取不同水平的土地使用费；“批租制”是有限期地出让土地使用权，一次性地收取地价款，并每年收取为数不多的使用金。在二级土地市场上，土地使用权的转让有租赁、抵押等不同的形式。

在土地出让和转让过程中，受让者向出让者交纳的土地使用费是由两部分组成的，一部分是投入土地并形成土地生产力的固定资本即土地资本的折旧和利息，另一部分是为使用土地而支付的地租，地租资本化就表现为土地价格。

土地价格不是土地作为自然力要素价值的货币表现，而是土地所有者索取地租收入权利商品化、市场化，实行市场交易的买卖价格，实质是地租收入资本化的货币表现。

土地作为生产的自然要素条件，自身不能创造价值，而是凭借所有权分享生产剩余或利润收入。尽管地价的高低不仅取决于地租量和利息率水平，而且受土地供求、地理区位、生态环境、心理偏好等相关因素影响，但这些都不是创造价值的源泉。土地价格是没有价值而有价格的“不合理形式”。

二、劳动力市场

在市场经济条件下，劳动力是商品并具有价值。劳动力价值取决于再生产劳动力所必需的生活资料价值，通过劳动力商品交易市场的雇佣劳动关系，实现劳动者与资本的结合。工资在现象形态上表现为劳动的报酬，实质是劳动者再生产劳动力所必需的生活资料价值的货币表现。劳动力作为生产要素进入市场，通过市场供求双方的契约合同关系，实现劳动者与公有生产资料的结合。

20 世纪 60 ~70 年代，劳动力市场分割理论对以新古典理论为基础的劳动力市场理论提出挑战并出现了不同的学术分支。其中双元结构论引述最多，并成为劳动力市场分割理论的代表。双元结构论把劳动力市场划分为一级市场和二级市场。这种区分最早由新结构主义社会学家皮奥里（Michael J. Piore，1970）提出来的。一级市场具有工资高、工作条件好、就业稳定、安全性好、管理过程规范、升迁机会多等特征；二级市场工资低、工作条件较差、就业不稳定、管理过程不规范、没有升迁机会。一级市场的岗位主要是由内部劳动力市场组成，工资的确定、劳动力资源的配置由管理制度等来调控，市场力量基本不发挥作用。内部劳动力市场解决供求失衡的措施主要有招聘、培训、工作重新设计、分包、调整产出量等。

双元结构论认为，一级劳动力市场的雇主都是一些大公司，主要生产资本密集型产品，较易形成内部劳动力市场，工人的工资不是由边际生产力决定，而是由其内部劳动力市场中劳动者所处阶梯地位决定的，能得到比市场较高的工资。二级市场的雇主由众多中小企业组成，产品需求变动频繁，企业对发展内部劳动力市场不感兴趣 工资由市场上的劳动力供求关系决定，会趋向一个固定水平。

企业外部劳动力供给的主要渠道有：大中专院校应届毕业生、复员转业军人、技职校长毕业生、失业人员、其他组织在职人员、流动人员。

大中专院校及技职校应届毕业生的供给较为确定，主要集中于春季，且其数量和专业层次、学历等均可通过各级教育部门获取，就业预测工作容易。复员转业军人，由国家指令性计划安置就业，也较易预测。比较困难的是城镇失业人员和流动人员的预测，在预测过程中需综合考虑城镇失业人员的就业心理、国家就业政策、政府对农村劳动力进城务工的控制程度，以及其他一些因素。

三、资本市场

按照市场的工具来分，资本市场由股票、债券和投资基金三个市场构成。

（一）股票市场

股票市场也称权益市场（equity market），股票是投资者向公司提供资金的权益合同，是公司的所有权凭证。股东的权益在利润和资产分配上表现为索取公司对债务还本付息后的剩余收益，即剩余索取权。

一级市场也称为发行市场，它是指公司直接或通过中介机构向投资者出售新发行的股票。所谓新发行的股票包括初次发行和再发行的股票。股票发行的方式一般可分成公募和私募两类。公募是指面向市场上大量的非特定的投资者公开发行股票。其优点是可以扩大股票的发行量，筹资潜力大，对于再发行的股票还可以采取优先认股权方式，也称配股，它给予现有股东以低于市场价值的价格优先购买一部分新发行的股票，其优点是发行费用低并可维持现有股东在公司的权益比例不变。

二级市场也称交易市场，是投资者之间买卖已发行股票的场所。这一市场为股票创造流动性，即能够迅速脱手换取现值。证券交易所是二级市场的主要形式，证券交易所为证券的集中交易提供固定场所和有关设施，并制定各项规则以形成公正合理的价格和秩序的组织。证券交易所之外的股票交易活动都可称作场外交易，在各证券商的柜台上进行的场外股票交易活动称为柜台交易，或第二市场。第三市场是指原在证交所上市的股票移到场外进行交易而形成的市场。第四市场是指大机构（或富有的个人）绕开通常的经纪人或自营商，彼此之间利用电脑网络直接进行的大宗证券交易。

（二）债券市场

债券是投资者向政府、公司或金融机构提供资金的债权债务合同，该合同载明发行者在指定日期支付利息并在到期日偿还本金的承诺，其要素包括期限、面值与利息、税前支付利息、求偿等级、限制性条款、抵押与担保、选择权（如赎回与转换条款）。

债券的种类繁多，按发行主体不同可分为政府债券、公司债券和金融债券三大类。政府债券是指中央政府、政府机构和地方政府发行的债券，它以政府的信誉作保证，因而通常无需抵押品，其风险在各种投资工具中是最小的。公司债券是公司为筹措营运资本而发行的债券，其合同要求不管公司业绩如何都应优先偿还其固定收益，否则将在相应破产法的裁决下寻求解决，因而其风险小于股票，但比政府债券高。金融债券是银行等金融机构为筹集信贷资金而发行的债券。

（三）投资基金

投资基金，是通过发行基金股份（或收益凭证），将投资者分散的资金集中起来，由专业管理人员分散投资于股票、债券或其他金融资产，并将投资收益分配给基金持有者的一种金融中介机构。

四、技术市场

技术是人类在实践基础上通过经验总结、科学研究和实验等方式创造和发明出来的可以直接地改进生产或改善生活的知识和技能。技术一般以知识形态存在。在生产上，技术具有创造性和单一性，在使用和消费上具有持续性，并能在使用和消费中得到改进。技术具有使用价值，也是人类劳动的成果，如果投入市场交换，自然就表现为商品。

技术成果要成为商品，必须具备先进性、成熟性、适用性和经济性等条件。技术的先进性是指新技术必须优于原有技术；技术的成熟性是指新技术必须稳定和可靠；技术的适用性是指新技术能满足使用者的生产和市场需要，适应使用者的生产技术条件与环境，能为使用者消化掌握；技术的经济性是指技术的转让价格要合理、应用成本和投入为使用者所能承担。技术商品与普通商品不同的是，技术商品的交易具有延续性和重复性。

技术商品的流通表现为技术贸易，具体形式有很多，其中最典型的形式是技术转让。技术转让是将具有一定技术水平和实用价值的科技成果包括专利技术和专有技术由一方转让给另一方的活动。技术转让最主要的形式是许可证贸易。许可证贸易是指由技术贸易双方以签订许可证协议的形式进行的一种技术交易，具体地说有三种形式。第一，独占许可证贸易。它要求在确定的区域内，被许可方对所购技术具有独占的使用权，许可方和任何第三者不能在该地区内使用所转让技术制造和销售产品。第二，排他许可证贸易。其特征是在确定的区域内，被许可方独家使用所购技术制造和销售产品，任何第三方不得在该区域内使用所转让技术制造和销售产品。但是，许可方本身仍然保留在该区域内使用所转让技术制造和销售产品的权利。第三，普通许可证贸易。其特征是许可方被允许在规定的区域内使用所购技术制造和销售产品，同时，许可方仍然保留在该区域内将同一技术再出让给第三方的权利。

技术商品的价格是指技术出让后，许可方从技术受让方获得的技术使用费。技术商品价格形成的特殊性在于：首先，形成技术商品价值的劳动是高级复杂劳动，是倍加的简单劳动。其次，形成技术商品价值的劳动不仅要包括应用技术研究所耗费的劳动，而且要包括与此直接有关的基础研究所耗费的劳动。再次，形成技术商品价值的劳动是通过技术应用后节约的劳动量，即一项科技产品新增的经济效益来表现。在具体的价格形成和变动过程中，供求关系、技术商品的成本、潜在经济效益、寿命周期、转让次数、研制与推广风险、实用性和实施条件以及价格的支付方式和技术流通方式等，都具有程度不同的实际影响。

技术市场是从事技术中介服务和技术商品经营活动的场所。它以推动科技成果向现实生产力转化为宗旨，具体开展技术开发、技术转让、技术咨询、技术服务、技术承包；生产或经销科研中试用产品和科技新产品；组织和开展技术成果的推广与应用等，技术覆盖面涉及所有技术领域。

技术市场是连接科技与经济的桥梁。在促进科技与经济的结合，增强科技事业的自我发展能力，加快科技的社会传播与普及，增强企业的活力，促进科技人才的流动，发展商品经济等方面都具有重要作用。

按照技术商品的形态，它可分为软件市场、硬件市场和综合技术市场等。软件市场一般采取报告会、学术交流会、成果鉴定会、技术信息交流以及技术咨询服务等形式；硬件市场一般采取技术成果交易会、展览会和技术协作攻关等形式；综合技术市场是多种新产品、新工艺、新装备和新技术的展销活动。

新视点：企业专利战略（enterprises patent strategy）

所谓专利战略，就是与专利相联系的法律、科技、经济原则的结合，用于指导科技、经济领域的竞争，以谋求最大的利益。专利战略是企业面对激烈变化、严峻挑战的环境，主动地利用专利制度提供的法律保护及其种种方便条件有效地保护自己，并充分利用专利情报信息，研究分析竞争对手状况，推进专利技术开发、控制独占市场；为取得专利竞争优势，为求得长期生存和不断发展而进行总体性谋划。专利战略就是企业的决策者、企业的知识产权部门对企业在知识产权专利未来发展的全局性的筹划和安排。专利战略可分为国家专利战略、地区（区域）专利战略、行业专利战略和企业专利战略等。企业专利战略规划形成一般要经过专利战略规划的制订、专利战略规划评价、专利战略规划实施、专利战略规划调整四个阶段。

五、信息市场

信息是人们对外界事物的某种了解和认知，以消除不确定的认识，它是人类认识的一种成果。在市场经济中，被投入市场交易的信息是具有商业价值或经济功能的经济信息。这类经济信息都具有现实的经济应用价值，能给掌握这种信息的经济活动主体带来实际的经济利益，提高其经济活动的效益水平，这就是信息产品的使用价值。从信息产品的生产来看，信息产品特别是有经济功能的信息产品，一般地说都是耗费了人类劳动而专门生产出来的，是人类劳动成果的一部分。从事信息收集、加工和创造的劳动作为一种必不可少的生产性劳动，也需要通过某种方式实现补偿，这就要求将信息产品商品化，通过市场交易实现劳动补偿及相应的利益。信息产品成为商品，必然形成以信息商品为交易对象的市场即信息市场。

信息市场主要是信息咨询市场。进行信息产品的生产、流通和服务等活动的产业就是信息咨询业，它是信息产业的重要组成部分。在科学技术对生产的作用日益增强的现代经济中，信息业已经逐渐成为整个社会经济的主导产业，并被称为“第四产业”。电子信息市场是伴随着当代新技术革命浪潮而发展起来的

新知识：知识资源（knowledge resources）

企业的知识资源是指企业拥有的可以反复利用的，建立在知识和信息技

术基础上的，能给企业带来财富增长的一类资源。它通常包括3个方面：企业创造和拥有的无形资产（企业文化、品牌、信誉、渠道等市场方面的无形资产；专利、版权、技术诀窍、商业秘密等知识产权；技术流程、管理流程、管理模式与方法、信息网络等组织管理资产）、信息资源（通过信息网络可以收集到的与企业生产经营有关的各种信息）、智力资源（企业可以利用的、存在于企业人力资源中的各种知识和创造性地运用知识的能力）。

企业的知识资源，按其属性可以分为隐性知识资源和显性知识资源。隐性知识是高度个人化的知识，有其自身的特殊含义，因此很难规范化，也不容易传递给他人。这类知识主要包括信仰、隐喻、直觉、思维模式和所谓的“诀窍”（如企业的管理理念、应急处理方案）。而显性知识是指可以通过规范化和系统化的语言、文本方式进行记载和传播的知识，可以采用现代技术手段进行收集和处理。典型的显性知识主要有专利、文件、规章制度、设计图、论文和报告等。

企业知识资源按其内容来划分，可以分为信誉资源（包括商标、公司品牌和企业形象等无形资产）、技术资源（包括产品的研制、工艺、专利等）、信息资源、客户资源（关系资源）、人力资源（企业的人力资源指的是企业中所有那些体现在企业员工身上的才能，包括企业员工的专业技能、创造力、解决问题的能力、管理者的管理能力。在某些情况下，甚至还包括企业员工的心理能力（因为企业员工的心理素质在很大程度上将影响其才能的发挥）、基础结构资源（企业的基础结构主要指企业的管理哲学、企业文化、企业内部的基本管理制度以及企业同外界力量所形成的各种协议安排和制度安排）等。

数字经济是一个经济系统，在这个系统中，数字技术被广泛使用并由此带来了整个经济环境和经济活动的根本变化。数字经济也是一个信息和商务活动都数字化的全新的社会政治和经济系统。

互联网突破了传统的国家、地区界限，被网络连为一体，使整个世界紧密联系起来，把地球变成为一个“村落”。现代信息网络可用光速传输信息，数字经济以接近于实时的速度收集、处理和应用信息，节奏大大加快了。

由于网络的发展，经济组织结构趋向扁平化，处于网络端点的生产者与消费者可直接联系，降低了传统的中间商层次存在的必要性，从而显著降低了交易成本，提高了经济效益。

在互联网上，顾客获取产品信息更为方便，可以对多种产品的价格、服务等进行分析，购买产品可以不再受时间和地理位置的限制，买方讨价还价能力自然会有很大提升，为了吸引和留住顾客，竞争者之间的竞争方式也将从传统的关注利润向关注顾客转移。

信息技术逐渐渗透到企业价值链的各个环节，最为明显的是供应链和销售方式的重大变革，企业间电子商务发展的势头迅猛。B2B交易的优越性不仅在于降低了交易成本，而且改变了传统的交易流程，缩短了交易时间，企业内部价值链扩展到连接企业的供应商和客户网络，企业通过电子商务强化的供应链，大大缩短了从接受订单、原材料采购到发货的周期，通过供应商、分销商和企业库存，实时共享，实现实时主动的生产计划等。

信息技术不仅改变了企业的外部环境，内部的管理模式也将因此而发生重大变革，主要表现在组织结构、营销、内部协调、顾客服务等方面。

(1) 组织结构的变革。在传统的管理模式中，随着企业规模的不断扩大，管理层次越来越多，组织结构日益臃肿，结果造成管理流程复杂，管理效率低下，并且增大了管理成本，减弱了企业的竞争优势。信息技术在企业中的应用使得传统的等级管理向全员参与、模块组织、水平组织等新型组织模式转变，管理幅度可以冲破传统管理模式的限制，垂直的层级组织中大量的中间层已经没有必要，企业内部上下级之间的距离大为缩短，组织结构向扁平化方向发展。

(2) 营销方式的扩展。互联网已经成为现代企业重要的营销工具，网络营销是企业整体营销战略中一个有机的组成部分，是以互联网为基本手段营造网上经营环境，而不仅仅是通过互联网来销售产品，网络营销的基本功能还包括提升品牌形象、增进顾客关系、改善顾客服务、网上市场调研等方面。根据市场研究公司ActivMedia最近的一项调查发现，互联网已经成为企业经营活动中必不可少的一部分，"鼠标加水泥"式的公司将逐渐在经济活动中发挥重要作用，这些公司并不将业务限制在网上，同时也用某些传统的营销方式在网下销售，将网络营销作为企业营销战略的补充，而不是完全依赖互联网，这也将是很长一个时期内企业的基本策略。

(3) 内部协调方式的变革。基于互联网的管理方式使得企业内部沟通和协调不再受地理位置的限制，在"虚拟企业"、"在家上班"等这些时髦概念背后，揭示了传统管理职能的变迁。协调是管理工作的核心内容，传统的协调以面对面交流为主要手段，企业内部网和各种新型通信手段将改变这种交流模式，也使得内部协调更加高效，成本也更为低廉，这种协调方式也为区域性企业向全国甚至全球范围扩张提供了便利的条件。

(4) 顾客服务方式的演进。由于获得新的顾客比留住老顾客的成本要高得多，因此，顾客服务对企业经营成败至关重要，传统的顾客服务方式主要为电话咨询、上门服务、开设服务网点等，但毕竟受到服务时间和地理位置等因素的影响，对顾客的服务难以做到十分完美。互联网为企业提供了更加快捷、更加便利的顾客服务手段，比如电子邮件咨询、自助式的在线服务、即时通信工具等。研究表明，顾客对服务及时性的要求越来越高。现在，大多数顾客希望在6个小时内获得关于顾客服务的询问，甚至为数不少的顾客在寻求获得满意的即时服务。一些服务领先的电子商务公司已经提出了“60分钟内回复”的承诺，这在传统的顾客服务方式下是很难实现的。

由于信息化对企业外部环境以及内部管理模式都将产生重大影响，当这些因素真正与企业经营环境发生作用时，原有战略可能已经无法适应新的形势，结果必然引起企业经营战略的演变。企业经营战略的基本特征是：全局性、系统性、竞争性、未来性和相对稳定性。

全球公司管理支助系统（global management support system）

全球公司管理支助系统简称“GMSS”，集决策支助系统，专家系统和经理信息系统为一体。GMSS帮助全球企业超越职能部门，计划范畴和国界在操作，从而在战术和战略等方面作出协调一致的组织决策。GMSS通过设计管理支助系统网络将总部的管理支助系统和全球的子公司的系统联系起来，在操作层和战略层上同时满足全球企业的决策支助要求，从而为企业解决全球营销管理中的复杂问题提供可靠的保证。

对跨国企业来说，能及时使用全球的各种数据，就能保证管理众多海外子公司的成功。GMSS的一个基本功能就是允许全体经理及时使用统计数据，以便通过总部对公司在全球的运作进行监控。在所有的全球性数据中，财经数据（如存货、应收账款、现金、产品收入等）是企业最为关注的部分。如果能够最快地把握这些数据的变化，将各地的财经情况综合成一份全球性的报告，那么对企业的计划、监控和预算的决策是十分有益的。GMSS的存在使得这种需求得到很好的满足。

GMSS的中心任务是支助全球战略管理过程，其目标之一就是全方位支持决策过程。GMSS还处于不断发展之中，还可以不断地完善，但相信随着信息时代的来临，其对全球企业战略管理的作用会越来越大，影响也会越来越深。

第四章

企业经营活动的产业平台

任何一个企业都是在特定的产业内开展经营活动。这是因为一个企业的资源和能力是有限的，只能从事某些产品或服务的经营活动。企业所处的产业领域是企业的生产经营活动的主要场所和基本平台。

第一节　企业间的竞争与合作

企业之间的竞争与合作是永恒的主题。企业之间关于资源、条件与利益等的竞争的过程也是企业成长的过程。企业之间的合作是企业经营活动能够顺利开展和发展所必需的。企业的经营活动从来都是在竞争与合作中达到某种平衡状态。

一、波特钻石理论模型

钻石模型（Michael Porter diamond model）又称钻石理论、菱形理论及国家竞争优势理论，是由美国哈佛商学院著名的战略管理学家迈克尔·波特提出的，用于分析一个国家某种产业为什么会在国际上有较强的竞争力。

波特认为，决定一个国家的某种产业竞争力有四个因素：生产要素——包括人力资源、自然资源、知识资源、资本资源、基础设施。需求条件——主要是本国市场的需求。相关产业和支持产业的表现——这些产业和相关上游产业是否有国际竞争力。企业的战略、结构、竞争对手的表现。波特认为，这四个要素具有双向作用，形成“钻石体系”（图4-1）。在四大要素之外还存在两大变数：政府与机会。机会是无法控制的，政府政策的影响是重要的。

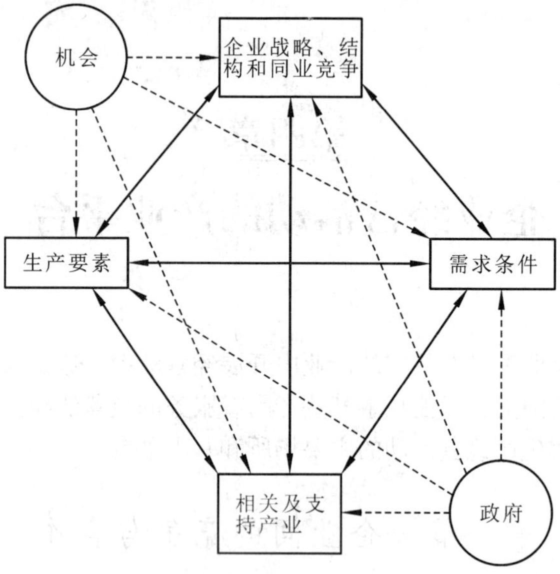

图 4-1 "钻石体系"

波特将生产要素划分为初级生产要素和高级生产要素，初级生产要素是指自然资源、气候、地理位置、非技术工人、资金等，高级生产要素则是指现代通讯、信息、交通等基础设施，受过高等教育的人力、研究机构等。波特认为，初级生产要素的重要性越来越低，因为对它的需求在减少，而跨国公司可以通过全球的市场网络来取得（当然初级生产因素对农业和以天然产品为主的产业还是非常重要的）。高级生产要素对获得竞争优势具有不容置疑的重要性。高级生产要素需要先在人力和资本上大量和持续地投资，而作为培养高级生产要素的研究所和教育计划，本身就需要高级的人才。高级生产要素很难从外部获得，必须由自己来投资创造。产业保护会延缓产业竞争优势的形成，使企业停留在缺乏竞争的状态。

二、企业间的竞争

多年以来，企业间的竞争被认为是天经地义的事情。企业间的竞争有很多方式，随着社会的稳定和市场秩序的建立和完善。企业间的竞争逐渐从生产经营活动以外的人际关系竞争转变为与产品和产品有关的各种特性的竞争。

（一）合作竞争理论

垄断竞争论（theory of monopolistic competition）解释一种存在与生产差别产品并能够决定自己产品价格的许多销售者之间进行着价格和非价格

（质量、服务和广告）的竞争。美国经济学家E·H·张伯伦（1899~1967）1933年出版的《垄断竞争理论》和英国经济学家J·罗宾逊于同年出版的《不完全竞争经济学》主要论述了这种理论。

张伯伦认为，产品差别是造成垄断的一个决定性的因素，有差别则垄断发生，差别程度越大，垄断程度也越大。差别可以是具体的，也可能是想象中的。具体的差别来源于产品本身物质的或法律上的特点，还来源于进行销售的不同条件。前者包括产品的品质、设计、颜色、式样、包装等特点，还包括专利、商标和商店名称在内。每个销售者都是垄断者，同时也是竞争者，因此张伯伦称他们是“垄断的竞争者”。

合作竞争理论起源于对竞争对抗性固有的缺点和适应当今复杂的经营环境的认识。该理论的代表人物是耶鲁大学管理学教授拜瑞·内勒巴夫（Barry J. Nalebuff）和哈佛大学企业管理学教授亚当·布兰登勃格（Adam M. Brandenburger），他们的代表作是1996年合著出版的《合作竞争》。他们认为，企业经营活动是一种特殊的博弈。企业的经营活动必须进行竞争，也有合作，提出了合作竞争（Co-competition）的新理念。它是处于网络经济时代的企业如何创造价值和获取价值的新思维，为企业战略管理理论研究注入了崭新的思想。

合作竞争是一种高层次的竞争，合作竞争并不是意味着消灭了竞争，它只是从企业自身发展的角度和社会资源优化配置的角度出发，促使企业间的关系发生新的调整，从单纯的对抗竞争走向了一定程度的合作。从20世纪末开始，西方企业战略已从“纯竞争战略”为主导的“商场如战场”传统理念，向“合作竞争战略”为主导的“商场如剧场”的转变。

（二）价格竞争与非价格竞争

企业间竞争大致可分为两类：价格竞争和非价格竞争。价格竞争是通过降价来使顾客花更少的钱却得到同样满足的一种竞争。非价格竞争，即价值竞争，就是为顾客提供更好、更有特色，或者更能适合各自需求的产品和服务的一种竞争。企业间竞争的核心在于资源实力的较量，通过资源的优化配置，可繁衍出一系列竞争方式，而价格竞争仅是其中之一，且是消耗资源最大的一种方式。

1. 价格竞争

长期以来，价格竞争一直深受商品生产者、经营者重视。价格竞争是指企业运用价格手段，通过价格的变动，以及对竞争者定价或变价的灵活反应等，来与竞争者争夺市场份额的一种竞争方式。1996年，长虹公司进行战略性调整，一举控制了60%以上国家彩管供应商，大幅度降低采购成本，然后将其成本优势转化为价格竞争优势，在彩电行业掀起了一场价格大战，并在当年迅速成为市场占有率第一的品牌。

价格竞争是市场竞争中常用的一种手段。在价格竞争中，企业可以也能够根据自身的资源，以及所处的环境，采取有效的措施使企业在价格竞争中得以生存与发展。走出价格竞争有其他许多的途径，如通过新产品开发提高产品本身的差异性；通过经营和提高品牌优势避免不参与价格竞争；通过优质服务和特色服务规避价格竞争；在产业链和价值链中提高自己的竞争力，靠控制上游供应商来避免价格战；通过技术创新和管理创新降低总成本，以价格优势走出价格竞争等。

2. 非价格竞争

随着社会经济的发展和人们生活水平的提高，消费者的消费水平开始由温饱型向小康型转变，消费结构和消费心理也发生着变化。需求的个性化、差异化、多样化、层次化、动态化已逐步成为当今市场消费的基本特征。非价格竞争可以通过产品升级，技术革新，质量改良，品牌建设，超值服务等多种手段来吸引消费者，达到扩大产销量的目的。

非价格竞争以其竞争手段的多样性，针对多样化的需求和消费质量的提高来开展市场竞争。因此，它对市场的开拓可以说是多点开拓，非价格竞争的市场开拓能力是强劲的，具有创造性。

通过增加科技投入，开发新产品，提高产品质量，提供优质服务等来满足消费者的不同需要。这样的竞争公平、公正、公开，有利于推进企业进步。同时，非价格竞争更容易使企业联合起来，互相兼容，形成良好的市场竞争环境。非价格竞争是价格竞争的发展、升华，是社会经济发展和市场竞争发展的必然。

在价格竞争阶段，产品竞争主要是通过产品自身的因素完成的，价格是唯一的选择目标。随着产品的逐渐丰富，同类产品之间的可选择性在不断增强，进而产品的质量也成了人们选择商品的主要标准。与此同时，商品的外观、形状、包装等可视性因素及延伸性因素如服务等都成了人们选择商品的依据。

现代社会的发展，特别是信息传播技术的发展也客观地为人们多方面、多渠道的选择商品提供了保证。企业或产品通过广告宣传被广大公众所认知，公众往往是通过产品来进一步了解企业，或有时就是通过企业形象而认识其产品，信赖其产品。这也正是现代名牌战略和企业形象战略不断得到普及和推广的主要原因。

非价格竞争是比价格竞争更高层次的一种竞争方式。价格竞争主要是生产成本的竞争，即在尽可能减少生产成本条件下的竞争。而非价格竞争所涉及的方面更为广泛，层次更为深入，对生产者的技术、知识、信息及其管理水平方面都提出了更高的要求。

随着时代的进步，对市场营销者来说，产品的制造将不是一个最主要的问题。因此，非价格竞争是一种能够适应商品经济不断发展的要求，并代表着市场营销竞争大趋势的竞争方式。

在知识经济时代的前提下，消费者对产品的要求越来越高，标准化产品、统一的营销模式已经远远不能满足他们的需要。每种产品不同的质量、价格、外观、品位、内涵都会给客户带来不同的感受和理念，也会给客户带来不同程度的心理上的满足，这些都是影响客户购买产品的重要因素。现代生活水平在不断提高，高技术含量还有高档次的产品在不断增加，产品的差异化、品牌的个性化倾向越来越显著。除了质量、价格、外观等理性方面，消费者越来越强调的是产品的文化内涵、个性等感性方面的影响因素，这种情感因素的增加也加深了消费者对产品及品牌的理解和依赖。

三、企业的外部合作

企业的外部合作有很多种形式，企业根据需要建立合作关系。

（一）企业全面关系管理（total relationship management，TRM）

企业全面关系管理指在选择的企业环境中，为了实现企业目标，对企业与环境之间以及企业系统基层之上的部门之间的人、财、物、信息、能量等关系的综合集成管理，是在充分考虑满足用户要求的条件下进行市场研究、设计、生产和服务，把企业内部各部门构建关系、维持关系和提高关系的活动构成为一体的一种有效体系。

全面关系管理强调以关系为中心，以全员参与为基础，目的在于通过让顾客满意和本组织所有成员及社会受益而达到长期成功的管理途径。ERP、CRM 与 SRM 都是价值链运作缺一不可的管理模式和工具，三者在企业的应用是企业全面关系管理的基础。

企业全面关系管理可以从纵、横两个方面来加以理解。从纵向的职能管理角度来看，关系目标的实现有赖于企业的上层、中层、基层管理乃至一线员工的通力协作，其中尤以高层管理能否全力以赴起着决定性的作用。从横向的流程管理来看，要保证和提高企业关系必须使企业构建、维持和改进关系的所有活动构成为一个有效的整体。

（二）合作创新

合作创新是指企业通过与其他企业、科研机构、高等学校等建立技术合作关系，保持相对独立的利益及社会身份的同时，在一段时间内共同协作从事技术或产品的研究开发，在共同确定的研究开发目标的基础上实现技术创新活动。

合作创新起源于20世纪70年代中后期，之后在发达国家迅速发展，目前美国仅在信息技术、生物技术、新材料等有关高技术领域建立的合作创新组织就多达4500多个，合作创新已成为发达国家新的技术创新组织形式。

合作创新既包括具有战略意图的长期合作，如战略技术联盟、网络组织，也包括针对特定项目的短期合作，如研究开发契约和许可证协议。近年来，合作创新已经成为国际上一种重要的技术创新方式，由于企业合作创新的动机不同，合作的组织模式也多种多样。狭义的合作创新是企业、大学、研究机构为了共同的研发目标而投入各自的优势资源所形成的合作，一般特指以合作研究开发为主的基于创新的技术合作，即技术创新。

广义的合作创新是指企业、研究机构、大学之间的联合创新行为，包括新构思形成、新产品开发以及商业化等任何一个阶段的合作都可以视为企业合作创新。所以，企业合作创新概念是以上所指的广义的合作创新概念。

国外学者较少采用合作创新这一概念，而是使用研发合作、合作研究、共同研究开发等概念。合作一词的含义是指双边或多边为了达到某个共同目标而建立起来的协作与配合关系。企业合作创新的概念较宽泛，合作成员单位只要在创新过程中的某一阶段参与，就可认为是企业合作创新—— 广义的合作创新。

企业合作创新理论是企业、政府、大学及各种科研机构等多个创新行为主体在技术创新的全过程或在某些环节中创新地实施共同投入、共同参与、共享成果、共担风险的知识理论体系。企业合作创新是各合作技术创新的要素主体以各种形式的合作方式为手段，以提高企业能力为标志，以各参与方的效用函数取得一致或效用函数的主要分量取得一致为目标的活动。

合作创新具有多种多样的模式。在我国合作创新的模式主要有三种。一种是合同创新模式。指以合同形式确定的合作创新模式，一般以大专院校或科研机构为主成立临时性研发机构，以大专院校或科研机构技术人员为主，必要时也可以由大专院校或科研机构聘请其他单位的技术专家参加；第二种是项目合伙创新模式。指企业为了完成某一特定技术项目的研究开发，通过合伙投入形成合作组织，共同从事研究开发活动，共享研发成果的一种合作创新模式；第三种是基地合作创新模式。指企业与高等院校或科研院所共同建立技术创新基地的一种合作创新模式，一般由企业提供资金和场地，大学或研究机构提供研发设备和研发人员。

（三）合作生产

合作生产又称协作生产，是指两个或两个以上国家的企业，以合作经营的方式，在生产过程中，充分发挥合作各方的有利条件，共同生产某项产品。合作生产是契约式合营在生产领域的具体表现。合作生产的方式主要包括：分别生产不同的部件，由一方或双方装配成完整的成品出售；由技术较强的一方提供关键部分和图纸，并在其指导下，由较弱的一方生产次要部件，并组装成完整产品，在本国市场或国际市场销售；由一方提供生产或设备，按各自的专业分工制造某种零部件、配套件或生产某种产品。在这种合作方式下，技术与设备按技术转让办法和买卖关系处理。

合作生产的特点是：合作生产所涉及的当事人是多方的；合作生产的各方当事人的权利、义务关系主要表现在交换技术、提供劳务和生产成果上；合作生产是双方生产或多方生产，分别核算。

企业间的合作生产有利于企业间相互学习，利于优势互补，挖掘生产潜力。

合作生产合同和许可合同有相同的条款，如侵权与保密、不可抗力、合同的生效、终止和其他条款等。除此之外，合作生产合同还要根据生产合同的特点及形式，对合作双方的合作内容、合作范围、合作各方的权利义务等加以明确规定。

（四）合作营销

合作营销是企业之间战略性的营销合作关系，最早由艾德勒1966年在《哈佛商业评论》上提出，指的是两个或两个以上的品牌或企业，为了实现资源的优势互补，增强市场开拓、渗透与竞争能力，达成了长期或短期的合作联盟关系，共同开发和利用市场机会。营销专家艾略特·艾登伯格（Elliott Ettenberg）在其著名的《4R营销》（The Next Economy：Will You Know Where Your Customers are?）一书中预言："合作营销（Co-marketing）将是后经济时代新的大趋势。"

合作营销也可以称为联合营销，协同营销。主要是指厂商之间通过共同分担营销费用，协同进行产品促销、营销传播和品牌建设等方面的营销活动，以达到共享营销资源、巩固营销网络目标的一种营销理念和方式。通常所说的品牌合作（Co-branding）、品牌联盟（brand alliances）、协同营销（joint marketing）和共生营销（symbiotic marketing）等都基本和合作营销是同一概念。

合作营销的最大好处是可以使联合体内的各成员以较少费用获得较大的营销效果，达到单独营销无法达到的目的。

（五）供应商关系管理（supplier relationship management，SRM）

就像与流行的 CRM 是用来改善与客户的关系一样，供应商关系管理（SRM）是用来改善与供应链上游供应商的关系的，是一种致力于实现与供应商建立和维持长久、紧密伙伴关系的管理思想和软件技术的解决方案，旨在改善企业与供应商之间关系的新型管理机制，实施于围绕企业采购业务相关的领域，目标是通过与供应商建立长期、紧密的业务关系，并通过对双方资源和竞争优势的整合来共同开拓市场，扩大市场需求和份额，降低产品前期的高额成本，实现双赢的企业管理模式；同时它又是以多种信息技术为支持和手段的一套先进的管理软件和技术，它将电子商务、数据挖掘和协同技术等信息技术紧密集成在一起，为企业产品的策略性设计、资源的策略性获取、合同的有效洽谈、产品内容的统一管理等过程提供了一个优化的解决方案。

在 20 世纪 80 年代末的西方市场，服装行业与食品行业的供应链也在一些运作模式上合作，例如，快速反应（quick response，QR）和有效客户响应（efficient customers response，ECR）完全改进了整个供应链的响应能力和范围质量。

四、战略联盟

在市场环境变幻莫测，技术变动迅速，信息革命普及和全球化竞争日趋激烈的条件下，企业为了保持和提高竞争优势、分散风险、避免恶性竞争、开拓市场空间、获得超常规发展，开始对企业竞争战略进行重新选择，对企业竞争关系进行重新定位，由竞争走向“竞合”，纷纷实现新的竞争战略——战略联盟。

（一）一般意义上的战略联盟

战略联盟，也称为产业联盟，是两个或两个以上的企业之间，出于对整个市场的预期和企业总体经营目标、经营风险的考虑，为了达到共同拥有市场、共同使用资源和增强竞争优势等目的，通过各类协议而结成的优势互补、风险共担的松散型组织。它是基于成本、效率以及竞争优势的考虑所建立的非一次性市场及非内部化的企业组织间关系网络。联盟的目的是为了构造一个企业间的网络关系，企业可以在一个共同的战略目标下合作，加强竞争力，最终获得长期的市场竞争优势。战略联盟具有组织的灵活性、行为的战略性、成员的平等性和协同性、竞争与合作的共存性等特征。作为一种新的组织形式，它的存在不仅能够提高企业的竞争力，而且能够降低企业的成本，分散行业的经营风险。尤其是能够让企业组织通过获取新知识而不断发展，从而成为真正意义上的学习型组织。

在产品技术日益分散化的今天，已经没有任何企业可以长期拥有生产某种产品的全部最新技术，一个企业已经很难掌握竞争的主动权。战略联盟的出现使传统的竞争对手发生了根本的变化，企业为了自身生存的成功，需要与竞争对手进行合作，即为竞争而合作，靠合作竞争。企业建立战略联盟可使其处于有利的竞争地位，或有利于实施某种竞争战略，最终的目的是提高企业竞争力。

（二）广告联盟

广告联盟通常指的是网络广告联盟，是由众多中小型网站通过一个共同联盟平台为广告主进行广告的营销活动。1996 年，亚马逊较早通过这种新方式，为数以万计的网站提供了额外的收入来源，取得巨大成功。好耶是中国网络广告联盟的最早实践者。

（三）企业技术联盟

企业技术联盟是指两个或两个以上具有独立法人地位的企业联合致力于某一技术或产品的研发行为，是为适应技术快速发展和市场竞争需要而产生的优势互补或加强性组织。在经济全球化的今天，企业因为竞争需要，纷纷组建技术联盟，旨在实现技术资源互补、减少单个企业的开发风险及投入成本，促进技术创新，从而在竞争中处于有利地位。技术联盟在科研院所和大专院校之间具有广阔的发展前景。

（四）知识联盟

知识联盟是知识经济时代适应外部环境竞争日益激烈而兴起的一种新的战略组织模式，其中心目标是学习和创造知识。它强调组织间的互动学习，同样重视在知识学习、共享和转移的基础上创造出新知识和新能力。

知识联盟是企业联盟的新形式，是企业外部知识网络的一种形式，包括供应商网络、用户网络、专家网络、企业相关信息网络、合作企业网络、政府部门网络等。知识联盟有战术性和战略性的差别。如果只是帮助公司在某个业务领域建立新的技能，这是战术性的知识联盟。但如果考虑到内外关系的管理和长期的市场和竞争力，建立的就是战略性的知识联盟。

战略性的知识联盟是企业发展战略的重要变化，知识联盟形成的核心是使企业获得长期的竞争优势，这种优势建立在以知识为基础的核心竞争力之上。知识联盟的中心目标在于学习和创造知识，因此，它是一种学习型联盟，联盟的企业要加强学习，交流知识，以提升创造力和专业能力。与产品联盟相比，知识联盟有更大的战略潜能，可帮助企业改善其基本能力，从战略上创建新的核心竞争力；知识联盟的参与者极其广泛，不仅可以与竞争者、潜在竞争者结盟，而且可以与其他任何组织结盟。深层次的联盟会产生企业文化的碰撞，促进管理方式的进化和变革。

企业知识联盟的优越性还在于能为企业带来新的市场和信息，加速全球化的进程，使企业能更快地扩张。因此，它本质上是一种基于优势互补、资源共享思维的经营方式。在全球市场日趋统一而消费者日趋多样化的今天，企业知识联盟的思维可以有效地降低企业的运营成本，提高产品和服务质量，为企业在全球市场的拓展创造良好的条件。

第二节 企业经营活动的基本领域——产业、产业链

一、产业及其分类

产业是社会分工的产物，它既是国民经济的组成部分，又是同类企业的集合。产业是历史范畴，是伴随生产力和社会分工的深化而产生和不断扩展的。产业和产业之间存在着极其复杂的直接和间接的经济联系，形成自变与应变之间的函数运动，使全部产业成为一个有机的系统。一个产业的存在，会成为其他产业出现和发展的条件，一个产业内部结构的变化会直接或间接引起其他产业的变化。

在经济研究和经济管理中，世界上较为通用的产业结构分类方法是三次产业分类法。这种分类法是根据社会生产活动历史发展的顺序对产业结构的划分。产品直接取自自然界的部门称为第一产业，对初级产品进行再加工的部门称为第二产业，为生产和消费提供各种服务的部门称为第三产业。

产业结构，也称为国民经济的部门结构。决定和影响一个国家产业结构的因素一般有需求结构、资源供给结构、科学技术、国际经济关系、进出口贸易等因素。

产业结构理论的思想渊源可以追溯到17世纪。W·配第在17世纪第一次发现了世界各国国民收入水平的差异和经济发展的不同阶段的关键原因是由于产业结构的不同。C·克拉克建立起了完整、系统的理论框架。在1940年出版的《经济发展条件》一书中，他通过对40多个国家和地区在不同时期三次产业劳动总投入和总产出的资料的整理和比较，总结了劳动力在三次产业中的结构变化与人均国民的提高存在着一定的规律性：劳动人口从农业向制造业、进而从制造业向商业及服务业的移动，即所谓克拉克法则。其理论前提是以若干经济在时间推移中的变化为依据。这种时间系列意味着经济发展，而经济发展在此是指不断提高的国民收入。

库兹涅茨在1941年的著作《国民收入及其构成》中就阐述了国民收入与产业结构间的重要联系。他通过对大量历史经济资料的研究得出库兹涅茨产业结构论这个重要结论。即产业结构和劳动力的部门结构将趋于下降，政府消费在国民生产总值中的比重趋于上升，个人消费比重趋于下降。

产业结构高度化也称产业结构高级化指一国经济发展重点或产业结构重心由第一产业向第二产业和第三产业逐次转移的过程，标志着一国经济发展水平的高低和发展阶段、方向。

二、产业链

产业链是产业经济学中的一个概念，是各个产业部门之间基于一定的技术经济关联，并依据特定的逻辑关系和时空布局关系客观形成的链条式关联关系形态。产业链是指一种产品的“生产—流通—消费”全过程所涉及的各个相关环节和组织载体构成的一个网络状结构。它是一个产业成长发展的必然产物，是随着该产业的形成而自然形成的，并随着该产业的消亡而自动消失。

随着技术的发展，生产过程划分为一系列有关联的生产环节。分工与交易的复杂化对使得在经济中通过什么样的形式联结不同的分工与交易活动成为日益突出的问题。企业组织结构随分工的发展而增加。因此，搜寻一种企业组织结构以节省交易费用并进一步促进分工的潜力，生产中的潜力会大大增加。

单个企业难以应付越来越复杂的分工与交易活动，不得不依靠企业间的相互关联，这种搜寻最佳企业组织结构的动力与实践就成为产业链形成的条件，产业链是相关产业活动的集，其构成单元是若干具有相关关系的经济活动集合。即产业环或者具体的产业部门；而产业部门又是若干从事相同经济活动的企业群体。从事相似或相同经济活动的企业为实现自身利益最大化，必然努力探寻自身经济活动的优区位。在这种“循优推移”过程中，一方面，产业环（产业部门）的微观构成单位——企业，为了获取集聚经济效益，逐步聚集到适合其发育发展成长的优区位，即原先分布于各区域的同类企业在优区位实现“企业聚集”（clusters）；另一方面，各个产业环（产业部门），为了获取地域产业分工效益，由于具有不同经济特点和追求各自的优区位而在空间上趋于分散。这样，产业链系统内企业和部门循优推移的空间经济结果是，产业链的各环节分别布局或配置到适合其经济活动特征的特定地点（specific locations）。正因如此，当经济区划尺度较大时，比如说是大经济地带、大经济区、省域或者流域经济区时，或者说大到几乎囊括产业链的所有环节的地域空间时，产业链表现出明显的完整性；当经济区划尺度较小时，比如说仅是市域、县域或者说是产业集中发展区时，其地域范围一般难于包括产业链的各环节，这对于某一经济区域而言可能形成了特色产业，但是产业链却表现出明显的断续性。

产业链构成了一个具有某种内在联系的企业群结构，产业链中大量存在着上下游关系和价值的相互交换，上游环节向下游环节输送产品或服务，下游环节向上游环节反馈信息。产业链整合就是以更高的效率完成整条产业链的产品设计、仓储运输、原料采购、订单处理、批发经营和终端零售，从而在市场上取得主动和领先地位，达到高效整合的目的。

产业链形成的动因在于产业价值的实现和创造，产业链是产业价值实现和增值的根本途径。任何产品只有通过最终消费才能实现，否则所有中间产品的生产就不能实现。同时，产业链也体现了产业价值的分割。随着产业链的发展，产业价值由在不同部门间的分割转变为在不同产业链节点上的分割，产业也是为了创造产业价值最大化。

资料：产业链阴谋——一场没有硝烟的战争

香港中文大学教授郎咸平在其所著的《产业链阴谋——一场没有硝烟的战争》一书中提出了“6+1 产业价值链”理论。任何行业的产业链，除了加工制造，还有六大环节：产品设计，原料采购，物流运输，订单处理，批发经营，终端零售。这就形成了“6+1”产业价值链。在这个价值链中，“1”是纯粹的制造业，“6”是产品设计、原料采购、仓储运输、订单处理、批发经营和零售。

郎咸平认为，中国包括高新技术在内的许多产业要降低成本，提高竞争力，不是从控制劳动力成本开始，而是要从高效整合“6+1”产业链开始，这也是中国制造业的未来。他以厦门的动漫产业为例做出提醒，认为产业升级的本质应当是围绕“6+1”产业价值链为基础，向产业价值链的高端迈进。

波特的价值链侧重于从单个企业的观点以及企业与供应商、顾客可能的联系来分析企业的价值活动，利润是主要目标。后来 Peter Hines 把价值链重新定义为“集成物料价值的运输线”，把原材料和顾客纳入了价值链，把满足顾客的需求作为主要目标，他还强调了基本价值活动间的交叉功能，并把信息技术作为辅助活动。

在传统的企业经营活动实际上是一种由个别企业完成从投资、产品设计、研究开发、原材料供应、运输、销售等价值链各个环节的全部活动过程。在社会经济日益开放的今天，社会的专业化水平日益提高，大量的企业运用自己在特定领域中具有的在某个价值链环节上的核心能力与其他企业合作，企业价值链、供应商价值链、渠道价值链和客户价值链共同组成价值链体系，形成了具有紧密联系的社会化生产经营价值链。

我们可以将这样的社会化生产经营价值链与传统的产业链等同起来看待，两者之间的差别是：传统的产业链是由众多全能化的生产同类产品的相关企业组成的集合体；而具有现代社会化生产经营价值链的产业链则是由具有核心能力的专业化企业组成的高效率的产业链。

在这种具有核心能力的专业化企业组成的高效率产业链中，企业价值链在产业层面得到延伸。在经济活动中，上下游关联的企业与企业之间存在行业价值链。价值链上的每一项价值活动都会对企业最终能够实现多大的价值造成影响。

经济的竞争，归根到底，是产业的竞争。国家的整体经济竞争力关键取决于其主要产业国际竞争力的强弱。今天的国际竞争已经不是企业的竞争，也不是产品的竞争，而是进入到了一个前所未有的、产业链的竞争阶段。

案例：外资零售企业在中国市场的价值链管理优势

零售企业之间的竞争表面是零售品牌竞争，实质是价值链综合竞争力的较量。零售企业的关键价值链环节主要包括采购、物流配送、信息技术、门店运营以及体现通道资源优势的基础设施等方面。

以沃尔玛、家乐福为代表的外资零售企业目前在中国市场显现的价值链管理优势可概括为三个方面：

第一，完善的中央采购体系，提高了与供应商之间讨价还价能力。外资零售企业大多以连锁方式建立了公共管理的经营模式，由于其驾驭国内外两个市场渠道的运作能力使其采购优势得到发挥，实现了跨地域的全球集中采购。达到从供应链源头钳制竞争对手，控制货源，压低采购价格，提高价格操控能力，使通道利润最大化。

第二，先进的信息管理水平，保证了门店运营的效率。国外跨国零售商业集团具有完善的信息技术网络和营销组织网络，经营管理电脑化，以商业电子数据处理系统、管理信息系统、决策支持系统为核心，以网络为辅助的商业自动化，分析零售市场走向、消费需求趋势；不断调整商业运作方式，降低了采购成本，管理成本，物流成本。

第三，积极抢占主流业态和主导业态，获取通道资源优势。从总体战略上看，跨国零售业集团将在仓储商店、大卖场、大型综合超市等主流业态和主导业态上全力挺进，迅速抢得黄金地段和进军二级城市。

三、供应链

供应链是指产品生产和流通过程中所涉及的原材料供应商、生产商、分销商、零售商以及最终消费者等成员通过与上游、下游成员的连接组成的网络结构。也即是由物料获取、物料加工，并将成品送到用户手中这一过程所涉及的企业和企业部门组成的一个网络。供应链上各企业之间的关系是相互依存和相互竞争的关系。

供应链与“价值链”是对产业链中两个不同事物运动的描述。前者通常是指物质的运动，后者则是价值运动的过程。供应链有内部供应链和外部供应链两类。内部供应链是指企业内部产品生产和流通过程中所涉及的采购部门、生产部门、仓储部门、销售部门等组成的供需网络，外部供应链则是指企业外部的，与企业相关的产品生产和流通过程中涉及的原材料供应商、生产厂商、储运商、零售商以及最终消费者组成的供需网络。

一般来说，构成供应链的基本要素包括：供应商是指给生产厂家提供原材料或零部件的企业；生产厂家（即产品制造企业）负责产品生产、开发和售后服务等；分销企业，为实现将产品送到经营地理范围而设的产品流通代理企业；零售企业，将产品销售给消费者的企业；物流企业，即上述企业之外专门提供物流服务的企业，其中批发、零售、物流业也可以统称为流通业。

供应链一般包括物资流通、商业流通、信息流通、资金流通四个流程。四个流程有各自不同的功能以及不同的流通方向。物资流通主要是物资（商品）的流通过程，这是一个发送货物的程序。该流程的方向是由供货商经由厂家、批发与物流、零售商等指向消费者。商业流通这个流程主要是买卖的流通过程，这是接受订货、签订合同等的商业流程。该流程的方向是在供货商与消费者之间双向流动的。信息流通是商品及交易信息的流程，该流程的方向也是在供货商与消费者之间双向流动的。资金流通就是货币的流通，为了保障企业的正常运作，必须确保资金的及时回收，否则企业就无法建立完善的经营体系。该流程的方向是由消费者经由零售商、批发与物流、厂家等指向供货商。在国际经济一体化的条件下，供应链和价值链延伸到国际范围。

新知识：企业动态联盟

企业动态联盟是基于盟主企业核心能力的一种外部优化整合，即盟主企业将投资和管理的注意力集中于自身核心能力上，而一些非核心能力或自己短时间内尚不具备的能力则依靠外部盟员企业来提供。企业动态联盟的特点决定其运转是要有信息技术支撑的。它的分布性、临时性和“联盟”模式的特点，需要盟员企业间有进行信息共享、沟通协调的信息平台，这是实现“联盟”模式的基础条件。

由于多方面的原因，特别是企业动态联盟所具有的边界模糊性、风险性、文化的差异性以及高度的不稳定性，往往导致动态联盟在实际操作中达不到预期的效果。因此，认识企业动态联盟共同治理的成因、探索企业动态联盟的共同治理，是一个急需研究的具有十分重要现实意义的问题。

四、产业链中的企业联系：企业的联合以及其他外部形式

一个企业在发展过程中经常会与其他企业发生各种各样的经济交往，除了买卖交易关系以外，企业之间会由于发展过程中的需要主动或被动地与其他企业联合开展特定项目的经营活动或形成新的企业。

（一）企业的联合

一般企业经营上的联合的目的是为了扩大经营规模，建立市场经营的竞争有利地位。通过企业间的联合，企业间可以通过资源的互补和生产要素的重新配置，在原有领域迅速扩大经营领域和规模，或者开辟新的经营领域，实现经营领域和方式的迅速转型，达到企业经营的目的。

1. 企业联合的形式

企业的联合有横向、纵向、集团等多种形式。横向联合是指相同生产阶段企业之间的联合，纵向联合是指处于不同生产阶段的企业之间的联合，集团联合是相关或非相关企业之间的联合。

企业的横向联合对于特定企业在某一经营领域迅速扩大经营规模是非常有效的，它可以提高企业的市场占有率，在特定的经营领域取得竞争的优势地位。

企业的纵向联合能够在企业经营的产—供—销等各个环节使企业的经营活动更加顺利和有效，通过纵向联合企业能够在特定的领域获得原材料生产基地，或销售渠道，使企业获得有利的市场竞争地位。企业的横向联合可以由产品的制造企业发起，也可以由原材料供应或经营企业发起，其结果都是产—供—销或技—工—贸的一体化。

企业的集团联合是不同类型的企业通过联合实现多角化经营，集团联合

以后的企业能够在多个领域进行经营活动。在企业的联合过程中，并不一定仅仅进行横向、纵向、集团等单一方式的联合，有时会出现多种联合方式同时进行的情况，这要根据企业经营的具体实际进行选择。

2. 企业联合的方式

企业联合的方式也是多种多样的，结果也不相同。在企业联合的过程中，有的联合是企业双方或多方自愿联合，也有的是被迫进行联合。有的企业间的联合仅仅是个别业务和项目的短期合作，有的则是企业间多种业务和项目的长期合作；在企业联合过程中，有的企业能够保持企业的原有地位，有的则完全融入新得联合体，成为其他企业的一个组成部分。

一般意义上的企业的联合主要通过协议联合或兼并的方式来实现。协议联合是两个或两个以上的企业通过充分的产权重组联合建立新的公司，以新的面貌从事经营活动。

企业的兼并是一个企业收购或以其他方式占有另一个或多个企业产权和经营权的过程。被兼并企业失去原有的法律地位。

企业之间不失去原有的法律地位，在维持原有企业基本地位的同时也可以进行各种联合，实现企业经营的特定目的。

（二）其他企业松散联合方式

企业之间可以在维持各自基本法律地位和实体地位的情况下，通过各种合作组织和方式达到经营的目的，实现企业间的松散联合，获得经营上的资源或某种竞争优势。企业间的松散联合方式见表4-1。

表4-1 企业间的松散联合方式

松散联合方式	途径	目的
企业或行业协会	相同或相关企业间建立协会	沟通信息
经营联盟	相关企业在价格、市场划分等方面达成协议，建立经营联盟	垄断市场，获得超额利润
股份置换	企业之间互相等价交换部分股权，结成经营联合体	实现资源互补
合作组织：经营合作社	相关企业以会员方式建立合作组织，获得技术和销售等方面资源	各小企业之间通过合作经营的方式，提高经营竞争力
建立经营壁垒	在特定技术方面建立壁垒	在技术上保护资源和市场
	通过质量认证建立质量壁垒	在质量上保护资源和市场
	通过环保标准建立绿色认证的环保壁垒	在环境保护来保护资源和市场
	通过特定的管理方式生产和经营特定的产品或服务建立壁垒	通过特定的管理方式保护资源和市场

在企业间建立松散的联合经营方式在市场经营过程中是常见的。其中由于企业或行业协会对于企业的约束比较小，在世界各国的法律法规中没有太多的限制。但各种经营联盟由于直接干预和影响市场价格，往往受到各国反不正当竞争法律法规的严格限制，另外，由于这种联合所建立的价格联盟往往由于约束力比较小，参与的企业会出于自身利益的考虑而破坏相关的联盟，因此这种经营联盟常常是暂时的。

企业间的各种合作组织由于能够考虑到中小企业的经济利益，使中小企业能够获得比较平等的竞争机会，帮助这些企业成长，所以在世界各国的中小企业常常采用合作组织的方式实现企业间的松散联合。

各种经营壁垒由于不直接影响价格，在各国的法律法规中处于管理的“灰色区域”，世界贸易组织也还没有制定相关的规则进行管理，目前普遍盛行于世界各发达国家，成为新的经济和贸易壁垒形式。

经济是推动世界历史和人类文明发展的真正力量，社会的发展是以商务系统的发展为基础的。而作为基本元素——企业的发展水平决定了工商业系统的发展程度和水平。在社会的商务系统中，工商企业数量的多少和质量的高低，以及结构的科学合理性决定了国家的经济实力和社会发展的水平。进入21世纪的中国是一个经济和社会飞速发展的社会，中国社会发展的程度在很大程度上取决于企业的发展水平。

五、价值链

1985年，哈佛大学商学院教授迈克尔·波特（Michael Porter）提出了“价值链（value chain）”这一概念。他认为，企业创造价值的过程可以分解为一系列互不相同、但又相互关联连续完成的增值活动，这些活动构成了“价值链”。

波特认为：“每一个企业都是在设计、生产、销售、发送和辅助其产品的过程中进行种种活动的集合体。所有这些活动可以用一个价值链来表明。”企业价值链是由基本价值活动和辅助价值活动组成的，前者指生产、营销、运输和售后服务等，后者包括企业基础设施（如财务、计划、行政等）的管理、人力资源管理、技术开发和采购。这些互不相同但又相互关联的生产经营活动，构成了一个创造价值的动态过程，即价值链（图4-2）。

企业内部的每项生产经营活动都应是其创造价值的经济活动，企业所有互不相同但又相互联系的生产经营活动，构成了创造价值的一个动态过程。企业内部各业务单元之间的这种动态过程存在着价值链联结，价值链中的活动见表4-2，这样的链接构成了企业的价值链。

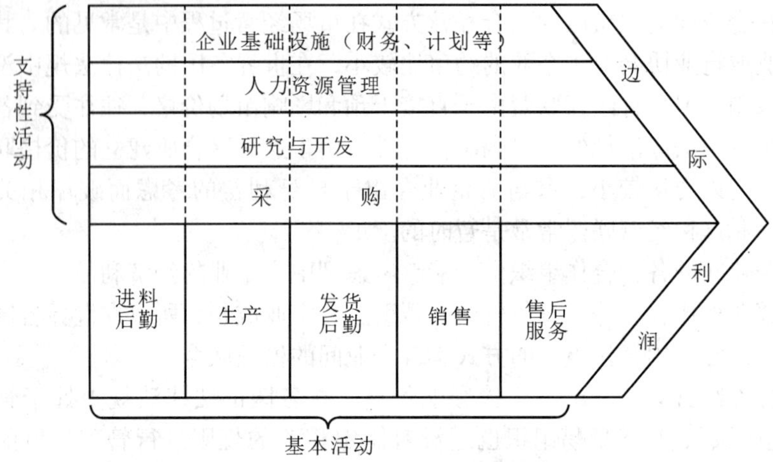

图 4-2 波特价值链

表 4-2 价值链中的基本活动与支持活动

基本活动		支持活动	
活动	内容	活动	内容
进料后勤	与订货、接收、存储和分配相关联的各种活动。如原材料搬运、仓储、库存控制、车辆调度和向供应商退货	采购与物料管理	与各种生产设备、技术、原材料等的购买相关的各种活动
生产作业	与将投入转化为最终产品相关联的各种活动。如机械加工、工装、工艺、包装、组装、设备维护、检测等	研究与开发	与各种生产技术活动相关的技术、标准、流程、设备、工艺等的研究、开发、引进活动
发货后勤	与集中、存储和将产品发送给买方有关的各种活动。如产成品库存管理、原材料搬运、送货车调度等	人力资源管理活动	主要包括各种设计所有类型人员的招聘雇用、培训、开发、报酬等活动
销售	与提供买方购买产品的方式和引导他们进行购买相关的各种活动。如广告、促销销售队伍建设、渠道建设等	企业的各种基本管理制度建设活动	包括各种人的行为、管理流程、统计、会计活动的规定等
售后服务	与销售后提供各种服务以增加或保持产品价值有关的各种活动。如设备安装、维修、培训、零部件供应等		

价值链理念的核心是创造价值，其评判标准是看某一项活动其是否为企业创造价值，迈克尔·波特认为企业创造价值活动可分为两个方面：第一个

方面是增值或降低成本，该项活动是否降低了后续活动的成本、是否增加了后续活动的价值；另一个方面该项活动虽不直接带来价值的增加或成本的降低，但对改善了后续活动的质量有好处。如果某项活动与降低成本、增加价值和改善质量无关，就不能称其为企业价值链活动，该项活动就应从企业活动中清除出去或尽量压缩。

价值链管理就是在分析企业价值链的基础上，如何将企业的设计、采购、生产、储存、营销、财务、人力资源等方面从创造价值的角度上有机的整合起来，从价值创造角度出发，分配企业资源，做好计划、协调、监督和控制等方面工作。价值链管理的意义就是寻找企业的增值业务，优化核心业务流程，发掘与管理企业价值链，从增加企业价值和降低成本、改善和提高企业服务质量方面利用企业资源，特别应当将企业优势资源运用于企业核心价值链上，以达到提升企业的核心竞争力，扩大企业价值之目的。

价值链管理旨在通过分析价值链上业务环节的增值来获得竞争优势，成为现代企业生存竞争的新模式。价值链管理包括垂直价值链管理、水平价值链管理和虚拟价值链管理三种，三者相辅相成，组成价值网络管理。

垂直价值链管理是对一个企业价值增值链条上从原材料生产到供应商、制造商、顾客及所有参与实体的管理。水平价值链管理是对企业价值链一水平上企业集团的各个企业主体间相互作用的管理。由于虚拟企业的流行，企业间通过信息技术进行联盟合作以达到共同目标，进而实行虚拟价值链管理。

价值网络管理把价值链的管理提升到了更高的战略层次，实现了从企业内部到企业之间通过创新来创造价值的能力。价值链管理和供应链管理涉及的活动范围相同，但价值链的着眼点是企业的价值增殖过程，面向效益，致力于为顾客创造更多的价值。而供应链侧重于产品的供应，面向效率，即降低成本和提高生产率。

波特的“价值链”理论揭示，企业与企业之间的竞争，不仅是某个环节的竞争，而是整个价值链的竞争，整个价值链的综合竞争力决定企业的竞争力。用波特的话来说：“消费者心目中的价值由一连串企业内部物质与技术上的具体活动与利润所构成，当你和其他企业竞争时，其实是内部多项活动在进行竞争，而不是某一项活动的竞争。”

价值链整合是以价值链为载体进行的为股东创造价值的活动过程。企业管理的重点要放在价值的驱动上，努力使价值链上每项活动都能增值。其特点是以信息技术为手段，通过价值链上核心业务的流程重组、资产重组和管理重组，使其流程科学、组织优化、信息共享、企业资源利用率得到提高，生产经营管理水平大幅度提升。

新知识：模块化经济（modular economy）

模块化经济是指一个复杂的系统或过程通过模块的分解和整合过程，提高子系统的独立性、互补性和创新性，实现大规模的个性化生产的经济活动。

在模块化的生产方式下，企业可划分为系统设计商和模块供应商两类。模块主导厂商为系统设计师，负责模块设计模块系统运行规则，即规定模块系统结构、界面、标准三个要素，确定系统的模块数量与模块构成；界面规定模块之间的位置安排、相互联系以及之间的信息或能量的交换；标准则是规定模块的设计规则和模块性能。

模块供应商在遵循系统设计师所制定的“明确规定”的设计规则前提下，自行设计某一具体模块，模块供应商可以隐藏本模块内部的设计规则，不必考虑其他模块的设计思路，这样每一个模块都具有信息异化的特征，即除了遵循系统信息外，其内在的个别信息是隐藏的，不为外界所了解的“黑箱”。由于具有“背对背”竞争的特点，不同的模块创新者往往拥有异化的个别信息，这也是模块供应商创新的动力。

在传统的价值链集成模式下，企业只是对价值链进行简单拆分，企业间的协调比较复杂。而在模块集成下，价值链分解为具有独立功能的子系统，把传统的零部件重新整合，形成一定数量具有独立功能的产品模块。可以降低契约合同的费用，减少交易对象而降低交易成本。传统模式下，虽然也能够取得一定的集成经济性，但是却受到很大的限制，比如对市场的适应能力和反应能力不强等。要促进集成模式向模块化转变，必须使各模块企业都具有独特的核心能力，只有这样才能发挥模块化的比较优势。

第五章

创业、企业家与中小企业

企业的经营从创业开始，通过企业家的巧妙构思将消费者和供应者连接起来，消费者的需求通过购买得到满足，在满足需求的过程中使货币流入企业家的手中，再从企业家手中不断流出，投入到生产过程，从市场中获得更多的利润。

企业为企业家搭建了一个市场竞争的舞台，在这个舞台上，企业家要结成一个环，让消费者手中的货币流动起来，流向企业家指定的方向。在企业经营的过程中，机会、挑战和风险同在，企业的管理者必须不断地解决新问题，推动企业不断发展。

第一节　创业与创业管理

创业就是创业者对自己拥有的资源或通过努力能够拥有的资源进行优化整合，从而创造出更大经济或社会价值的过程。创业是一种劳动方式，是创造财富的过程。

一、创　业

根据 Jeffry A. Timmons 所著的创业教育领域的经典教科书《创业创造》（*New Venture Creation*）的定义，创业是一种思考、推理和行为方式，它为机会所驱动，需要在方法上周密考虑并拥有和谐的领导能力。创业者必须要贡献出时间、付出努力，承担相应的财务、精神和社会风险，并获得金钱的回报、个人的满足和独立自主。

对于一个现实的企业来说，企业的产品需求是已经存在的，需求—供给循环链条工作建立，企业满足需求的方式也已经存在，不过需求在不断变化，企业需要不断了解市场需求的变化，将供给的产品和服务与需求更紧密地联系在一起。

而对于创业者来说，最大的困难在于这个供求锁链不是现实存在的，虽然社会存在某种需求，但需求特征是什么？用什么来满足，如何满足等问题还不清楚。需要企业家将需求和供给及供给的方式与所拥有的资源联系起来，构建供求锁链。在建立过程中，需要对各个环节进行周密的思考和设计。在现实中，这个环的建立过程有的靠别人的支持，有的靠个人的才智，或许部分人还需要有一定的运气。

对一个创业者来说，在你认识到了一项适合自己的需求，你必须：

第一，知道如何提供这些产品或服务或能够通过努力获得提供这些产品或服务的条件。

第二，能够在较短的时间内提供这些产品或服务。

第三，能够让消费者了解你的产品或服务能满足他们的需求，并且不必付出过多的代价。

第四，你提供的产品或服务在时间上一定要比他人快。

在创业过程中，关键在于你是不是知道如何用很少的钱或用别人的钱来使你心中的环滚动起来。如果我们把技术、资金和信息作为创业的三个基本要素的话（图 5-1），那么这些要素在创业之初是围绕能把需求和供给联系在一起的创业思想来发挥作用的。

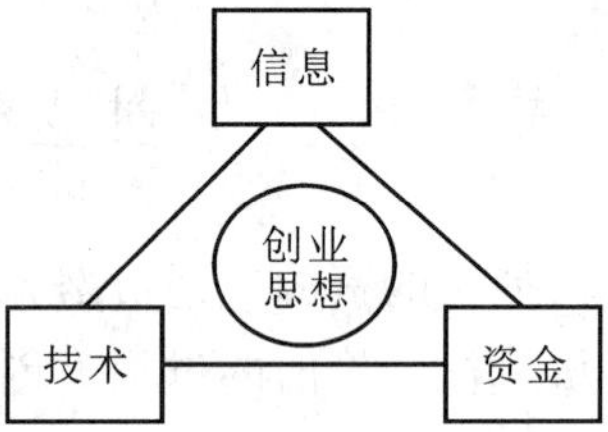

图 5-1　创业思想与创业三要素

创业者要围绕创业的构思，建立起一个比较完整的理性经营框架。在这个过程中，管理的重要性在于能够聚集创业所需要的资源。技术的重要性是能够使创业的基本设想变为现实的产品或服务。营销的重要性是把现实的产品或服务变为货币，并使这种途径高效率和可操作。创业阶段由于有了企业家才使技术、资金和信息产生了活力。对于一个企业家来说世间的一切都是有生机的，只不过由于种种原因使技术、资金和信息三者没有联系起来，只要充分利用都能够成为创业的资源。

有人说，我没有钱，是个穷光蛋，我没有办法创业。实际情况是几乎所有创业的人在创业之初都是穷光蛋。钱是重要的，但不是关键的。只要你的创意巧妙，事业有发展前景，会有人出资，帮助你完成创业过程，因此有没有一个巧妙的创意才是最关键的。

中国经济的发展和市场经济体制的完善为个人创业创造了良好的条件，创业者在硅谷的成功唤醒了无数人创业的梦想，比尔·盖茨辍学创建微软的故事让人们跃跃欲试，媒体讲述的创业故事使人们联想到在他们身上发生的事情也可能在自己身上发生。随之而来的是许多大学中成立了“创业者协会”，还有不少人真的开始了创业的历程。

有时一个创业思想看起来很不错，可是在实践中可能已经有人在尝试，并且已经经历过了失败；有的创业思想在特定的条件下才能实现，而这样的条件可能转瞬即逝；另外是不是相关的人都能理解或接受创业者的思想，并愿意与创业者一道，形成创业团队，用行动将创业的思想变为现实。

创业之初，没有激情是无法创业的。但激情和现实毕竟不是同一件事，创业的过程有许多非常复杂和琐碎事情，要一件一件去完成。需要相关的管理部门和相关的人接受自己的想法，并且办好各种批文和相关的手续，还要疏通市场和生产环节，使企业之环连接起来，在这个过程中需要许多人的理解和帮助。

在创业过程中一个好的创意还会引来许多许多的竞争者，一旦人们认识到一个好的项目会有利可图，就会有许多人加入到竞争的行列，增加创业过程的困难。

市场的经营是复杂的，经营的成功既需要有好的创意，也需要有良好的外部条件。创业需要“借势”、“借力”、“借智”等一系列的运作才能实现目的。所谓“借势”就是创业的思想要在相关人士和市场中形成“这是一个好项目”和“这个人能干好”的共识。这样，创业人员才能够比较容易吸引投资，吸引订单，得到有关部门的认可，使创业的具体事务办起来更加容易。所谓“借力”就是在“借势”的基础上能够得到更多人士或部门的帮助，完成创业过程。所谓“借智”就是在创业过程中不断接受他人的建议，使创业过程减少不必要的挫折和少走弯路。

即使是一个绝好的创意点子，也需要连续的经营和运作过程才能将这样的思想变为经济收益。创业之初，对美好未来的憧憬和“干一番大事业”的理想激发了创造的激情，创业过程的艰辛和具体程序与事务则需要冷静地思考、学识、经验和坚韧的毅力。

有没有想法是首要的，有没有创业的机会和条件也是必要的，而个人有没有为创业做好心理、知识、技术、经验和进行市场竞争的准备也是需要认真思考的问题。

创业需要有激情，更需要充分认识创业过程的复杂性和困难，并为此做好充分的准备。创业的实践能够使我们学到很多的东西，创业的过程能使人迅速地成长起来，关键的问题是我们能不能以认真的态度，投入到创业过程中，把学习和实践结合起来，从成功和失败中总结经验，逐步地成熟和成长起来。

二、创业管理

创业管理主要研究企业管理层的创业行为，研究企业管理层如何延续注入创业精神和创新活力，增强企业的战略管理柔性和竞争优势。Stevenson和Jarillo于1990年提出了创业学，提供了一个从创业视角概括战略管理和一般管理的研究框架，认为创业是战略管理的核心。

创业管理的核心问题是机会导向、动态性等。所谓机会导向，即指创业是在不局限于所拥有资源的前提下，识别机会、利用机会、开发机会并产生经济成果的行为，或者将好的创意迅速变成现实。而创业的动态性，一方面即创业精神是连续的，创业行为会随着企业的成长而延续，并得以强化；另一方面即机会发现和利用是动态过程。

传统职能管理产生、成熟于机器大工业时代；而今天的世界正在经历从工业社会向消费社会的转变，从工业社会向信息社会的转变，这就是创业管理产生的新经济时代。传统的管理方式聚焦于商品，是技术导向型的，研发、设计、工程、大批量制造、大市场、大规模操作、自动化和专业化都是重要因素。在知识经济时代，产品市场的生命周期缩短，重点是如何快速进入和退出市场，迅速推出升级产品，竞争的关键转向产品生命周期的前端，新事业、新产品策略包括研发管理、创新管理、知识产权管理等成为管理关注的重点。

新管理方法：企业内部创业

内部创业（internal corporate entrepreneurship，internal venture，internal new venture，internal corporate venture）是由一些有创业意向的企业员工发起，在企业的支持下承担企业内部某些业务内容或工作项目，进行创业并与企业分享成果的创业模式。这种激励方式不仅可以满足员工的创业欲望，同时也能激发企业内部活力，改善内部分配机制，是一种员工和企业双赢的管理制度。

内部创业在资金、设备、人才等各方面资源利用的优势显而易见，由于创业者对于企业环境非常熟悉，在创业时一般不存在资金、管理和营销网络等方面的困扰，可以集中精力进行新市场领域的开发与拓展。同时由于企业内部所提供的创业环境较为宽松，即使是创业失败，创业者所需承担的责任也小得多，从而大大地减轻了他们的心理压力，相对成功的几率大了许多。从另一方面来说，建立企业的内部创业机制，不仅可以满足精英员工在更高层次上的“成就感”，留住优秀人才，同时也有利于企业采取多种经营方式，扩大市场领域，节约成本，延续企业的发展周期。

第二节 企业家理论与企业家精神

企业家“entrepreneur”一词来源于法语，其原意是指“冒险事业的经营者或组织者”。一般将企业家定义为：对土地、资本、劳动等生产要素进行有效组织和管理、富有冒险和创新精神的高级管理人才。

一、企业家理论（entrepreneur theory）

从18世纪30年代康替龙提出企业家概念以后，在经济思想史上，给予企业家以重要地位的是约瑟夫·熊彼特（Joseph Schumpeter），熊彼特因此而成为企业家理论的代表人物。他发现许多企业没有系统的战略规划，而是靠企业家个人的诸如直觉、判断、智慧、经验和洞察力等素质，来预见企业未来的发展，并通过他的价值观、权力和意志来推动企业的发展。

彼得·德鲁克继承并发扬了熊彼特的观点。他提出企业家精神中最主要的是创新，进而把企业家的领导能力与管理等同起来，认为“企业管理的核心内容，是企业家在经济上的冒险行为，企业就是企业家工作的组织”。按照德鲁克的观点，企业家在企业发展过程中扮演三种角色：组织的奠基人、自有企业的管理者、他人所拥有企业的创新型领导者。阿瑟·寇尔从社会学的角度，提升了企业家的职能。他指出一个真正的企业家，不仅能够通过创新来为经济组织创造财富，扮演一个成功的经济角色；更重要的是，他能够通过与非经济机构，如慈善机构、教育机构及文化机构，建立积极的互动关系来扮演一个成功的道德角色。麦克尔·波特在《什么是战略》一文指出，制定或重建一个清晰的战略是一项挑战，它对由人构成的组织挑战很大，因此要依靠组织的领导者。

企业理论开创者之一法国经济学家J·B·萨伊，对企业家作了如下定义：“把经济资源从生产率较低、产量较小的领域，转移到生产率较高、产量更大的领域的人是企业家”。英国的经济学家马歇尔，在《经济学原理》中指出：“企业家们属于敢于冒险和承担风险的有高度技能的职业阶层”；“企业家们总是以自己的创造力、洞察力和统帅力，发现和消除市场的不均衡，创造出更多的交易机会和效用，给企业的生产过程指明方向，使生产要素组织化”。

从诸多的企业家定义中不难发现，企业家不是一个实体概念，而是一个职能概念。当大多数人提到企业家时，趋向于把企业家与小企业联系在一起。其实并非所有的小企业管理者都是企业家，许多小企业管理者并不进行创新。企业家同样可能存在于已经建立起来的大型组织中。

新制度经济学产生于19世纪六七十年代的美国，强调企业与企业家的关系。新制度经济学的企业家理论多与企业理论相辅相成。

在经济高速发展的今天，企业家是一种特殊的人力资本，在企业发展、社会经济进步的过程中，发挥着越来越重要的作用。企业家一直被定义为社会经济发展最稀缺要素的所有者，是经济增长的主要来源，是企业家把各种要素组织起来进行生产，并通过不断创新改变其组合方式带来经济增长。

二、企业家精神（entrepreneurship）

马克斯·韦伯（1864～1920年）把企业家应具有的精神品格概括为五个方面：强烈的事业心；理性地追求利润；禁欲主义的生活观；倡导劳动致富；主张诚实公平交易。

法国早期经济学家萨伊认为，企业家是冒险家，是把土地、劳动、资本这三个生产要素结合起来进行活动的第四个生产要素，他承担着可能破产的风险。美国经济学家德鲁克也认为，企业家是革新者，是勇于承担风险、有目的地寻找革新源泉、善于捕捉变化、并把变化作为可供开发利用机会的人。

企业家与一般厂长、经理等管理者不同，主要体现在企业家敢于冒险，善于创新。企业家是经济学上的概念，企业家代表一种素质，而不是一种职务。由上表述也可看出企业家的一些本质特征：冒险家，创新者。

目前，对于企业家的人士达成了一致，认为企业家是一个创新者或者开发者，他能够识别并抓住机遇，并将这些机遇转化为具体的能通过工作或市场行为实现的想法，然后通过消耗时间、精力、资金和技巧来增加价值，在实现其思想的过程中承担市场竞争的风险，最后获得报酬。

企业家是商业世界中充满活力的催化剂，是一个在普通事件的背景中敢于求异的独立思想者，被认为是自由企业世界的英雄。企业家的特征，包括：创造性、利用各种资源的能力、独立性、敢冒风险、有竞争力、实践能力、学习能力。

目前，企业家的概念已经延伸到一些主要的公司中，在这些公司中，创新行为正在使组织重新获得生命力。这种战略被称为“内部的企业家”战略。当前在公司中实行这种企业家战略已经成为组织增长和发展的主要动力。

成功的企业家大多伴随着其个人独特的领导风格，例如：有人固执强势、有人随和热情、有人保守理性、有人开放创新，但无法证明某一种性格特征就一定优于另一种性格特征。一位好的企业家都必须是诚实与务实的，以虚心的态度向专家与标杆型竞争者学习。

创业团队的理念、能力、经验，也是影响创业成败的关键因素。成功的创业必须要有一群具有共同愿景、理念、价值观的成员所组成，因此创业家必须要有人格魅力，才能吸引优秀人才组成经营团队。

根据调查和报道，全球最伟大的企业家都拥有如下四个基本的特征：使命感、对产品（服务）的愿景、快速创新和自我激励。

使命必达。“我的责任就是为公众提供卓越的产品，丰富他们的生活，并带去乐趣”——松下幸之助。

热爱客户和产品。“这款电脑是我们创造出来的最棒的工具，最重要的是让电脑走进千家万户”——史蒂夫·乔布斯（苹果电脑、NeXT、Pixar 等公司的创始人）。

快速创新。“任何人，只要他的生命维系于创新，就都能创新”——盛田昭夫（索尼公司创始人）。

自我激励。“我在找人，找那些喜欢赢得胜利的人。如果我没找到，我就找那些憎恨失败的人”——罗斯·佩罗［电子资讯系统公司（EDS）、佩罗系统公司（Perot Systems）的创始人］。

在聪明的企业家看来一切资源都是活的，只不过现在它们还睡着，需要用企业家的智慧将这些资源激活而已。

资金需要进行投资才能获得更多的回报，任何一个有钱的人都会想要更多的钱；一个有技术的人希望用自己的技术创造出产品，并且有人购买，卖出好的价钱，如果有人能够帮助自己将技术变成钱，不会有人拒绝；有些事情别人可能仅仅是说说而已，一般人也仅仅是听听而已，但对于一个注定会成为企业家的人来说，许多信息都可能是机会，对自己有利的事情绝不会放过。只要有机会，可以找到有钱的人，并说服他们进行投资。如果自己的技术水平目前还不够高，你可以聘请有技术的人帮助你做出想要做的产品来。

理论新视点：企业家学派

企业家学派（entrepreneurial school）又译为创新学派、创意学派、创业学派。成立于1950年代初期，主要代表人物及著作有：奈特及其《企业家精神：处理不确定性》(1967)、克林斯和摩尔及其《组织的缔造者》。

该学派将战略形成过程绝对地集中在个别领导者身上，最核心的概念就是远见。该学派提出了“企业家精神”与“内部企业家精神”(pinchot, 1985)。企业家学派比较适用于新建企业和处于转变时期的企业，因为在这两种情况下，格外需要强有力的和具有敏锐直觉的领导者，来决定企业的方向和活动范围。

企业家学派认为，具有战略洞察力的企业家是企业成功的关键。许多成功企业没有系统的、成文的战略，但它们同样经营得很好，这与管理者对企业基本价值以及存在原因的信念是息息相关的。企业家学派的最大特征在于强调领导的积极性和战略直觉的重要性。

第三节 创业活动的核心：一个绝妙的想法

当你拥有了名声、资金、权力等，一切就会变得容易，因为你已经有了使别人相信的资本。但万事开头难，在当一个人一无所有时，没有人会相信你，并与你合作。收获“第一桶金”是在没有或很少的物质条件的情况下得到的，一切条件都要自己去发现和创造。

一、创业从发现需求开始

企业的过程就是能够认识市场的需求，通过认识需求发现经营的机会，组织企业经营的各种要素，利用各种条件创办企业，实现赢利的过程。

经济学一般将需求定义为消费者在某一特定时间内按既定的价格对一种商品愿意并且有能力购买的数量。对于企业来说，需求就是市场愿意并且有能力购买特定产品或服务的数量。创业者的思维轨道就是从需求开始的。

（一）现行需求与隐性需求

人们习惯性的思维和行为方式形成了特定的社会文化，这些文化具有区域性的特点，是特定人群所固有的，具有社会价值和经济价值。也是地方或区域经济发展的基础，对于企业来说，大多数企业所能够提供的供给往往趋向于满足能够认识到的这些显性需求。显性需求就是大多数人都习惯和能够认识到的需求。满足这样的需求并不需要认真思考，以前怎么做，现在依然怎么做，别人怎么做，我也怎么做。

显性需求由于已经被大多数人所认识，所以竞争比较激烈。参与满足竞争的商业活动，所能够获得的利润空间比较小，赢利困难。

在成功的企业家中许多企业家满足的是隐性需求。所谓隐性需求就是社会和市场上还没有被认识到的需求。因为这些需求还没有被人们所认识，在短时间内难以构成竞争，只要能够提供适当的供给，在一定的时间内能够形成较大的利润空间和经营的垄断局面。

（二）需求的变动性

市场的需求可能会有许多种方式来满足，而市场的需求是在不断变化的，今天可能是需求，明天可能就不是需求了。今天可以通过购买某种产品来满足这种需求，明天就不再愿意花钱了，因为可能已经有了更好的东西了。

我们可能已经在生产某种产品或提供某种服务，但是社会在发展，人的需要在增加，对产品或服务的质量有新的要求。因此即使我们已经有了一个产品或服务，也必须不停思考以下的问题：是否依然存在这种需求？在时间、空间、数量、质量方面有什么变化？是否需要进行改进？我们是不是在满足需求的前提下，用最简单和最节省的方式来提供这种服务，是否存在不必要的浪费？有没有别人比我们做得更好？为什么？

（三）发现需求

市场需求和供给是一对不断变化的矛盾，而能够左右供给和需求的双方都是人，一方是产品的使用者，另一方是产品的提供者。产品的使用者和提供者都有很多。我们怎么来了解别人需要什么？

传统的方法是市场调查，通常所采用的市场调查方法往往是建立在回答问卷的人都是理性的。实际上大多数人并不知道也不关心市场调查的内容。

实际上，无论是经济学还是市场营销学虽然提供了大量的市场调查、需求预测、市场需求决策等方法，但目前从创业和建立企业的角度来看，创业者（或者经营者）用自己的经验和知识能力判断需求往往比目前那些还不成熟的理论方法准确得多。

任何需求往往可能会与某些特定的事件联系在一起，当一个社会发生了某个事件，可能需要一系列的产品或服务来适应这个事件发展过程所产生的需要。如获得有关这个事件的消息，满足人们参与或远离事件的愿望等。发现和识别所谓隐性需求并不困难，隐性需求实际上是由于社会经济发展的不平衡所引起的。

每个企业家开始创业的条件和方式都是不一样的，但有一条是共同的，那就是所有成功的企业家在创业的时候都在努力寻找一样东西，那就是需求，创业的过程就是发现需求并把它与自己联系在一起。

这样的需求一般有以下特点：

第一，在时间、空间、数量、质量等任何一个方面没有得到满足。

第二，能够通过比较简单的产品或服务而得到满足。

第三，没有被别人所认识。

第四，带有一定的普遍性，也就是说有足够数量的人会有这样的需求。

那么需求在哪里呢？需求在人们的生活当中，来自人们的不满和抱怨。人总是喜欢听顺耳的话，而聪明的人对顺耳的话总是不屑一顾，顺耳的话仅仅让听的人感到舒服一点之外是没有用处的。人们在生活或工作过程中的不满和抱怨意味着某些需要没有得到满足，存在提供新产品或改进产品或服务的机会。因此，一个有可能成功的聪明人总是在寻找人们对市场的不满和抱怨。

需求存在于人群中。人的生活有各种需要，而这些需要会随着生活水平的提高而不断增加。社会上可能还没有某种产品或服务能够满足人的某种需求，也可能社会上已经有了这种产品或服务，但在时间、地点、数量或质量上都不尽如人意。

二、提供有效供给

如果社会（或市场）有某种需要，满足需要的事物和提供这种事物的方式就是供给。优秀的企业家，与一般老百姓之间最重要的差异是老百姓发现自己需求，努力花钱满足需求就停止思考了，企业家不仅能够发现自己和别人的需求，还能够想办法发现满足需求的供给。

满足市场需求的事物是多种多样的，但并不是所有事物都是科学的和适合你自己的。你必须思考的是：我能够提供什么具体的产品或服务才能够满足需求？这样的产品或服务要通过那些具体的工作才能够完成？

如果你能够提供具体的产品或服务来满足需求。为生产和提供这样的产品或服务所必须做的具体工作是你熟悉的，你明确地知道要做什么，那么你就有可能提供有效的供给，否则你所想的事情只能是想法而已。

在现实中，许多过去的行为和习惯会影响我们认识需求和供给的过程。

我们总是将自己放到一定的框子里，它让我们放弃了许多有益的想法。用有效供给满足需求是一个复杂的运作过程。你首先必须知道，人们有什么要满足的？其次是，什么事物能够实现这样的满足？第三，也是最困难的，如何做才能创造令人们满足事物。

如果你已经知道人们要满足什么和什么事物才能实现这样的满足，那么下一步就是明白你需要做什么？做这些事情都需要哪些条件？或许是技术；或许是资金；或许是人际关系；或许是时间、或许是地点；或许是设备；或许是其他什么事物。你可能什么都需要，但是总有一些是你最需要的。一步一步将你需要的东西列出来，一项一项加以解决。将你需要的资源和获得的途径列出表来，并找出解决的办法和时间。如果你自己不能解决，找人帮助你解决。

实际上并不是所有人都懂得这样的思考方式。人们常常不知道从什么地方能够找到解决困难的方法。那么，多在社会上走一走，多实践，多认识一些人，多想一想一定会有帮助。

在许多情况下，可能换个思维方式，所有的问题就能够得到妥善解决。在学习和实践中，人们才能够逐步形成比较完整的想法。这样的想法逐步明晰，在人们的头脑中就形成了由需求和一个各种资源结合在一起的方法。

对一个创业者来说，在你认识到了一项适合自己的需求，你必须：

第一，知道如何提供这些产品或服务或能够通过努力获得提供这些产品或服务的条件。

第二，能够在较短的时间内提供这些产品或服务。

第三，能够让消费者知道你的产品或服务能满足他们的需求，并且不必付出过多的代价。

第四，你提供的产品或服务在时间上一定要比别人快。

三、创业的思维过程：将自己、供给和需求连接起来

市场上的需求形形色色，但并不是所有都适合你。只有那些与自己的条件有关的需求才是有意义的。

识别和选择一项适合自己经营的需求是开始创业的第一步，紧接着就要将适合的产品制造出来以便迎合这种需求。还有一种情况，或许已经有了某种产品或服务的供给，接下来的工作就是让他人知道你的产品或服务是多么的有用，如果碰巧，这种产品正好有市场需求，那你可能就成功了。

首先要有丰富的生活经验和广博的知识，这样你才能判断什么人与什么需求有关系？什么需求与什么产品有关系？什么产品需要哪些技术和方法才能做出来？我能不能把这个产品做出来？如果我做不出来，有谁能做出来？在这个时候，创业者必须要做的是将供给和需求以及自己连接起来，使自己成为你所认识的供求锁链循环中的一个关键环节。

所谓供求锁链循环就是由供给和需求各个环节所构成的商品、货币和信息循环过程。简单的供求锁链循环如图5-2。

当发现市场需求时，企业家开始行动，考虑与需求相适应的产品或服务；如果能够发现与需求匹配的产品或服务，企业家开始建立企业，购买资

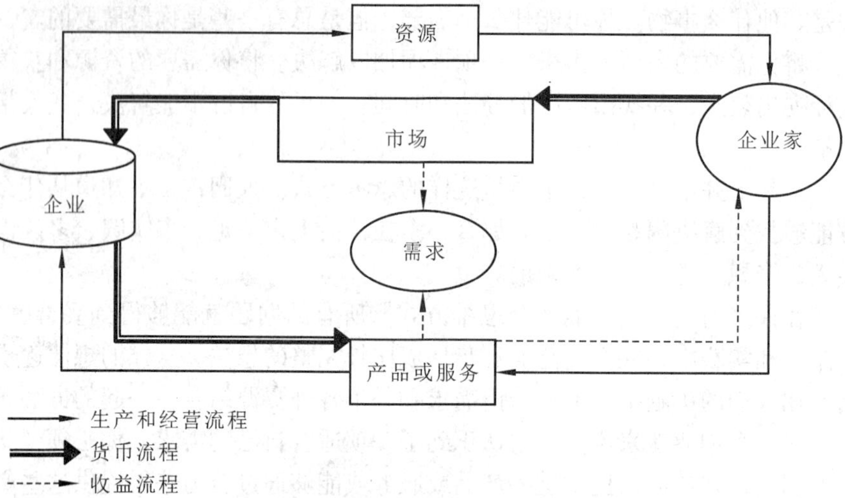

图 5-2　供求锁链循环

源进行生产。

企业家会通过各种努力，使市场了解所提供的产品或服务能够给消费者或使用者带来实惠或利益，满足消费者的需求或解决消费者的问题；当市场能够接受并且准确理解了由企业家传达出来的信息后，消费者或用户开始向企业支付适当的价格来购买产品或服务；如果消费者的购买行为比较满意，那么生产和经营流程就能够继续流动下去，为企业带来持续的收益。相反，如果在需求、供给以及流动的任何一个环节出现了问题，这个供求锁链循环就会停止。

实际上企业家所做的是构成一个这样的环，成功的企业家能够使这个环不停地转动下去，而且比别人的环转动得快。

在创业过程中的关键是你是不是知道如何用很少的钱或用别人的钱来使你心中的环滚动起来。如果我们把技术、资金和信息作为创业的三个基本要素的话，那么这些要素在创业之初是围绕能把需求和供给联系在一起的创业思维过程来发挥作用的。

企业的创业过程就是能够认识市场的需求，通过认识需求发现经营的机会，组织企业经营的各种要素，通过组织各种要素、利用市场机会和具备的各种条件创办企业，实现赢利的过程。

一个创业的人，首先在开始的时候需要有企业家的感觉，能够认识需求和需求与自己的关系；其次要有自己广泛的社交圈；第三是要有毅力和恒心，不怕困难，认准的事情必须坚持到底；第四还要敢冒风险，在市场上没有人能够有 100% 的把握一切事情都能获得成功，人们不仅要做成事情，还要面对别人的竞争和捣乱。要么成功，要么失败，什么都没有，还要欠别人的债。你有这样的勇气吗？所有这些综合起来就称之为企业家精神，如果再加上一点运气和机会，距离成功就不远了。

在人们面对可能的机会的情况下，总会思考：我能获得什么，有可能失去什么。

创业过程中首先从技术供给和市场需求两个主要方面形成创业构思，然后需要对创业的构思进行必要的市场调查和创业研究，对技术进行必要的研究、试验或补充实验，及进行工业化初步设计等。

确定创业并已经形成商业，这时，创业者需要一小笔创业启动资金或称为公司开办费，主要用于必要的研究与开发、工艺与设备设计、技术与市场调研、可行性研究及创业计划（商业计划）、市场营销策划、公关策划及广告策划等费用。

需要进行创业前的准备。具体工作包括确定公司形式、创业团队、经营班子、营销策划、销售方式与销售渠道、技术完善、经营场所选择、原材料来源落实、设备选型或购置与加工、有关法律批文等，最为重要的是落实创业资本，并尽快到位。

在一切准备完成后，开始注册公司，领取营业执照、办理银行开户和税务登记等。主要管理人员到位，建立健全公司的各种规章制度。进行员工招募与员工培训，同时进行设备安装、技术与工艺调试。生产出工业产品，作为工业品大样送检，或送到用户手中进行检测与确认。签订销售合同，购入原材料，生产出产品来。

四、让启动的环转动下去

在工商管理机关登记以后，一个企业就正式诞生了。一个企业的诞生仅仅表明一个或一群人有了经营企业的合法资格。但要使已经启动的供给与需求循环持续地转动下去，还要付出更艰苦的努力。

一个企业如果不运转就会亏本，因为企业必须支付员工的工资、银行贷款利息和设备设施的折旧等费用。一个有前景的企业每运转一次都会为企业的所有者带来一部分利润，运转的次数越多，利润也越多。如果企业的运转不能为企业家带回利润，那么也就没有人会经营企业了。

在企业经营之初由于必须将绝大多数最初的收入用于支付创业的费用，因此企业在最初运行的一段时间内赢利一般不会很多，有的在账面上甚至还会亏损，企业运转的越快，用于偿还创业费用的时间就越短，企业运行能够为企业家创造属于自己的纯利润的时间就会提前到来。而此后，企业的运转越快，企业的利润就越多。当然，这是基于该企业的经营条件和技术背景没有发生变化的情况下。如果经营条件发生了变化，比如更新的产品被其他企业生产出来，或其他企业用更低的成本生产出了同样的产品，或者市场已经不需要这种产品了，这样企业之环就难以转动了，除非这个企业能够尽快地创新。简单的企业运行过程如图 5-3。

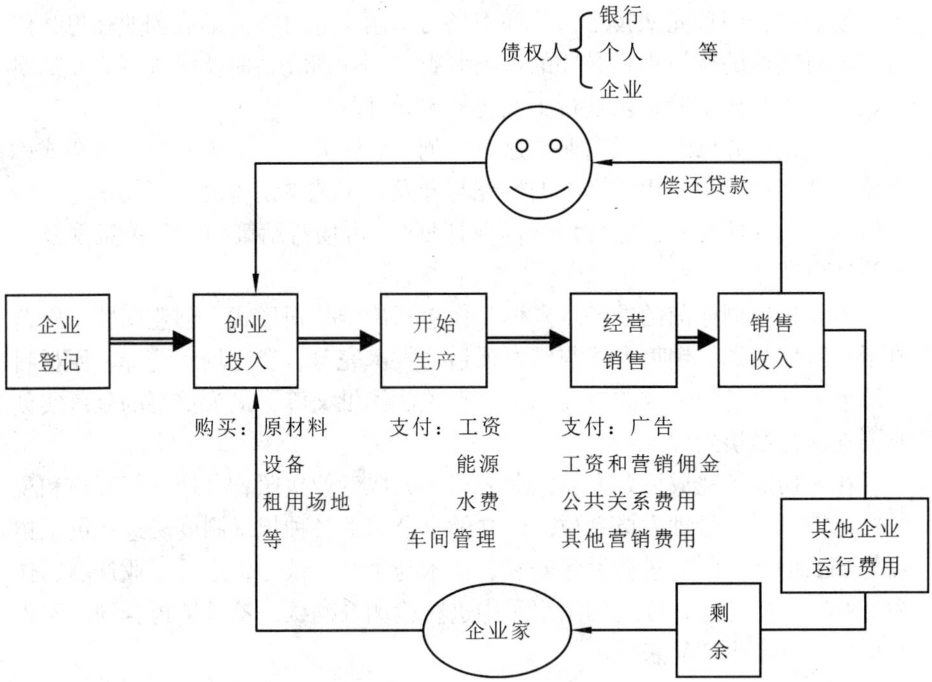

图 5-3 企业运行过程示意图

在创业初期，企业家需要向债权人借款来推动企业的运行，在获得收入以后，要在规定的时间内向债权人返还部分借款，如何偿还（包括偿还时间、每次偿还的数量、利息等）要依据借贷双方最初的合同。有的投资人可能不一定以借贷的方式提供资金，他或许意识到企业未来发展的广阔前景，会提出交换部分产权，并成为企业的合伙人。

如果债权人提出的贷款条件比较苛刻，如偿还时间短、利息高，那么企业家就难以有足够的剩余资金进行再生产，初期的经营就比较困难；如果企业家能够获得优惠的贷款支持，经营初期的困难会小一些，对于企业快速度过经营之初的困难时期是有帮助的。

在企业正常经营了一段时间，获得了比较好的经营业绩，逐步还清了所借的资金，企业收入支付简单再生产后还有剩余，企业家可以扩大原有经营领域的生产规模，或开发新的经营领域。

对于新建的企业来说，企业的经营过程可以分为三个阶段：首先是创业过程。其次是形成规范的经营管理秩序过程，需要通过管理回收资金和扩大规模或增加经营项目。管理必须将各种资源整合起来，形成一个完整的资源功能体为实现成功建立企业，实现稳定生产，以回收投资、保证经营的正常秩序。技术的重要性是保证在高效率的生产和经营过程中降低成本、提高产量、保证满意的批量和完整的生产过程、提出相关产品或服务的项目等。营销和经营的重要性是保证产品销售渠道的畅通、提高产品或服务的市场知名度、建立信誉和品牌。财务管理的重要性是建立规范的资金流通渠道和管理体制，保证企业经营过程中对资金管理的要求。第三是企业管理的升级阶段。在这一阶段，企业要构成完整的生产经营网络，包括建立生产分厂、分销网点、形成完整的产品或服务体系；实现资本经营：通过资本运作整合创业资本、建立资金筹措渠道，包括股份制和上市等；扩张经营领域在资本经营和运作的支持下，实现跨行业、区域的企业的扩张；最终实现一体化经营。

企业经营过程中的影响因素非常多，系统的思想和权变的思想非常重要。灵活地根据实际情况改变经营观念和经营方式、甚至经营的产品或服务有时是不可避免的。在这个过程中关键是人的思想观念转变。

第四节　企业的创建和登记

在发现了适合自己的需求，知道如何做就能满足这种需求，了解到通过什么渠道能够获得所需要的资金、技术、人才以后。就应该通过正规的程序为自己绝妙的创业思想搭建一个实现的舞台。正规的企业设立过程包括：形成商业计划、创业准备、企业登记三个重要的环节。

一、形成商业计划

形成创业思想主要是通过对市场需求和技术供给的分析发现市场机会和可能存在的不确定因素以及风险。在发现了适合自己的需求，知道怎样做就能满足这种需求以后，也就是形成了创业的构思以后，创业者首先需要对自己的创业构思进行可行性分析。

可行性分析主要包括以下内容：

（一）技术分析

在创业之初，企业家需要考虑技术因素所带来的机会和威胁，技术的变化能够直接影响企业的产品、服务、市场、供应商、分销商、竞争者、用户、制造工艺、营销方法及竞争地位。对于创业者来说，识别和评价关键技术存在的机会与威胁是最为重要的。

（二）市场分析

市场分析的主要内容包括市场需求分析和行业竞争要素分析。主要包括市场需求因素、行业竞争要素分析、新进入者的威胁、销售量的大小、产品差异化情况、转换供货单位费用的大小、纵向一体化程度等。

除了前面的技术和市场因素外，还有一些非常重要的相关因素，如政治与法律因素、经济因素、社会文化因素和自然物质环境等。

创业者的创业思想体现在创业计划中，创业计划又称为“商业计划”，一般意义上的创业计划，是吸引投资者的创业资本和获得必要帮助和支持的一份重要文件，还可用于寻求合作伙伴。

商业计划的编制是一个创造性的过程。由于创业者的创业思路、创业方式以及创业所涉及领域的不同，创业计划本身也表现出各自的独特性。优秀的创业计划一般具有循序渐进、一目了然、令人信服、通俗易懂、风格统一、严谨周密的特征，商业计划的具体内容见表 5-1。

表 5-1　商业计划内容表

项目	内容
1. 执行概要	商业计划内容的要点
2. 产品或服务内容描述	本产品或服务的技术性能、特点；开发意图及市场前景；产品或服务满足市场需求的方式；同类产品情况及发展趋势等
3. 产品生产方式——技术及生产情况	生产环境（厂房，机械设备）、劳动力组合、原材料供应情况、生产能力估计、设计和技术力量、生产线情况等
4. 组织结构	所有权的构成形式、合作伙伴的描述、团队背景、组织结构图、各个岗位的职务说明书
5. 市场营销计划	核心内容要回答：产品或服务的功能如何实现？主要包括定价、分销、促销、研究开发及其扩展等
6. 财务预测	融资情况、额度及其来源、现金流预测、技术经济分析（主要包括盈亏平衡分析、损益表、资产负债表）
7. 风险预测	风险的描述（包括风险来源，如产品弱点、市场竞争不利之处、技术特点等），规避风险或解决的办法的应急计划
8. 公司发展计划或战略	3～5 年的发展计划、收支平衡出现的年份、产品研发、市场占有率变化、合作意向、融资及上市计划等
9. 公司能够提供的利益	资金需求：包括总量、各个阶段的资金利用情况、投资人的回报（经营、上市、转让等）
10. 附件	市场调研表（包括原材料报价）、相关法律法规、合同、其他

二、创业准备

创业准备包括建立创业工作团队、筹措创业资本、开拓市场与营销策划、设计技术工艺与选购设备、选择经营场所等。

（一）组建创业团队

创业者应该在即将注册公司时就组建创业团队，也有的人称之为经营班子。企业经营的成功需要管理、技术、营销三方面的人才。创业者在组建创业团队时，不但要考虑能力，还要考虑志向与志趣、品德。

（二）筹措创业资本

创业资本来自以下几个主要渠道：自己的积蓄、向亲朋好友借、以入股的方式募资、吸收风险投资、向银行借贷等。对于有些开始创业的小企业，在没有成立时，就获得了客户的订单和预付款，这样，自己只需要很少的创业资金就可以创建自己的公司了。

（三）市场开拓与营销策划

企业在登记前，一定要进行营销策划，在登记以后，产品就能顺利地走向市场。有一些特别好的产品在企业开业之前就已经签署了一些销售合同或销售协议。

（四）技术工艺设计与设备选购

根据市场需要的产品指标要求，根据自己实际创业财力而设计适宜的工艺路线，以期能够用相对简化或能够买得起的设备进行创业起步。一个创业者应该抛弃什么都自己买、小而全的观念，有些使用频率较低的设备，可以采取租用的方式，一些生产环节也可以采取委托加工的方式。

（五）经营场所选择

生产厂址的选择，除需要考虑：通信、交通、水电、三废治理等外，还应该考虑人力资源，主要原材料运输和储藏的成本问题。

三、企业登记

在准备好以上条件以后，企业可以考虑准备履行各种正规手续，到工商管理部门进行企业登记。在登记之前，创业者还必须准备一些必要的文件见表5-2。

表 5-2 企业登记应提交的文件

文件名称	主要内容
企业的章程	企业章程的主要内容包括： —宗旨（企业经营活动的目的） —名称和住所 —经济性质 —注册资金数额及其来源 —经营范围和经营方式 —组织机构及其职权 —法定代表人产生的程序和职权范围 —财务制度和利润分配形式 —劳动用工制度 —章程修改程序 —终止程序（说明该企业法人的终止审批程序及其终止后债权和债务处理单位） —其他事项
资金信用证明、验资证明或者资金担保	资金信用证明应由支行以上的金融机构出具；验资证明由有资格的会计事务所出具，验资证明是由会计师事务所及其他有验资资格的机构出具的证明资金真实性的文件，验资证明的内容主要包括：资金总额、资金占用形式、资金来源。并附验资单位的财务机构和财务管理制度等情况
组建负责人签署的登记申请书	企业筹建登记申请书要注明的登记事项为：筹建企业名称、地址、负责人姓名、筹建项目、投资部门、经济性质、计划开工日期、计划竣工日期、申请登记原因等。企业法人开业登记申请书要注明的事项有：企业法人名称、住所、经营场所、法定代表人、经济性质、经营范围、经营方式、注册资金、从业人数、经营期限、分支机构等
企业主要负责人的身份证明	企业主要负责人的身份证明包括：任职文件和附照片的个人简历，个人简历应由该负责人所在的人事管理部门出具
住所或经营场所的使用证明	住所和经营场所的使用证明包括房产证明、房屋租赁协议；使用证明要注明产权归属、地址、面积、使用方式和使用期限
其他有关文件或证件	

企业在工商局进行登记时还要根据规定填写各种表格，企业登记的相关表格包括：企业筹建登记申请表、企业法人申请开业登记注册书、企业申请营业登记注册书等；其他企业运行文件包括：企业主要负责人基本情况及任职证明、法定代表人签字备案书、分支机构注册规定、企业变更登记、企业的分立登记、企业的合并、企业法人的注销、企业法人的迁移等。

新视角：企业孵化器

企业孵化器（business incubator/innovation center），也称高新技术创业服务中心，是一种新型的社会经济组织。孵化器，英文为 incubator，本义指人工孵化禽蛋的专门设备。后来引入经济领域，是指通过提供研发、生产、经营的场地，通讯、网络与办公等方面的共享设施，系统的培训和咨询，政策、融资、法律和市场推广等方面的支持，降低创业企业的创业风险和创业成本，提高企业的成活率和成功率。

世界上第一个科技企业孵化器是美国的约瑟夫·曼库索（Joseph Mancuso）于 1959 年在美国纽约的贝特维亚（Batavia）创建的“贝特维亚工业中心”，是全球企业孵化器事业的开端。到了 70 年代，随着新科技革命浪潮的兴起，这种优势受到了来自西欧和日本等国经济崛起的冲击。面对这种变化，大企业适应缓慢，小企业在美国经济发展中的表现相当活跃。然而，小企业的成功率很低，发展极其困难。研究表明，小企业失败的主要原因是资金不足和管理不善，这说明小企业还没有一个良好的发展环境。企业孵化器正是适应这种社会需求而诞生的组织，企业孵化器的目的正是为小企业创造一个良好的成长环境，对处于初创状态的小企业提供全面的发展支持，为企业提供可租用的场地、商业服务设施等。

1987 年，我国第一家企业孵化器——武汉东湖创业者中心宣告成立，企业孵化器事业从此在中国红红火火地发展起来。一般企业孵化器的组织结构包括：项目招商部、产业服务部、综合服务部、物业管理部、信息部 等基本组成部分。一个成功的孵化器离不开五大要素：共享空间、共享服务、孵化企业、孵化器管理人员、扶植企业的优惠政策。

第五节 中小企业及其管理

中小企业是推动国民经济发展，构造市场经济主体，促进社会稳定的基础力量。特别是当前，在确保国民经济适度增长、缓解就业压力、实现科教兴国、优化经济结构等方面，均发挥着越来越重要的作用。

一、中小企业的发展现状

中小企业顾名思义就是在规模上比较小的企业。2002 年 6 月 29 日全国人大通过《中华人民共和国中小企业促进法》，2003 年 1 月 1 日正式实施，同年 2 月 19 日，国家改革和发展委员会正式出台了中小企业划分标准，针对不同行业的不同特点，以职工人数、销售额、资产总额作为划分标准。

在中国，大量中小企业还在从事小型商业、零售、农产品加工、土特产、工业原材料的加工等产品生产。20 世纪 90 年代以后大量出现的小型商业服务业也是处于满足社区生活需求的初级经营层面。2000 年以后在北京、上海和部分沿海城市出现了科技和第三产业服务型的中小企业，但是数量比较少，区域比较集中。

由于中小企业规模比较小：中小企业的优势、机遇明显，但竞争与风险并存。同大企业相比，中小企业的优势在于经营决策快，成本及综合风险相对较低，同时对市场反应敏锐，行为灵活，反应速度较快。并且，中小企业中私人家族经营者较多，内部集权化，执行力强，能快速协调企业内部的所有资源，使之效率、效益最大化。但是，同大企业相比，中小企业在技术、资金、人力资源、信息获取等方面的能力较弱。在全球每年倒闭的企业当中，80% 以上是中小企业。

中小企业以其经营方式灵活、组织成本低廉、转移进退便捷等优势更能适应当今瞬息万变的市场和消费者追求个性化、潮流化的要求，因而在包括发达国家在内的世界各国的经济发展中，中小企业都有着举足轻重的地位，发挥着不可替代的作用。

中小企业的重要作用如下：一是振兴区域经济，缓解区域经济发展不平衡方面发挥了重要作用，是国民经济重要组成部分，也是国民经济健康、快速、稳定发展的重要力量。二是中小企业满足了人们多种多样的需求，扩大了内需，增加了购买力，搞活了城乡市场，加快了生产力的发展。三是中小企业的发展使产权分散化、社会化、普遍化，出现了大量创业者，增加了社会资本，提高了人的素质，提升了劳动者的积极性和创造性。四是中小企业得到世界各国的关注。市场经济发达的国家和地区，中小企业同样是重要的经济基础，是市场体系中不可缺少的组成部分。五是中小企业的发展解决了众多工作岗位，缓解了社会的压力，为社会的稳定做出了贡献。

由于中小企业规模小，数量众多，在中小企业的发展过程中往往存在许多共性问题。一是观念问题。由于传统观念的影响，在不少地区的政府和金融部门中存在对私营企业不放心的观念。二是准入问题。凡法律、法规没有限制的基础设施，文教卫生等行业，以及外资能进入的行业，中小企业有条件的也可以进入。三是融资问题。这是中小企业在发展中遇到的最大困难。四是管理水平问题。中小企业大多数为家族式管理方式，规范化不足，随意性很大，造成管理混乱。五是守法诚信问题，依法经营，照章纳税，中小企业恰恰在这方面有很大缺陷。六是人才匮乏问题。在中小城镇和农村的中小企业人才匮乏非常严重。

二、中小企业发展的国际经验

在世界任何一个实行自由企业制度的市场经济国家，中小企业的发展都具有非常重要的实际意义。虽然从经济总量上来看，中小企业并不能提供具有重要意义（30%～40%）的绝对数据和相对数据。但是因为从企业数量上来看，中小企业一般占企业总数的95%左右；就从业人数来看，往往要占（除农业人口以外）总就业人数的60%以上。中小企业对于社会经济的稳定是非常重要的，得到了政府、社会和学术界的重视。世界各国都重视中小企业的发展，特别是美国、德国、日本、意大利等国，对于中小企业在法律、科技、经济等方面都有特别的政策和管理方式。

在管理的现代化方面美国、意大利已经实施了围绕大企业与核心产业建立中小企业集群，探索发展中小企业，有利于解决中小企业面临的创新难、资金缺乏、竞争力低、高风险、经营短命等"先天不足"问题。

目前，美国、德国、意大利等国都因面临需求不足，造成的中小企业持续发展乏力的问题，这些国家都在努力与中国合作，共同建立开发中国的"工业园"和围绕工业园的产业链，开发中国市场、拓展中小企业发展空间。

中小企业的内部管理往往出现家族化的倾向。对于家族企业，目前并无一个公认的定义，但各种说法都认为它是以血缘关系为基本纽带、以追求家族利益为首要目标、以实际控制权为基本手段、以亲情第一为首要原则，以企业为组织形式的经济组织。

台湾学者叶银华认为家族化需具备以下三个条件：家族所控制的持股比率大于临界控制持股比率；家族成员或二等亲以内之亲属担任董事长或总经理；家族成员或三等亲以内之亲属担任董事席位超过公司全部董事席位的一半以上。

在国际上，家族企业时刻影响着全球经济的发展。沃尔玛、宝马、福特等都是家族企业。相关文献显示，全球企业约有80%不同程度地带有家族色彩。全球500强企业中，家族企业占40%，美国约有90%的企业为家族企业，占美国国内生产总值的50%。东亚各国和地区最大的15家家族控股公司的市价总值分别占其国内生产总值的百分比为：中国香港46.7%、马来西亚76.2%、新加坡48.3%、菲律宾46.7%、泰国39.3%、印度尼西亚21.5%、中国台湾17%、韩国12.9%、日本2.1%。在欧洲，43%的欧洲企业是家族企业，而在68%的欧洲企业中，主要行政人员来自控股家族的委派。

家族化是企业经营的一种特殊现象，这是由企业经营的赢利性和规避风险行为以及社会习惯形成的相互信任机制和环境条件决定的。企业经营的家族化本身并不一定就是坏事。即使在中国的国有企业中，改制以后，经过一段时间的经营以后，也存在人员安排、资源分配、决策过程等方面逐步围绕个人核心建立的亲属、同事、同学、同乡、朋友等形式的关系集团或群体的现象。

在需要进行公共资源或共有资源决策的条件下，家族化企业如果缺乏必要的法律法规和社会监督，有可能出现这些资源的私人化，这是必须引起注意的。

三、中小企业的经营环境问题

具有一个良好的中小企业发展环境是中小企业发展的关键。世界各国由于社会经济发展的水平存在较大的差异，在为中小企业创造良好的企业发展环境方面的努力和取得的成效并不一致。国家为中小企业的发展专门制定法律法规应当是国家和社会重视中小企业发展的关键步骤，也是一个国家中小企业发展走向正轨的重要标志。

我国对于中小企业的法律和管理已经有很长时间，2003 年专门为中小企业立法，颁布了《中华人民共和国中小企业促进法》。我国对于中小企业的管理主要体现在：一部法律，三个政策性文件。一部法律是《中华人民共和国中小企业促进法》；三个文件分别是原国家经济贸易委员会发布的《关于培育中小企业社会化服务体系若干问题意见》、国务院办公厅、国家经贸委发布的《关于鼓励和促进中小企业发展的若干政策意见》、国务院发布的《国务院关于鼓励支持和引导个体私营等非公有制经济发展的若干意见》。一部法律和三个文件对我国中小企业的生存和发展意义重大，为中小企业的经营提供法律依据和生存及发展的空间。

2003 年开始，中央财政下拨中小企业专项补助资金，用于对中小企业及服务机构开展培训、提供小企业信用服务和创业服务等方面的补助。2006 年国家发改委实施了“中小企业成长工程”，从九个方面着手对中小企业进行支持和规范行为，为中小企业健康成长发挥积极作用。

对于中小企业经营管理问题的关注是从中小企业的资金问题开始的。所有企业都面临资金短缺的问题，而中小企业由于规模小、经营范围和经营方式不确定，管理水平低，管理和从业人员素质不高，融资就更加困难。

对于企业的投资不可能是扶贫性质的，因此，从一般意义上来说，社会和政府在资金方面扶持中小企业也不应当是扶贫性质。

在中国，对于许多贫困地区的扶贫项目都涉及了支持地方经济发展的内容，在中国的区域性扶贫政策中特别设立了对于建立企业活动的扶持内容。

一般来说，世界各国在对中小企业的扶持方面，首先针对的是具有技术创新和相对稳定发展前景的中小企业，而对于这类企业如何认定就成为目前研究的重要的问题之一。专家学者们普遍认为，由政府和社会建立某种基金的方式是解决中小企业发展融资“瓶颈”的有效途径。世界各经济发达国家都有建立“中小企业成长（发展）基金”的经验。

随着1999年5月，经国务院批准建立了“科技型中小企业技术及项目的政府专项基金（简称‘创新基金’）”，并在科技部建立了“科技型中小企业技术创新基金管理中心”。基金采取“资本金投入、无偿投入、贷款贴息”等方式扶持具有条件的中小企业。

新事物：科技型中小企业技术创新基金

科技型中小企业技术创新基金（innofund，innovation fund for technology-based firms）是于1999年经国务院批准设立，为了扶持、促进科技型中小企业技术创新，用于支持科技型中小企业技术创新项目的政府专项基金，由科技部科技型中小企业技术创新基金管理中心实施。通过无偿拨款、贷款贴息和资本金投入等方式扶持和引导科技型中小企业的技术创新活动，促进科技成果的转化，培育一批具有中国特色的科技型中小企业，加快高新技术产业化进程。

科技型中小企业技术创新基金作为中央政府的专项基金，按照市场经济的客观规律进行运作，扶持各种所有制类型的科技型中小企业，同时吸引地方政府、企业、风险投资机构和金融机构对科技型中小企业进行投资，逐步推动建立起符合市场经济规律的高新技术产业化投资机制，从而进一步优化科技投资资源，营造有利于科技型中小企业创新和发展的良好环境。

根据企业的不同特点和项目所处的不同阶段，创新基金分别以贷款贴息、无偿资助等不同方式支持科技型中小企业的技术创新活动。

随着中国经济的发展，扶持中小企业发展的相关政府和社会资金扶持活动和项目也越来越多，许多政府公益性项目（或工程）都鼓励民营或个人通过建立企业的方式，并给予相应的资金或政策支持。

政府和各商业银行也有各有利于中小企业的相关优惠贷款项目，不同项目有不同的限制条件，如科技部的引进项目、农业银行的小额信贷项目、六大林业重点工程、区域经济发展项目、国台办对于涉台项目的支持、发改委对于下岗职工再就业、西部大开发等都有相关资金扶持内容。

不同的资金扶持项目有不同的限制条件，许多资金扶持项目都是行业、领域、区域性的。

技术创新是社会发展的基础，也是中小企业成长的必要条件，世界各国扶持中小企业首先是从具有一定科技含量、所采用的科学技术达到实际应用程度和明显发展前景的创新型企业开始的。哪些中小企业具备这样的条件，如何认定是首先需要解决的问题。

一般政府、科技管理部门、研究部门需要研究和制定相应的标准和认定程序，需要提出可操作的、比较明确的评价标准和评价程序。由于中国社会各个地区社会经济发展不平衡，这样的标准必须与当地的社会经济发展水平相适应。因此各地的评价标准就不是完全一致的。

四、中小企业与产业集群

集群（cluster）是具有丛、族等含义，目前国内外尚没有统一的定义。迈克尔·E·波特认为集群是在某一特定领域内相互联系，在地理位置上集中的公司和机构的集合，包括对于竞争起重要作用的、相互联系的产业和实体。集群向下延伸可以到达客户、从侧面延伸可以到达辅助产品制造商，以及与技能或投入相关的产业公司，集群还包括提供信息和技术支持的政府及其他机构。产业集群具有产业和区域特征。集群理论来源于马歇尔（A·Marshall）1890 年提出的外部经济理论，即在企业集群内，企业间的相互影响，有利于技能、信息、技术和新思想的企业间传播与应用。韦伯（A·Webber）1909 年提出，区域因素和聚集因素能够降低一般经济成本。1998 年，迈克尔·E·波特从组织变革、价值链、经济效益和创新等方面审视了企业集群的形成和价值。

在欧美国家，企业集群促进了中小企业的发展，在意大利和德国的专业性企业集群工业区，一平方公里就有 50 家企业，在供应商、生产商、销售代理，顾客、企业、研究机构及政府间频繁发生业务和信息交流。企业间的文化交流以及信息交流丰富而且迅速。自由企业和企业家精神得到发挥。在企业集群内，具有降低生产和运作成本、发挥集群营销、技术创新、竞争、形成核心能力、宏观调控等优势。

国外是从企业集群所产生的上述积极意义来看待中小企业发展的。在我国的相关研究中，近年来也从这样的角度认识企业集群的相关问题。

应当说，企业集群理论和方法为中小企业的发展提供了一条良好的思路。中国在 90 年代中期开始注重区域性产业园和工业园区的发展。但是中国的区域性产业园和工业园区发展的本原性目标并不是中小企业的发展，而是地方政府在掌握一定的土地等经济资源情况下为了发展地方经济，而采取的措施。基本经济激励是通过建立区域性产业园和工业园区吸引大企业入住，为地方经济获得税收。因此评价的基本指标是多少大型企业入住，产生了多少利税等。由于大型企业的数量非常有限，中国的许多区域性产业园和工业园区由于缺乏有影响和较多数量的大型企业，而难以实现目标。一些地区的区域性产业园和工业园区基本上是大企业入住一种形式，而较难实现中小企业的聚集。

相反，由于区位优势和地方特点而建立的产业园区或产业集群，如义乌的小商品、北京的中关村、陕西的杨凌产业集群都得到了良好的发展。“自组织形式”是根据当地的优势而发展产业集群，地方政府“他组织”的倡导，是发展产业集群的另一种途径，关键问题是产业集群的发展需要一种良好的自由企业环境和氛围。创造有利于企业发展的“自由企业”发展环境和氛围是产业集群发展的必要条件。引进大型企业是产业园区创建的重要一步，形成由各种经济资源形成的小企业生产聚集地也是重要的一步。中国从20世纪末期开始建立了大量的区域性科技开发园区。这些科技开发园区或围绕科研院所，或是交通、通讯、经济发展条件比较好的工业或农业基地，使大量中小企业依托科技基地、工业或农业基地建立起所谓“中小企业集群”。

资料：中关村科技园区

中关村科技园区是1988年5月经国务院批准建立的第一个国家级高新技术产业开发区，覆盖了北京市科技、智力、人才和信息资源最密集的区域。

园区内基础设施完善，并汇集了一批国家重点实验室和工程技术研究中心。功能完善、服务配套的孵化器网络体系已经建成，建成孵化器基地50个。在孵企业600个，科技成果转化率达75%以上。园区内设立有中关村技术交易中心和产权交易中心，基本实现了资本与技术的有效对接。门类齐全，基本与国际服务规范接轨的协会与中介服务体系也已初步形成。

经过二十多年的发展，中关村科技园区形成以电子信息产业为主导，结构合理的高科技格局。电子信息产业、环保产业、新材料产业、生物工程和新医药产业成为支撑中关村科技园区发展的四大支柱产业。园区近期将重点围绕网络计算机、手机、数字音像和生物芯片等产品发展四大产业链。

2002年认定高新技术企业累计数12161家，2003年4月“中关村科技园区创业投资基金”成立，对重大的产业化项目及重点企业给予资金支持。7月高新技术企业立体融资平台——中关村“担保贷款绿色通道”正式启动，四条为留学人员企业、软件出口企业、集成电路设计企业和高速成长企业服务的贷款担保绿色通道开通，突破了制约中小企业发展的融资瓶颈。

第六章

企业内部组织与管理

一个企业之所以要建立科学设计的内部组织，是因为这个组织要将企业内部的人员根据企业经营战略所规定的目标进行合理的科学安排，使相关的人员能够按照战略和相关目标的要求共同工作，充分发挥各自的特长和优势，实现符合企业总体发展要求的目标，进而实现企业的总体经营战略。

我们可以把企业的内部管理定义为协调企业全部内部资源，实现企业经营目标的过程和全部工作。任何企业都存在大量的内部管理问题，只不过表现形式和复杂程度不同。企业的内部管理是企业运行和发展的基础。

第一节　企业的内部组织

企业内部组织是指由组织中纵向的等级关系及其沟通关系，横向的分工协作关系及其沟通关系而形成的一种相对稳定的企业构架。它反映组织成员之间分工协作关系，体现了一种分工和协作框架。

一、企业组织工作的难点和挑战

建立和完善企业内部组织的任务称为企业的组织工作，组织工作的目标是在企业战略的引导下，发挥企业员工的创造力和积极性，建立一个高效运行的企业组织，并在不断变化的环境中能够灵活应对不断变化的市场和社会经济形势，在实现企业组织的发展战略、满足企业内部管理人员和员工需求的过程中不断优化。

企业的组织工作需要根据企业发展的战略明确企业的基本任务和总体发展目标，以及所要完成的基本工作，通过岗位的分析和设置，建立相应的部门，在不同的部门中建立与其他部门相关的工作程序和管理程序使部门的工作与组织的战略协调起来。企业的组织工作还需要借助管理控制的职能使各部门的工作能够满足企业战略的要求，实现企业发展的目标。

由于企业经营的环境在不断地变化，企业的战略管理需要根据外部环境条件的变化不断进行必要的调整；企业员工的素质和个人的需求在不断变化，员工对企业的希望和通过努力工作所期望得到的回报也在不断调整。企业的发展和环境、员工的预期与企业运行、管理和不同岗位工作内容变化及其企业所能为企业员工提供的回报能否协调就是一个不断变动的过程。这种变动是企业组织工作难点的来源。

企业发展的战略目标是否反映了企业能力与环境的要求？企业的战略和目标的制定和设置是否科学？企业的部门设置和员工的使用是否合理？企业的员工是否理解企业的战略和目标？企业的战略管理是否反映了社会经济发展的变化？企业组织的设置和人员的使用是否与企业战略互相吻合？企业的员工是否能够认识自身素质的提高与现实工作相适应的状况和准确理解个人价值与工作价值？所有这些都会影响企业组织运行的效率。

在企业的组织工作确定了哪些人需要做哪些事？哪些人为哪些工作任务负责？企业内部人与人之间的管理关系是什么？企业内部的正式信息沟通渠道是什么等问题以后，企业的组织在企业战略目标实施过程中需要保持一定的稳定。这种稳定与上述变化之间存在一定的矛盾。

从目前组织理论研究的主要趋向来看，要求企业进行战略管理，通过动态管理适应环境的变化；要求企业的组织具有较大的弹性，建立各种能够充分发挥个人创造力的组织和采用更加灵活的组织管理方式。

在现实中，企业的组织工作往往存在一定的惯性，这种惯性一般表现为企业一旦建立了某种组织和相应的结构后就会在相当长的一段时间内保持其稳定性。在经营环境和人员素质变化时，企业可能会改变经营战略或要求从业人员进行某种变化，而组织结构变动较少。或者选择变动具体部门的负责人员，而很少变动结构。再就是对执行机构或人员进行变动，而不从整体结构上进行变动。

从理论上来说，企业组织和组织工作的变动必须服从于企业战略管理需要，组织和组织工作需要根据企业经营战略的需要进行变化。现实中影响组织或组织工作的因素是多方面的，其中最主要的因素是涉及人的因素。虽然企业组织或组织工作的变动要满足企业经营战略的需要，但是企业组织或组织工作的变动往往涉及相关人员的利益，对于具体个人利益增加的变动比较容易，而降低个人利益的变动往往会带来一定的负面影响，企业在进行企业组织或组织工作的变动时不能不考虑变动负面影响所产生的结果。

从企业经营的角度来考虑，只要是符合企业经营发展战略的变动都应该进行。从企业政治的角度来看，任何组织的变动必须考虑企业运行的稳定性。对于完全按照市场经济运行规律运作的企业（如私营企业）常常会更多地考虑企业经营的需要，而受社会政治影响较多的公营企业（或称国有企业）则会较多地考虑个人和个人背后的影响因素。

一般来说企业的组织和组织工作必须遵照“因事设人”的原则，但是在特定的情况下“因人设事”也可能成为组织和组织工作常常不得不采取的变通办法，只要这样的变动不对实现企业的经营战略造成不可挽回的负面影响。

一般来说，企业的组织工作主要解决以下几个基本问题：

（1）哪些人需要做哪些事？

（2）哪些人需要为哪些工作任务负责？

（3）企业内部人与人之间的管理关系是什么？

（4）企业内部的正式信息沟通渠道是什么？

企业为了明确上述基本问题，经过精心的设计，需要用各种图表、文件等方式将其确定下来，组织设计完成以后还要向企业内部或向外部（例如在企业上市时或其他必要的情况）公布，这样的图表、文件应是组织结构图和组织设计工作。至少应向企业内部的相关人员公布，以便使企业内部的相关人员了解哪些人能够解决哪些问题。

二、企业组织形态的演变

（一）传统组织形态

从传统的小农经济到工业经济，再到现在的新经济时代，企业的组织形态发生了重大变化。根据企业的产生和发展过程，企业组织形态的演变经历了由直线制→直线职能制→事业部制的演变。

直线制产生于19世纪末，它与工业化、大规模生产方式相适应。直线制的特点是企业各级行政单位从上到下实行垂直领导，下属部门只接受一个上级的指令，各级主管负责人对所属单位的一切问题负责。厂部不另设职能机构（可设职能人员协助主管人工作），一切管理职能基本上都由行政主管自己执行。

直线职能制产生于20世纪初，它顺应了大规模生产的要求，很快在各行业推广开来，成为大规模生产的基本组织模式。直线职能制的特点是把企业管理机构和人员分为两类，一类是直线领导机构和人员，按命令统一原则对各级组织行使指挥权；另一类是职能机构和人员，按专业化原则，从事组织的各项职能管理工作。直线职能制的优点主要有：各级管理机构集中统一指挥；各级行政负责人有相应的参谋机构作为助手，可以充分发挥其专业管理的作用。不足是直线职能制存在对外部环境变化反应较慢，部门间缺少横向协调，组织缺乏创新，对组织目标的认识有限等。目前我国大多数企业，甚至机关、学校、医院等一般都采用直线职能制结构。

事业部制 1924 年产生于美国通用汽车公司，是一种高度集权下的分权管理体制。事业部制的特点是总部和中层管理者之间的分权，企业的业务按产品、服务、客户或地区分为事业部，企业总部授予事业部高度的自主权，事业部可以作为独立核算、自负盈亏的主体进行独立的经营和运作。事业部制的优点主要有：将不同经营业务的专门化管理与公司总部的集中统一领导结合起来；各事业部是以利润责任为核心的，既可以为公司带来稳定的收益，又充分调动起了中层管理人员的积极性；在培养综合性的高级管理人员方面有着突出的优势；其结构既有较高的稳定性，又有较高的灵活适应性，也扩大了有效控制的跨度，使上级领导直接控制下层单位的数目得以增加。不足是容易造成职能重复、管理费用和成本上升、对公司共有资源和共享市场的不良竞争等。事业部制适用于规模庞大，品种繁多，技术复杂的大型企业。

在企业所面临的环境日益复杂且不确定性较高的情况下，一些新型的企业组织形态出现了，如矩阵式结构、超事业部制结构、模拟分权结构、多维结构等。这些结构都是在直线制、直线职能制和事业部制的基础上发展而来的。

（二）现代企业组织形态创新

自 20 世纪末期以来，人类开始进入一个以知识的创新、发展和应用为主导的新经济时代。为了能在全球新经济环境下有效运行，必须突破传统“金字塔”式组织形态的束缚，对企业组织形态进行创新。

1. 企业组织形态创新的背景

近年来，经济全球化发展迅速。任何一个企业，都是在全球产业链中与其他企业相互依存，在相互依存中共处、共生、共进。由于现代信息技术的广泛应用，一方面使得企业的资源，无论是物资原料、资金资本、还是人力资源，可以在全球范围内进行配置。企业可以将自己的优势资源用于企业的核心业务中，而将企业非核心的业务通过业务外包的形式分离出去。另外，改变了企业经营所需的资源结构和人们之间劳动组合的关系，使得信息资源的重要性提升，企业简单重复的工作急剧减少。

在新经济时代，知识成为现代企业最重要的生产要素，而企业知识的创造与积累主要依赖于企业的员工。人在新经济时代具有核心的地位和关键作用。在这样的背景下，企业所面对的外部环境更加复杂多变，从而要求企业要提高管理效率；企业内部的管理重心、管理的目标、管理手段和管理的职能发生改变，从而要求企业改变资源配置和权力分配。这些要求归结到一点，就是要变革企业现行的集权、多层级组织结构，要对现行企业组织形态进行创新。

2. 现代企业组织形态的发展趋势

（1）组织结构的扁平化。在信息技术和网络技术的推动下，企业信息可以在同一层次上传递和共享，而不必自上而下层层下达或是自下而上的逐级汇报。传统的企业员工之间的纵向关系在企业信息网络平台（数据平台）上变成了纵横交错的平等关系。且企业管理人员的信息沟通能力和管理跨度已成倍、甚至数十倍地增长，而大大压缩了企业组织结构的层级，向扁平化方向发展。扁平化的组织结构是一种静态架构下的动态组织结构，它改变了原来层级制组织结构中的企业上下级之间、部门与部门之间以及组织与外部之间的联系方式，具有敏捷、灵活、快速、高效的优点。其最大的特点就是等级型组织与机动的计划小组并存，具有不同知识体系的人分散在结构复杂的组织形式中，加速知识全方位运转，以提高组织绩效。

（2）组织关系的网络化。随着企业对管理软件、企业数据信息系统和网络技术的运用进一步加强和深化，传统的职能管理部门的大部分重复性管理工作由企业管理软件系统完成，职能部门的任务只是制定和修改控制程序、处理例外事件等，而且他们的工作方式不再是传统的等级命令型，而是共同协商、相互帮助型。在企业内部网络平台的帮助下，员工之间的纵向分工不断减少，而横向分工和协作不断加强。企业组织过去以控制命令为核心的组织关系逐渐变成了一个相对平等和自主、富于创新的网络关系。组织关系网络化的最大益处就是减少了企业决策与行动之间的延迟，加快了对市场和竞争动态变化的反应，从而使组织的能力变得柔性化，反应更加灵敏。

（3）组织规模的小型化。自产业革命以来，很多企业多通过扩大企业规模、增加企业产量来追求规模经济效益。这种观念在很长一段时间内是有效的。然而，在基于互联网的电子商务面前，小公司可以通过使用较低的成本来建立全球的销售系统，在开放的市场中平等地与其他的企业竞争。而且小公司的灵活性和创新型明显强于大企业，所以企业组织规模的小型化也是组织形态发展的趋势之一。组织规模的小型化并不是指其产值或市场的缩小，而是指人员和组织机构的缩小。对市场激烈的竞争，许多大公司正通过分离或剥离、授权、企业流程再造、业务外包或建立战略联盟等方式来使自己的经营实体小型化，从而达到降低成本、提高应变能力、提升竞争能力的目的。

（4）组织边界的柔性化。在新经济条件下，由于信息技术尤其是电子商务的应用，使企业的交易费用大大降低。同时，外包业务的发展也使得组织并不是等到完全具备所有的资源和能力才开始生产，而是将非核心业务剥离，集中于发展核心业务。这些使得组织无论是内部边界还是外部边界都变得更加模糊、更加富有柔性和灵活性。

组织边界的柔性化更易于企业资源、信息等的传递和扩散，使信息、资源能够快捷、便利地越过传统组织的边界，促进各项工作在组织中顺利开展和完成，使组织作为一个整体的功能已远远超过各个组成部分的功能之和。

3. 现代企业组织形态创新的形式

（1）虚拟组织。虚拟组织是指两个以上的独立的实体，为迅速向市场提供产品和服务，在一定的时间内结成的动态联盟。虚拟组织的主要特征有：虚拟组织具有较大的适应性，在内部组织结构、规章制度等方面具有灵活性；虚拟组织可以共享各成员的核心能力；信任是最重要的特征和核心内容，也是虚拟组织建立和运行的前提。

（2）学习型组织。学习型组织是指培养整个组织的学习氛围，以充分发挥员工的创造性思维能力，从而建立起来的一种有机的、高柔性的、扁平的、符合人性的、能持续发展的组织。学习组织的主要特征有：组织成员拥有一个共同愿景；组织由多个创造性个体组成；善于不断学习；“地方为主”的扁平结构；员工自主管理；组织的边界将被重新界定；强调员工家庭与事业平衡；领导者是设计师、仆人和教师的新角色。

（3）创新型组织。创新型组织是在对企业信息、业务活动和管理职能的有意识地重叠的基础上，通过激发员工之间的频繁对话和交流，实现员工之间的知识共享和企业的不断创新的组织。创新型组织的主要特征有：人人都是创新的责任人；员工的贡献大小要由他为整个知识创新系统提供的信息的重要程度来决定；在创新知识的过程中同层级的人承担着不同的责任。

新视角：企业管理重组（enterprise management reorganization）

所谓管理重组，是指当外部环境、企业资源及其结构发生变化时，重新选择确定一种科学合理的、有助于提高企业竞争力和发展能力的管理模式或管理体系的过程。

企业管理重组是企业在进行资产重组后，以市场为导向，以制度创新为基础，以技术创新为手段的商务模式形成，对战略重组、财务重组、组织结构重组、人力资源重组、企业文化重组以及管理信息系统重组等企业管理各方面的综合调整，并最终形成新组织的核心竞争力。

有效的管理重组可以使重组双方的资产达到最优的配置和运作，从而使重组双方达到三个方面的协同效应：提高管理协同效率，如输出管理技术、管理规章制度、作业流程及管理人才等；提高运营协同效率，如利用对方高效的分销网络、强大的研发能力及合并后所产生的规模经济效应等；提高财务协同效应；公司还可以通过重组进行合理避税等。

管理重组的一种含义是管理创新，要求根据管理环境和管理对象的变化，不断调整管理内容和重点，更新管理理念和方式，从而提高管理的针对性和有效性。管理重组的另一层含义就是管理注入，优势企业在向弱势企业注入优质资产的同时，更要注入优秀的管理。

三、团队和学习型组织结构

团队和学习型组织是目前有关组织研究中最常见的词汇。但对于什么是团队和学习型组织，还没有出现比较明确的定义和确切的解释。

（一）团 队

清华大学徐国华等编写的《管理学》对团队进行了描述，认为一个有效的团队由一群相互独立却拥有共同目标的人员所组成，同时成员也认同共同努力是达成目标的最佳方式。有效的团队也会带来愉快的经验，使成员感受到进步与成就①。

实际上，团队就是为完成具体业务工作（或项目）组成的工作组。不过这样的工作组与权力结构和功能结构下的工作组有重要的区别。团队是一种基于团队成员间业务能力和合作精神为一体的自治型组织形式，它以团队成员的较高综合素质为基础，通过自愿组合，结合在一起进行工作，团队成员可以从事不同的具体工作内容，甚至角色互换，团队中没有领导和被领导的权力关系。团队组织运行的基本条件是高度的信息共享和相互理解。

团队与一般的集团不同，《团队的智慧》的两位国际知名作者琼·R·卡扎巴赫和道格拉斯·K·史密斯一再强调要精确地区分团队和一般性的集团：团队不是指任何在一起工作的集团。团队工作代表了一系列鼓励倾听、积极回应他人观点，对他人提供支持并尊重他人兴趣和成就的价值观念。

每一个具体的团队就是一个具有满足业务需要的能力的人员的工作组合。在团队中，人们的工作努力服从于团队的工作内容和与其他组织竞争的需要，只有与具体个人能力相适应的角色的划分，没有权力的高低。在一个具体的团队中，每一个成员工作的重要程度是相同的，组织用团队整体的工

① 徐国华. 管理学. 北京：清华大学出版社，2009.

作结构评价团队的工作绩效。相关的工作信息得以高度共享，组织外部的信息来源充分。组织的管理高度透明，人们知道自己和别人在干什么。团队承认个人的工作能力，并由于个人的工作能力而得到团队其他成员的认可和尊重。

在团队型的组织中，组织的管理层和管理者是服务员，为团队的工作提供各种必要的支持和服务。组织的管理必须要为团队的工作提供大量的信息支持，组织的管理必须要为团队的工作提供必要的和优越的工作条件，组织的管理必须要为团队的工作做必要的团队间协调和沟通服务。

（二）学习型组织

学习型组织起源于彼得·圣吉的《第五项修炼——学习型组织的艺术与实务》，他在该书中第一次明确提出了学习型组织的概念，认为为了帮助组织适应越来越复杂的世界，管理者需要进行变革。

学习型组织是指通过培养弥漫于整个组织的学习气氛、充分发挥员工的创造性思维能力而建立起来的一种有机的、高度柔性的、扁平的、符合人性的和可持续发展的组织①。圣吉的学习型组织理论，被喻为“21世纪的管理圣经”。根据圣吉的理论，在学习型组织中，每个人都要参与识别和解决问题，使组织能够进行不断的尝试，改善和提高它的能力②。

学习型组织并不属于一种组织结构。学习型组织是一个带有理想化人际关系色彩的组织方式，在团队型的组织中，组织的管理层和团队成员通过特定的学习训练，达到不断的掌握新的知识和信息，并通过畅通的交流机制对新知识和新信息达成共识，这种达成共识的过程就是学习过程，而当这样的学习过程成为组织运行的主要氛围时，团队就成为学习型组织。

在这种情况下，通过管理来实现组织目标的工作已经开始由个人或少数人决策变为群体决策。组织的管理为掌握知识的人服务，是这种组织的最主要特征。在这种组织中，职位权力由对人的控制变为对掌握知识的人所组成的团队工作的服务，已经变得不特别重要了，由模范权和专长权所构成的个人影响力成为团队领导和管理的基础。

许多报道称学习型组织在美国许多企业得到了成功地运用，多数学者也认为学习型组织的前景十分迷人。在国内外涉及学习型组织的论文中普遍认为学习型组织是“目前最好的组织形式”，在学习型组织的热潮中，国内许

---

① Oren Harari. “Open the Doors, Tell the truth.”（J）Management Review，1995，1：33～35.

② ［美］彼得·圣吉著，郭进隆译．第五项修炼——学习型组织的艺术与实务（M）．上海：上海三联书店，2000，394～402.

多企业也在进行学习型组织的研究和创建，许多企业或事业组织的管理者声称在其所管理的组织中已经建立了学习型组织。

组织学习与个人学习并不是一个概念，学习的内容也不一样。组织学习更注重相互的沟通、理解，更注重学习的过程，注重学习氛围和学习习惯的培养提高。学习型组织中的学习并非指获取更多的资讯，而是培养如何实现生命中真正想要达到的结果的能力。个人的学习是知识、经验、技能的积累和增加。组织的学习是不能通过自上而下的命令和号召来实现的，不是仅靠增加学习时间和学习内容，多开展几项学习活动就能完成。团队工作的概念代表了组织工作方式最基本的变化。而且团队工作和对雇员的授权是在公司转向所谓学习型组织过程中的关键因素。学习型组织非常注重团队精神，能够不断地发挥团队成员潜在的才能和技巧；能够让员工深感被尊重和被重视；鼓励坦诚交流，避免恶性竞争；用岗位找到最佳的协作方式；为了一个统一的目标，大家自觉地认同必须担负的责任和愿意为此而共同奉献。

学习型组织是以较高的社会经济发展水平、极高的组织管理水平、组织人员的普遍高素质为基本前提的。学习型组织要求组织中的知识型员工占绝对多数；公司中拥有民主自由的气氛；每个员工都有强烈的创新意识；追求自我实现人生价值观。圣吉在《第五项修炼——学习型组织的艺术与实务》中强调：除非组织里每个层次的人都学习自我超越，否则无法建立学习型组织。

（三）团队和学习型组织对整体组织结构的要求

团队和学习型组织必须在超越权力和项目型组织结构条件下才有可能实现。面对团队和学习型组织的管理是为掌握知识的人服务，通过为掌握知识的人提供管理服务，实现组织目标。

在这样的组织中，组织的最高管理层依然需要明确组织的基本任务是什么，为完成这个基本任务需要进行哪些业务工作，具备哪些基本核心能力，需要哪些能力的人去完成这些工作，但组织需要根据外界环境的变化“重新定义和思考所有事物”，组织需要成员协助管理者来完成这样的工作，

如何完成这些工作则需要组织中的人员去认真思考。

在这样的组织中，工作人员需要理解组织的目标和发展方向，可以对上述管理内容提出合理的意见。一旦组织的目标和发展方向确定了，工作人员需要对自身的能力进行充分的评价，努力做好自己的工作。在这样的组织中工作的客观标准由具体工作人员的专业知识给予默认，人们已经非常熟悉具体的工作应当完成的最基本标准，衡量工作绩效的规则是你的努力是否能使团队的集体努力做得更好。

在团队和学习型组织中也存在竞争，但竞争不是具体个人与个人之间的竞争，而是团队与其他团队的竞争，在信息高度共享的条件下，人们需要也可以知道别的团队在做些什么，特别是最好的团队正在干什么，具体组织中的个人需要合作和互相配合才能比别的组织做得更好。这就是团队和学习型组织的竞争，用团队集体间的合作代替了权力结构下的个人人际关系竞争、用团队的整体能力竞争代替了项目型组织中的个人能力竞争。

团队和学习型组织要求整体组织的结构能够使在其中工作的人比较宽松、自由，并提供个性发展的空间；组织的信息数量大、质量高、信息渠道畅通；组织的成员不会在“不得不”的情况下进行工作；在这样的组织中，关心、服务、管理无处不在，但又没有人感觉到它的“存在”，也就是实现了“没有管理的管理”。

团队和学习型组织的组织结构可以是委员会制、委员会管理下的团队体系、俱乐部、网络组织。

委员会组织是执行某方面管理职能并实行集体行动的一组人。委员会内部实行集体决策制度。委员会管理下的团队组织结构体系如图6-1。

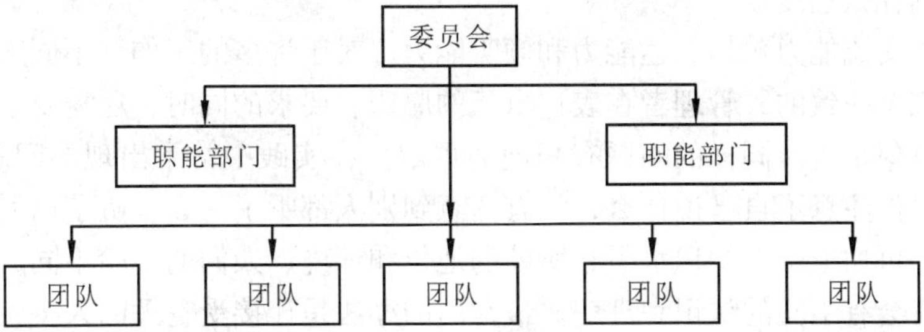

图6-1 委员会管理下的团队组织体系纵向截面

第二节 企业的内部管理

现代管理理论认为，企业管理按职能基本管理活动和内容分工，其中最基本的也是最主要的管理活动和内容是财务会计、技术、生产运营、市场营销和人力资源管理。这五项管理活动既是独立的又是相互依赖的，正是这种相互依赖和配合才能实现企业的经营目标。

一、管理的技能

管理的技能是指能够在某些方面具有完成管理工作的能力。管理的技能分为技术技能，人际交往技能，谋划和思考技能。管理人员在企业中的管理层次越高，管理的事务越多，谋划和思考的技能就越重要，反之，对技术技能的要求就比较高。

（一）技术技能

对于不同层次的管理者，管理技术技能的要求是不同的。例如，车间工长的管理技能主要是训练和教会职工工作的技能；车间主任的管理技能是能够按照图纸的要求生产和加工产品；企业主管的技能则主要是协调全企业运行和领导企业发展。

（二）人际交往技能

人与人之间的理解和有效互动技能，人际交往的主要技能是交流和沟通技能。交流和沟通能力主要表现为：口头交流能力、文字表达能力、处世能力。

1. 口头交流能力

口头交流能力是管理者最重要的能力之一。管理者不仅需要自己有一定的技术和工作技能，而且还需要通过管理要求别人按照一定的要求，完成特定的工作，这样就要求管理者能够清楚地表达自己要求别人做什么、如何做、做到什么程度。

口头交流能力包括表达能力和倾听能力。对于许多的工作，不同人的理解是不完全一致的，管理者在表达自己的愿望和要求的同时，还需要了解你的诉求对象是否对同样的问题有相同的理解。在实践中常常出现的问题是：管理者仅仅注意了自己说什么，没有注意到别人都听了什么，听了以后知道了什么。再加上个人知识水平、所处的地位和环境、人们的经验不同，对同样的事情会有不同的认识和理解。最常用的办法是让接受管理的人将你的要求再重复和解释一遍，并询问是否有什么困难或要求。优秀的管理者既能明确无误地表达自己的意见，也能准确理解别人想表达的意见。

实际上，一个管理者在相当多的情况下也作为一名下属向上级表达自己的意愿。这就更需要能够简捷明确地表达想要传达的信息，同时还要能够充分理解领导的意见和意见中所包含的信息。实践中常见的问题是许多管理者为了详细地表达自己的意愿而在说明意愿之前做了许多的铺垫和说明，而对方听到的仅仅是过多的解释，还不明白提出意愿的人到底要干什么？

2. 文字表达能力

文字表达能力主要是指一个人通过写作，用文字将自己的意愿表达出来的能力。管理者在企业管理中的职位越高，企业的规模越大，涉及的文字表达工作也就越多。

企业的管理涉及的文字材料（或称为文件）是相当多的，大体上我们可以将这些文件或文字材料分为以下几种：

（1）专业技术文件：主要包括各类专业技术图纸、文档、报表等，这些文件由相关的专业技术人员准备，而相关的管理人员首先应当了解这些文件的基本内容、编制过程和方式以及如何解读这些文件所包含的信息。实际上大批的管理人员都是从处理这些相关的文件做起，由于工作出色而成为专门的人员，然后才从事企业的相关管理工作的。

（2）企业管理日常工作文件：企业的各级管理者，特别是高层管理者需要用相当多的时间处理企业管理的日常工作文件，诸如期初（包括年度、半年、季度、月度）的计划，期终（包括月度、季度、年度和半年）的总结；各种销售、经营、合作等事务的相关文件；企业运行过程中的文件等。虽然在许多企业中有专门的人员（秘书、办公室、计划或其他部门）能够帮助完成这些文件，但相关的管理人员不明白这些文件的内容是无法进行管理工作的。

（3）非日常工作性文件：在处理大量日常工作性文件的同时，企业的管理人员还要具有许多非常规性文件的写作和处理能力。例如许多新项目的可行性报告、向上级管理部门或其他管理部门的请示报告，研究性报告等。

许多企业管理文件都要求简短，而且有固定的表达方式。但相当数量的非日常性工作文件有多种表达方式、格式并不固定。这就需要管理人员具有一定的写作能力。

一般来说，企业管理的文件写作应当符合以下的要求：①适合接受者的习惯和要求；②文件要具有可读性，通俗、易懂；③明确表达相关的目标和内容。对于文件内容较多文字的文件必须要写出摘要，以突出重点。

3. 处世能力

作为管理者需要与别人打交道，需要与人合作。成功的管理者总是表现出聪明、有进取心、正直，但又不失开朗、豁达、谦逊、信用等个性品格。在处理具体事情时，对他人宽容的态度和方式往往能够取得令人满意的效果。

4. 谋划和思考技能

管理者与一般工作人员是不同的，一般工作人员只要把上级交给的事情办好就够了。而管理人员则需要对许多事情进行决策，能够把整体和部分有机地结合在一起，把握所管理业务的发展方向和目标，有效地安排诸多的事项，处理人际关系，分析和预测事态的发展，判断事情的是非曲直等。

二、企业管理的主要工具

一般来说，企业管理主要有技术、会计、信息、规则和制度四大工具，企业管理的各种技能必须在科学合理地使用各种工具的情况下才能发挥作用。如果说组织体系是企业的躯体，经营和管理是企业的大脑，技术是企业的消化和血液循环系统，财务会计和信息工具是企业的神经系统，那么规则和制度就是企业的行为意识控制系统（虽然生理学上没有这样一个系统，但从社会学角度，这样的系统是存在的）。

（一）技术工具

任何企业的建立和运行都离不开相应的技术。不同的企业生产不同的产品或提供不同的服务，都需要不同的技术在企业的运行中发挥作用。在企业管理的实践中，只有适合企业经营目标的技术对于企业来说才是最实用的技术。企业的管理者需要根据社会经济的发展、市场的需要和企业的经营目标，选择合适的技术实现企业经营与市场需求的有机结合。

（二）信息工具

信息是企业进行经营决策的基础。任何企业都必须根据来自企业内部和外部的大量数据资料，经过科学加工和整理变为与企业经营决策相关的信息，企业根据这些信息进行决策。IT 技术和产业的发展使社会能够提供的各种数据资料大大增加，企业内部的经营和运行也产生了大量的数据，但对于具体的企业来说，这些都是数据和资料，企业必须能够根据经营管理的需要，将这些数据经过特定的程序和工具转化为决策需要的信息。

计算机、通讯技术的发展提供了数据加工的工具和手段，通用信息管理系统的进步和发展为企业信息管理提供了先进的信息管理平台。但是不论企业采用什么先进的手段都必须以企业的管理水平为基础，以企业经营管理的实际需要为前提，所有信息加工技术和手段都必须与企业的经营管理实际需要密切结合起来才能发挥理想的效率。

（三）财务会计工具

财务会计工具通过各种单据、科目、账簿将企业运行的各种经济往来数据准确地记录下来，并根据记录的各种经济数据对企业的经济运行进行管理。在实现了计算机电算化的企业中，计算机和通讯系统大大提高了财务会计工具的工作效率。在企业管理过程中，财务会计工具具有以下主要作用：首先是对企业经济运行过程的准确记录功能，这种功能主要通过会计职能来实现；其次是财务管理功能，财务管理运用会计职能记录的数据和加工整理的信息对企业的经济活动进行核算，实现降低成本和提高效益的作用；第三是建立企业内部经济控制系统，运用经济手段实现对组织和人的监督、控制和激励，实现企业的经营目标。

财务会计工具是通过经济手段对企业进行管理最直接和有效的工具，自企业建立以来，财务会计就是经济管理的基本工具之一。财务会计工具也是评价企业采用什么技术的重要工具之一。同时，财务会计工具还是建立企业规章制度的重要依据和工具。

虽然随着企业管理水平的提高，企业从业人员素质的提高，企业的管理对信息的管理、知识的管理占有越来越重要的地位，但是财务会计工具在管理中的基础作用丝毫也没有减弱，只不过管理的方式、方法、观念日益多样化、多元化，更有针对性。

（四）规则和制度工具

规则也就是企业运行的各种制度和标准，在现有的许多文献中也将制定和管理各种制度和标准的工作称之为企业管理的基础工作。即使在最简单的家庭企业中也需要制定一系列的规则来指导生产或服务的运行。尽管在初期许多个体或家庭企业往往是通过口头或相互之间的默契作为最初的规则。但随着企业的扩大、人员的增多、业务内容的增加，人际交流和默契越来越难以适应管理的需要，企业的经营管理需要大量明文规定的制度和在制度面前人人平等观念来维护企业的正常运行，通过制度激励员工的工作积极性，实现企业成长的目标。

规则和制度是任何组织长期稳定运行的保障，规则和制度的刚性和人际交流的柔性是一对矛盾，培养和造就一支具有凝聚力和竞争力的企业员工队伍必须以制度作为首要和基础的条件，考虑到中国社会的文化背景、管理体制、人员的观念和素质，企业的基础工作还有许多艰苦的工作要做。

第三节 企业中的管理者

企业中的经理在企业的经营管理过程中发挥着重要的作用，特别是在社会还需要大量一般物质产品和服务的时代，企业的经营还必须在集中管理的方式下运行，管理者的水平直接关系到企业的经营绩效。

企业中的管理者分为高层经营决策者、中层管理者和基层执行者三个层次。而在这三个层次中，企业的高层经营决策者对于企业经营和管理具有关键的作用。

一、企业管理者的主要职责

企业的管理者是企业中发挥决策与管理作用的人员的总称。随着管理者职位在企业中的升高，经营决策的责任越来越重，而随着职位的降低，管理和执行的责任则比较大，如图 6-2。

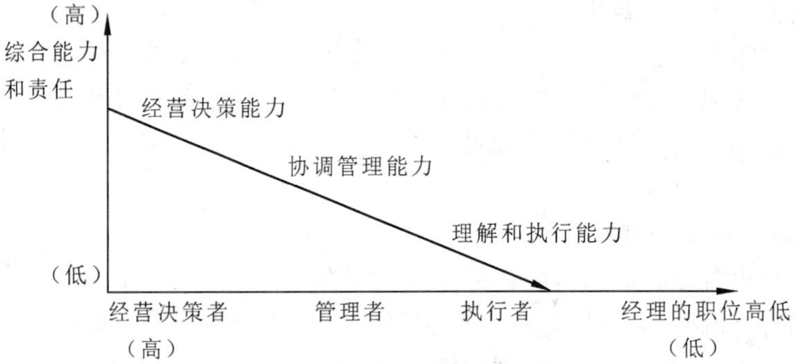

图 6-2 企业经理的职责、和能力要求

具有经营决策能力的管理者不仅应能够对企业内部的运营过程有比较全面的了解，还应对企业经营的外部环境有清醒的认识，能够在复杂多变的环境中，时刻明确企业应当做什么。为企业的经营管理确定基本的发展方向、建立企业成长的基本模式、明确企业的优势和劣势，协调企业能力和外部环境条件，确定企业的经营发展战略、引导企业健康成长是企业经营决策者的基本职责。为了能够履行这样的职责，企业的经营决策者必须有丰富的经营管理经验和扎实的经济和企业经营管理理论知识，与外界保持经常性的接触和维持良好的关系。

企业中间管理层的经理们应准确理解经营决策者的意图，明确企业经营发展战略的基本内容和含义，在企业的经营管理过程中将经营决策者的意图转变为所管理部门或业务单位的具体运作过程和业务活动，这是企业中间管理层的基本职责。

为了能够较好地履行这样的基本职责，企业中间管理层的经理们必须熟悉本部门或单位的业务活动内容、技术发展状况、本部门运行的现实状况，了解落实经营发展战略的运行过程中可能存在的问题和采取相应的措施可能遇到的障碍，及早采取相应的措施。为了能够较好地履行相应的职责，企业的中层经理应具有相关管理部门运行所需要的技术和业务知识，能够将战略和计划转变为具体的活动和业务计划，并与相应的技术和业务活动有机地联系起来。

新视角：企业执行力（execution）

近年来许多不同版本的管理书籍经常提到执行力，在企业管理实践中，执行力也受到实际管理工作者的重视。

所谓执行力，指的是贯彻战略意图，完成预定目标的操作能力。它是企业竞争力的核心，是把企业战略、规划转化成为效益、成果的关键。执行力实际上是一个组织中各个层级的管理者和员工的整体素质与整体管理水平之间的协调性。实际上较强的执行力不是个人问题，而是企业整体管理水平和素质的表现。

企业的执行力是一个系统、组织和团队，完成工作任务的能力。一个企业是一个组织，一个完整的主体，企业的执行力也应该是一个系统、组织和团队的执行力。要提高企业的执行力，不仅要提高企业从上到下的每一个人的执行力，而且要提高每一个单位、每一个部门的整体执行力，只有这样，才会形成企业的系统执行力，从而形成企业的执行力、竞争力。

企业各个层级的管理者与员工能够统一步调是企业管理水平高的体现。执行决策过程中既使人们有不同意见也会按照预先的决策执行，并在执行过程中通过规定的途径反馈意见。

二、经营决策者

在一个大型公司中，企业的经营决策者是由企业的董事组成的董事会。其辅助机构是由一系列咨询和办事机构组成的，如各种咨询委员会、秘书处等。

一般情况下，大型现代企业的经营决策实行集体领导的委员会制度，重大决策均采取投票表决的方式，在公司制的企业中，有时实行“一人一票”制，多数实行“依股计票”制，后者则是大股东说了算。

对于一个小型企业来说，管理者和经营决策者通常是重叠的，也就是总经理和董事长是一个人。有的企业虽然单独设立了董事长和总经理，但总经理通常只具有具体执行的作用，对于企业经营的总体决策不发挥重要的作用。

对于一个大型企业来说，经营决策者和管理者的划分就具有十分重要的意义，特别是对于建立了现代企业制度的公司来说，完善的经营决策和管理者职能是保障企业健康和稳定发展的关键，一个良好运作的上层组织往往能够杜绝个人决定企业长期发展的风险问题。

（一）大型企业的经营决策者

大型企业的经营决策者由以下几个部分构成：①股东及其股东大会。②董事及其董事会。③发起人及其常务董事。④董事长。⑤监事会。⑥办事机构。⑦咨询机构。

1. 股东及其股东大会

股东是企业的所有者。在公司上市的情况下，通常一般股东并不能对企业的经营起任何重要作用。通常股东在规定的期间召开股东大会，审议企业的重大事宜。

2. 董事及其董事会

企业的董事会理论上由股东大会选举产生，但实际上由持有较大股份的股东（个人或组织）担任。董事是企业中通过集体表决的方式决定企业大政方针和政策的个人或组织。

董事会是企业的决策机构。负责制定企业的经营发展战略和其他重大经营决策、决定重要人事任免事项、决定重要的投资方向和重要的财务决策等。

董事会采取集体投票表决的方式行使决策权，一些企业存在股票相对集中的股东，其对企业的经营决策具有重要的作用。

3. 发起人及其常务董事

企业的发起人是在企业建立过程中发挥重要作用的人或组织的代表。在部分企业中设立常务董事。企业的发起人在企业的设立过程中负责企业章程等重要文件的起草，并建立企业运行的雏形。

4. 董事长

企业的董事长一般由董事会选举产生，一般为企业的最大股东。企业的董事长一般是企业的真正个人领导，通过董事会的集体决策发挥重大决策的领导作用。企业的董事长一般不处理企业的日常管理事务。在一些企业中（特别是股份比较分散的大中型企业中），董事长仅仅具有象征意义。

5. 监事会

企业中的监事会一般是由股东或国家建立的企业经营监督机构，负责监督企业的经营决策机构和管理机构按照法律法规的要求合法经营。在国有和大中型企业中，监事会具有特殊重要的意义。

6. 办事机构及其咨询机构

企业董事会一般设有办事机构，处理董事会所需要处理的各项行政事务。一些企业的董事会办事机构使用管理机构的办事人员，但这样的设置不利于对管理层的监督。

企业的咨询机构根据企业的实际设立，一般为法律、技术和资金财务管理方面的工作。部分企业的这种咨询机构的规模比较大。

三、企业的管理者

企业的管理者是由企业中的经理或官员们（managers or officers）组成，负责企业的日常管理运行，管理者中的最高职位是由董事会任命的总经理或CEO。企业的管理层包括上层、中层和下层（执行者）三个部分。

（一）企业的上层经理

企业中的上层经理包括总经理、总工程师、总会计师、总经济师、财务总监（或财务副总经理）、行政主管（行政副总经理）、业务总管（或生产副总经理）等职务。企业需要根据自身经营的需要进行设置。

1. 总经理

企业中的总经理是企业中具体经营管理事务的总负责人。部分企业设立总经理助理，帮助总经理工作，一般的总经理助理为提升副总经理的过渡阶段。总经理由董事会任命，并向董事会负责。

资料：企业中的“CxO”们

近些年来，企业管理者的称谓发生了许多的变化，一些新的称谓让人们摸不着头脑，如“CEO”、“CIO”、“CFO”等等，在不少人心中对于“CxO”产生了神秘感，人们也在问什么叫“CEO”？“CEO”和以前的总经理是什么关系？一些人还撰文认为：“CEO”是现代企业制度的新兴事物，不少总经理先后将名片重印，把总经理变为“CEO”。

我们从“CEO”的原文上不难看出它的意思，CEO是Chief Executive Officer的缩写，“CEO”就是在实现了行政性管理，有大量办公人员和机关工作人员的大型企业中的管理总负责人，也翻译为“首席执行官”，与一般生产性企业中的总经理相似。类似于一般企业中的总经理。其他的“CxO”们是某一方面的业务负责人。不同的“CxO”们由于企业的具体业务和运行方式不同，在管理中的作用也不同。在资讯企业中，由于信息管理处于核心地位，“CIO”也就是信息经理的地位类似于机械制造企业的生产副总经理。

2. 副总经理

企业一般设立财务总监（或财务副总经理）、行政主管（行政副总经理）、业务总管（或生产副总经理）等职务，有时总会计师兼任财务副总经理；总工程师兼任生产副总经理；总经济师负责企业的计划管理和管理制度建设。

（二）企业中层经理

企业的中层经理包括：企划主管、人力资源总监、执行秘书、信息主管、研究开发主管、销售主管、会计主管、公关经理、采购经理、质量总监、业务经理、培训主管等。

企业中的中层经理人员根据企业经营的具体业务设立的部门进行配备。不同企业中的中层经理人员数量取决于企业经营项目和工作人员的多少。

一般来说，数量最多的是企业中的业务经理，有的也称为项目部经理，有的直接叫XX业务经理。

（三）企业的执行者

企业中的执行者执行管理者的决定，包括业务经理管辖的下属工作组的负责人，如车间的班组长、工长等，这些执行者负责具体业务工作的管理。

新知识：职业经理人

职业经理人在西方发达国家有一个相对统一的概念。但在中国，对职业经理人的定义还不统一。一般认为，将经营管理工作作为长期职业，具备一定职业素质和职业能力，并掌握企业经营权的群体就是职业经理人。通俗来说，职业经理人就是凭能力、凭人力资本吃饭的人。

学界对于职业经理人的定义也有多种。一种有代表性的说法是，所谓职业经理人，是指在一个所有权、法人财产权和经营权分离的企业中承担法人财产的保值增值责任，全面负责企业经营管理，对法人财产拥有绝对经营权和管理权，由企业在职业经理人市场（包括社会职业经理人市场和企业内部职业经理人市场）中聘任，而其自身以受薪、股票期权等为获得报酬主要方式的职业化企业经营管理专家。

职业经理人起源于美国，1841年，因为两列客车相撞，美国人意识到铁路企业的业主没有能力管理好这种现代企业，应该选择有管理才能的人来担任企业的管理者，世界上第一个经理人就这样诞生了。

19世纪中叶，美国铁路货运进入大规模正式运营阶段，当时，由于轨道、机车、车辆等分属各区领主所有，货物在铁路运输途经各区时，需要频繁地更换车体与押载人员，进行区段计价核算，经常性地造成大比例的货物缺损与不可控制的日期顺延。基于此现状，世界上第一批职业经理人——专业货运计划人员应运而生。专业货运计划人员接受政府统一付薪，不得接受各区领主所支付的工资、奖金乃至贿赂；其严格按照铁路货运行业规则行事，借以对运程货物进行综合调配、取价，然后按各区段运营吨公里数，向各区领主进行利润分配；如果一旦违反本行业规则或出现收受非法利益等问题，即予以开除，且此生终身不得再从事此种行业。

因为这些专业货运计划人员所得薪酬标准几乎两倍于当时美国工业熟练工人的薪酬，且其在社会和家庭中受尊重、受重视的程度更远远超出其薪酬水平所能代表的社会价值，每一个专业货运计划人员均极珍惜自己的工作，视自己的职业前途如生命。

职业经理人是人才市场中最有活力与前景的阶层。经理人最重要的使命就是经营管理企业，使其获得最大的经济效益。所以对职业经理人有其独特的评价标准、就业方式和利益要求，其报酬及社会地位的高低取决于经营业绩的好坏，他们必须承担经营失败后的职业风险。

常规意义上的企业经理，必须具有两个基本特征：一是根据公司的经营管理状况，找出部门工作目标，拆分成任务，通过调动资源，进行有效授权，并对目标实现的情况负责；二是要带出一支队伍，培养帮助指导下属（从现象找本质），进行大量的在职培训，提升部门的整体水平。

职业经理是以企业经营管理为职业的社会阶层，一般具有五方面特性。其一为良好的职业操守，能达到职业道德和专业规范的要求；其二为成熟的职业心态，能较好 地把工作热情和务实作风结合；其三为明确的专业分工，能够拥有专业优势；其四为受薪阶层，通过自己的管理经验与技能参与社会交换获得报酬；其五为可变动性，即能够进入人力市场并合理流动。

就企业经理而言，职业经理应具备一定的个人素质和较高的专业技能、管理才能，较强的敬业精神和事业心，丰富的工作经验和深厚的理论功底；从另一角度说，他们应在道德和专业两方面具较高水准。

更重要的因素是他们是从事企业经营的，这是和其他领域职业概念的差异所在，他们能够在企业经营方面具备专业能力，在工作中承担责任，掌握权力，享受利益。其薪金待遇水平则在符合市场化原则的前提下，依据本企业的人力成本计划与企业业务发展境况进行合理调整，使其得以与投资人得到同步的经济利益增长。

第四节　企业的信息管理和系统

自 1946 年世界第一台计算机（ENIAC）诞生以来，世界由于计算机的出现已经发生了巨大的变化，形成了新的经济形态——信息经济。计算机首先在企业的会计系统发挥了重要作用，随后又在劳动人事管理和生产过程管理方面发挥了巨大的作用。

由于计算机的出现、信息技术和通讯技术的迅猛发展，引发了企业经营和生产技术的革命，出现了许多新的生产技术和新的管理思想，如企业整体的 BPR（Business Process Reengineering）、电子商务、ERP 和企业管理全过程的“e”化等。

一、企业信息化

企业信息化是指在企业的经营和管理过程中，广泛采用包括计算机技术、网络技术、数据库技术，在一定的广度和深度上控制和集成管理企业经营和管理过程中的所有信息，重组和提升企业的业务和管理流程，实现企业内外部信息的共享和有效利用，以提高企业的经营管理效率和增强市场竞争能力。

企业信息化不仅仅是在原有的经营管理体系中增加几台计算机进行数据的处理，还意味着通过建立完整的企业信息化体系，企业能够树立面向市场的经营观念，规范企业的经营管理内容和过程，提高企业经营管理的整体效率。

计算机系统对信息的管理有很严格的标准，在实现信息化的过程中企业的经营管理层必须首先对企业的经营管理活动内容和信息的表述方式进行规范化。在管理水平比较高和经营管理活动比较规范的企业还要根据技术和行业的发展需要对现有的经营管理流程和活动进行重组，以适应竞争的需要。这样的规范化和重组过程会发现存在的问题，促使管理者采取必要的措施，从而极大地提高企业的经营和管理水平。

企业信息管理的应用技术和系统运行的基础技术包括：电子数据交换、条形码、安全保密、多媒体、虚拟现实以及中文平台技术等。

计算机技术的发展使企业的管理正经历一场巨大的变革，在科学技术迅猛发展、市场竞争日趋激烈的今天，一个企业要想取得经营的优势地位就要以积极的态度去迎接这个变革。因此，对信息进行科学的管理对于企业具有非同寻常的意义。

管理的理论和实践不断发展，管理的内容从单纯的生产过程、采购、产品销售、劳动人事、财务会计、办公和行政管理等内部管理逐步扩展到战略经营、市场经营、跨国经营、资本运营、合资与合作、公共关系、社会责任、环境保护等更为广泛的领域。管理的对象从对具体产品、业务流程过度到对人、文化、知识的管理。管理内容和对象的扩展和变化对信息管理提出了新的要求。

在这种企业经营模式下，信息管理的内容非常丰富，信息管理不仅需要对企业内部和外部的信息进行收集、加工、分析整理，还要通过信息管理对企业经营管理的方式进行重组和改造，以适应市场的变化。在这种企业经营管理的模式下，计算机信息管理不仅是信息加工的手段，而且是企业经营管理的手段，导致企业经营管理理念、方式、方法的根本变化。

各种电脑技术、网络技术、通讯技术和信息技术在企业中的应用，先后产生了许多新的研究和应用领域：工作流管理系统（working flow management system，WFMS）；管理信息系统（management information system，MIS）；计算机集成制造系统（computer integrated manufacturing system，CIMS）；办公自动化（OA）；决策支持系统（DSS）；执行信息系统（executive information system）、供应链系统（supply chain management，SCM）；电子商务系统（E commerce，EC）等。上述系统逐步融合演变为企业资源规划系统（enterprise resource planning，ERP）。

二、企业资源计划

企业资源计划或称企业资源规划（简称 ERP），由美国著名管理咨询公司 Gartner Group Inc. 于 1990 年提出来的企业资源计划系统，是指建立在资讯技术基础上，以系统化的管理思想，为企业决策层及员工提供决策运行手段的管理平台。世界 500 强企业中有 80% 的企业都在用 ERP 软件作为其决策的工具和管理日常工作流程。在世界范围内，ERP/MRP II 的供应商主要有 SAP、ORACLE、BAAN 和 Peoplesoft 几家大公司。

在引入 ERP 之前，企业也存在各种各自为政、互相割裂的网络系统，ERP 将组织中的各个功能模块有机地集成起来，共同运作。ERP 是面向工作流的，强调对企业管理的事前控制能力，它的核心是管理企业现有资源，合理调配和准确利用现有资源，为企业提供一套能够对产品质量、市场变化、客户满意度等关键问题进行实时分析、判断的决策支持系统。把设计、制造、销售、运输、仓储和人力资源、工作环境、决策支持等方面的作业，看作是一个动态的、可事前控制的有机整体。企业要让 ERP 系统发挥作用，要在业务流程和组织机构方面进行重组，以符合 ERP 的要求。

ERP 是将企业所有资源进行整合集成管理，简单地说是将企业的三大流：物流，资金流，信息流进行全面一体化管理的管理信息系统。在企业中，一般的管理主要包括三方面的内容：生产控制（计划、制造）、物流管理（分销、采购、库存管理）和财务管理（会计核算、财务管理）。这三大系统本身就是集成体，它们互相之间有相应的接口，能够很好地整合在一起来对企业进行管理。另外，要特别一提的是，随着企业对人力资源管理重视的加强，已经有越来越多的 ERP 厂商将人力资源管理纳入了 ERP 系统的一个重要组成部分，ERP 的基本模块参看表 6-1。

表 6-1 ERP 的基本模块

主要模块	子模块	功 能
财务管理模块	会计核算	会计核算主要是记录、核算、反映和分析资金在企业经济活动中的变动过程及其结果。它由总账、应收账、应付账、现金、固定资产、多币制等部分构成
	财务管理	财务管理的功能主要是基于会计核算的数据，再加以分析，从而进行相应的预测，管理和控制活动。它侧重于财务计划、控制、分析和预测
生产控制管理模块	主生产计划	根据生产计划、预测和客户订单的输入来安排将来的各周期中提供的产品种类和数量，它将生产计划转为产品计划，在平衡了物料和能力的需要后，精确到时间、数量的详细的进度计划
	物料需求计划	在主生产计划决定生产多少最终产品后，再根据物料清单，把整个企业要生产的产品的数量转变为所需生产的零部件的数量，并对照现有的库存量
	能力需求计划	将所有工作中心的总工作负荷，在与工作中心的能力平衡后产生的详细工作计划，用以确定生成的物料需求计划是否是企业生产能力上可行的需求计划
	车间控制	将作业分配到具体各个车间，再进行作业排序、作业管理、作业监控
	制造标准	在编制计划中需要许多生产基本信息，这些基本信息就是制造标准，包括零件、产品结构、工序和工作中心，都用唯一的代码在计算机中识别
物流管理	分销管理	对于客户信息的管理和服务；对于销售订单的管理；对于销售的统计与分析
	库存控制	为所有的物料建立库存，决定何时订货采购，同时作为交与采购部门采购、生产部门作生产计划的依据；收到订购物料，经过质量检验入库，生产的产品也同样要经过检验入库；收发料的日常业务处理工作
	采购管理	确定合理的定货量、优秀的供应商和保持最佳的安全储备。供应商信息查询（查询供应商的能力、信誉等）；催货（对外购或委外加工的物料进行跟催）；采购与委外加工统计（统计、建立档案，计算成本）；价格分析（对原料价格分析，调整库存成本）

（续）

主要模块	子模块	功能
人力资源管理模块	人力资源规划的辅助决策	对于企业人员、组织结构编制的多种方案，进行模拟比较和运行分析，并辅之以图形的直观评估，辅助管理者做出最终决策；制定职务模型，包括职位要求、升迁路径和培训计划，根据担任该职位员工的资格和条件，系统会提出针对员工的一系列培训建议，一旦机构改组或职位变动，系统会提出一系列的职位变动或升迁建议；进行人员成本分析，可以对过去、现在、将来的人员成本做出分析及预测，并通过 ERP 集成环境，为企业成本分析提供依据
	招聘管理	优化招聘过程，减少业务工作量；从而降低招聘成本；为选择聘用人员的岗位提供辅助信息
	工资核算	根据公司跨地区、跨部门、跨工种的不同薪资结构及处理流程制定与之相适应的薪资核算方法；及时更新，对员工的薪资核算；通过和其他模块的集成，自动根据要求调整薪资结构及数据
	工时管理	根据当地的日历，安排企业的运作时间以及劳动力的作息时间表。将员工的实际出勤状况记录到主系统中，并把与员工薪资、奖金有关的时间数据导入薪资系统和成本核算中
	差旅核算	自动控制差旅申请，差旅批准到差旅报销整个流程。并且通过集成环境将核算数据导入财务成本核算模块中

三、电子商务

电子商务（electronic commerce）是利用计算机技术、网络技术和远程通信技术，实现整个商务（买卖）过程中的电子化、数字化和网络化。通过网上琳琅满目的商品信息、完善的物流配送系统和方便安全的资金结算系统进行交易（买卖）。电子商务提供企业虚拟的全球性贸易环境，大大提高了商务活动的水平和服务质量。

在整个电子商务处理过程中，可将商务分为：企业内部、企业间及企业与消费者之间三种类型。现代社会对信息技术的依赖程度越来越高，现代信息技术服务业已经成为电子商务的技术支撑体系。电子虚拟市场（electronic market place）是指商务活动中的生产者、中间商和消费者在某种程度上以数字方式进行交互式商业活动的市场。电子虚拟市场就是电子商务的运作空间（market space），在这种空间中，生产者、中间商与消费者用数字方式进行交互式的商业活动，创造数字化经济（the digital economy）。

电子商务的市场范围超越了传统意义上的市场范围，不再具有国内市场与国际市场之间的明显标志。其重要的技术基础——国际互联网，就是遍布全球的，因此，世界正在形成虚拟的电子社区和电子社会，需求将在这样的虚拟的电子社会中形成。通过电子信箱、FTP、网站等媒介，电子商务中的信息传递告别了以往迟缓、单向的特点，迈向了通向信息时代、网络时代的重要步伐。

电子商务有三种主要类型：第一，企业与消费者间商务（B2C），随着网络技术的不断进步，大量的网上商店成为新的交易形式，由于 Internet 提供了双向的交互通信，网上购物不仅成为了可能，而且成为时尚。第二，企业内部商务，企业内部网（Internet）可以用来自动处理商务操作及工作流，增加对重要系统和关键数据的存取，共享经验，共同解决客户问题，并保持组织间的联系；企业间商务（B2B），在电子商务中，公司可以用电子形式将关键的商务处理过程连接起来，以形成虚拟企业。第三，消费者之间的商务（C2C），C2C 的电子商务模式为买卖双方提供一个在线的交易平台，让卖方在这个平台上发布商品信息或者提供网上商品拍卖，让买方自行选择和购买商品或参加竞价拍卖。C2C 电子商务的典型代表有 eBay、淘宝网等。

电子商务可提供网上交易和管理等全过程的服务，因此，它具有广告宣传、咨询洽谈、网上订购、网上支付、电子账户、服务传递、意见征询、交易管理等各项功能。

电子商务系统（electronic commerce systems）是保证以电子商务为基础的网上交易实现的体系。一个完整的基础电子商务系统，是在 Internet 信息系统的基础上，由参与交易主体的信息化企业、信息化组织和使用 Internet 的消费者主体，提供实物配送服务和支付服务的机构，以及提供网上商务服务的电子商务服务商组成。由上述几部分组成的基础电子商务系统，受到包括经济环境、政策环境、法律环境和技术环境等几个方面环境的影响。

与传统市场一样，电子商务系统在提供交易所必需的信息交换、支付结算和实物配送这些基础服务的同时，还将面临使用信息技术作为交易平台带来的新问题，如信息安全问题、身份识别问题、信用问题、法律问题、隐私问题、税收问题等。

此外，电子商务发展还面临着企业、组织与消费者是否愿意上网交易的问题，只有交易双方都上网，才有可能推动网上交易的发展。消费者的习惯往往会影响消费者是否愿意进行网上购物，以及购物时是否愿意使用网上支付手段进行支付。以上都是发展电子商务时必须解决的问题。

第五节　财务会计工具

财务会计是企业管理的基本工具，自有企业以来，财务会计工具就一直伴随着企业的发展而发展。财务会计工具用各种单据、账簿或计算机和 EDI 系统将企业运行过程中发生的各种经济往来数据记录下来，通过科学设计的内部财务报告体系，将记录下来的各种数据加工整理成能够反映企业运行状况的财务报表，企业管理人员根据这些财务报表反映出来的信息，研究和分析企业运行的基本状况，进行相应的决策。

一、企业会计要素与科目

企业会计的对象是伴随企业经营活动而循环周转的资金运动，企业的资金运动从理论上来说是买入和卖出的过程。企业会计就是记录买入和卖出的过程，核算这个过程的损益（或盈亏）。

（一）会计要素

会计要素是会计报表的基本构成项目，我国的《企业会计准则》将会计要素划分为两类和六个大项，如图 6-3。

会计要素：
- 资产、负债、所有者权益：资产 = 负债 + 所有者权益
- 收入、费用、利润：利润 = 收入 − 费用

图 6-3　会计要素项目

（二）会计科目

对会计要素进行具体的记录必须借助不同科目的账户来完成，企业会计科目见表 6-2。

表 6-2 企业会计科目表

类别	科目
资产类	包括：现金、银行存款、其他货币资金、短期投资、应收票据、应收账款、预付账款、其他收账款、材料采购、原材料、包装物、低值易耗品、材料成本差异、委托加工材料、自制半成品、产成品、分期收款、发出商品、待摊费用、长期投资、固定资产、累计折旧、固定资产清理、在建工程、无形资产、递延资产、待处理资产损益
负债类	短期贷款、应付票据、应收账款、预收账款、其他应付款、应付福利费、应交税金、应付利润、其他应交款、预提费用、待扣税金、长期借款、应付债券、长期应收款
所有者权益	实收资本、资本公积金、盈余公积金、本年利润、利润分配
成本类	生产成本、制造成本
损益类	产品销售收入、产品销售成本、产品销售费用、产品销售税金及附加、其他营业收入、其他业务支出、管理费用、财务费用、投资收益、营业外收入、营业外支出，等等

二、企业的内部财务报表

整个企业内部的财务会计报告体系是由资产负债表、损益表、现金流量表、财务状况说明书及其大量的附表构成。

（一）资产负债表

资产负债表是反映企业一定财务状况的会计报表，它表明企业某一特定日期所拥有或控制的经济资源、所承担的现有义务和对净资产的要求权。资产负债表能够提供资产、负债和所有者权益的全貌。

资产负债表的主要项目有：资产部分主要包括流动资产、非流动资产（如长期投资、固定资产、无形资产、递延资产、其他资产等）；负债部分主要包括流动负债、长期负债、其他负债等；所有者权益主要包括投入资本和收益留存等。

（二）收益表

收益表（也叫利润表）反映企业在一定会计期间内的经营成果，总结企业的经营业绩。收益表中的主要科目包括：收益部分（如营业收入、营业成本）；成本部分（如流转税金、其他抵扣、销售费用、管理费用、财务费用、投资净收益、营业外收支、非常净损失、所得税）；净收益。

（三）现金流量表

现金流量表直接或间接反映报告期内按主要来源分类的现金流入以及按主要用途分类的现金流出状况，表明企业获得现金及其等价物的能力。

(四) 其他报表

资产负债表附表主要包括存货表、固定资产及累计折旧表、无形资产及其他资产表；收益表附表主要包括收益分配表、主要业务收支明细表、产品生产成本表、主要产品单位成本表、销售成本表、制造费用明细表、销售费用明细表、营业外收支明细表、投资收益明细表。

三、企业经济效益评价指标体系

企业利用各种财务报表所包含的信息按照国家制定的各种财务指标和计算方法加工出各种能够反映企业运行状况的信息，用这些信息可以对企业本身进行静态和动态的比较和分析，观察企业运行的绩效。也可以用于与同行业企业之间的静态和动态比较，了解企业在行业发展中的地位和状况，以及发展的势态。

各个国家对于加工和分析财务报表所包含的数据的指标和指标体系有所不同，我国财政部颁布的企业经济效益指标体系包括以下主要指标：获利能力包括销售利润率、总资产报酬率、资本收益率、资本保值增值率等；偿债能力包括资产负债率、流动比率等；运营能力包括应收账款周转率、存货周转率等；社会贡献包括社会贡献率、社会积累率等。

一般情况下，企业的财务报表和经济效益评价指标体系属于企业的机密信息，除了主管部门、企业管理人员、企业聘用的经济咨询人员等以外，上述信息是不对外公开的。在股份制企业上市的情况下，企业就必须满足上市企业信息披露的要求，将企业经营的真实信息向全体股民公开，以便社会投资者能够比较全面地了解企业的经营状况，选择投资对象。

西方市场经济发达国家在多年的经济发展过程中建立了一整套企业经济效益指标体系和评价方法，社会有相应的机构加工整理和公布相关信息。著名的标准—普尔公司定期发布相关的信息，为社会和经济研究人员提供了宝贵的信息资料。

四、经济控制体系

一般企业对于内部下属组织的经济管理，可以根据下属组织的实际情况采用不同经济控制方法和控制体系。这样的控制体系有四种类型：利润管理、成本管理、收入管理和投资管理。

案例：企业的餐饮业该如何管理？

某国有企业有许多厂房和大量的富余人员，企业的效益不十分理想。企业为了满足职工午餐用饭的需要和分流职工，开办了餐饮类经营的第三产业。在企业的临街地段办了餐馆，不仅解决了就餐的问题，还解决了使职工从生产车间分流出去。

但企业管理层很快就发现：餐饮业的效益依然不好，不仅饭菜质量不好，价格高，职工颇有怨言，而且餐饮部分的经营一直亏损，负责餐饮管理的负责人常常找企业领导抱怨设施和设备老化，需要各种投入。企业不断投入装修和改造资金以后，经济效益依然不理想。企业领导考察以后认为餐饮业的经营长期无偿占用企业的地产、使用企业的水、电等，成本仅仅是材料成本和人员工资和奖金，亏损是不应该的。

企业很快对餐饮业进行了全面的成本核算，认为只要加强管理，餐饮业部分完全可以赢利。企业在提出上缴的利润和费用指标以后，餐饮业的负责人极力抵制这样的做法。企业研究决定在全企业内通过招标选择能够完成经营指标的餐饮经营者，实行利润承包制。该经营者必须完全独立经营，支付全部成本，餐饮部分的改造和装修等的全部投入由经营者负担，企业按年度收缴120万元的利润，企业经营的剩余，归经营者自行处理，企业不干涉餐饮业的经营管理问题。

在随后的三年中，企业稳定地从餐饮业经营中获得了360万元的收入，企业的餐饮业也逐步开始走向社会，扩大了经营规模和范围。

（一）利润管理

利润管理方式和体系主要是针对企业中可以通过成本和收益核算衡量绩效的下属单位。这些单位也称为利润中心（其基本含义是以利润核算和管理为中心的管理单位）应具有以下条件：组织的业务内容相对独立或可以明确分离出来；有相对独立的收益和支出；这种收益和支出可以计算出来。

企业组织中具有相对独立地位的下属组织，包括：事业部、各种生产部门、后勤服务部门等。利润中心的主要管理方式为承包制或目标利润管理。承包标底的设置和目标利润的设置的主要内容是收益留成比例。需要根据组织的实际科学确定。

在条件允许和下属单位具备了经营条件的情况下，可以建立经济上相对独立的经营组织。利润中心不仅可以激励下属单位的经营积极性，还可以为企业培养经营管理人才。

（二）成本管理

成本管理方式主要是针对企业中只能通过成本核算衡量绩效的下属单位。企业可以通过成本核算衡量其运行的绩效。这些单位一般没有经济收益或收益不可衡量；这些下属单位的工作任务不能与其他经营单位分离，难以独立出来。

成本管理（也称为成本中心管理，其基本含义是以成本核算和管理为中心的管理单位）的主要对象是企业中没有独立地位的下属组织，包括：各种职能部门、各种辅助生产部门、采购部门等。

成本中心的主要管理方式有成本承包制或目标成本管理。通过成本承包标底的设置或目标成本利润的设置达到节约费用，降低成本的目的。管理的主要方式是制订成本节约留成比例。

（三）收入管理

收入管理方式主要是针对企业中只能核算收入，而无法核算成本，或成本由其他单位负担的销售单位。收入管理的主要方式是设置收入指标，根据收入指标确定个人收入水平。

（四）投资管理

企业有大量的投资经营项目，对投资的管理主要衡量投资是否按期完成投资的回收。对于投资建设的项目需要考察投资的到位情况、资金的使用情况、建设项目的工程进度和质量等。而进行资本经营的项目则需要考察资本投入的经营效果是否达到了预期的结果，并获得了预期的效率。

（五）经济控制体系的基本程序

企业内部建立和运行经济控制体系的基本程序是：

（1）设立组织目标。

（2）分解目标到各下属组织。

（3）签订责任合同或责任书。

（4）完成责任书的各项指标。

（5）衡量和考核。

（6）兑现合同收益。

（7）修订合同内容，确定下一轮合同目标。

第六节　企业管理的规章制度

随着时代的发展，建立和完善企业内部管理的规章制度的工作内容也在发展变化。需要人们用新的态度和新的视角审视企业管理的基础工作。

一、规章制度的特性

企业是人的群体，由不同的人组合在一起在规章制度的约束下，引导企业的从业人员共同为了实现企业的经营目标努力。企业的规章制度有以下基本特性：

（一）刚　性

规章制度具有刚性的特点，一旦制定和公布的制度就必须不折不扣地执行。特别是对于造成公众影响的违规行为必须按照预先明确规定的条文执行，任何人都不能破例，否则所建立的任何制度都会形同虚设。

（二）普遍性

规章制度是约束群体的，必须对每一个相关人员都具有约束力。在制定制度之前，必须对不同的业务和群体进行必要的区分，需要制定相应的制度。只要规章制度适用对象中有一个例外，规章制度对群体的约束力就消失了。因此，只要制定了制度，在制度约束范围内的所有人员都必须接受制度的约束。

（三）平等性

制度既是为员工制定的，也是为管理者制定的。任何制度都需要管理者身体力行，做执行制度的表率。如果管理者制定了制度而自己不去执行，就不能要求别人去执行。

（四）针对性和适用性

任何制度都针对具体的群体和具体的业务，具有明确的目的性。制度告诉人们在特定的业务中应当做什么和不能做什么，没有针对性和适用性的制度是没有意义的。

（五）时效性

制度要利于执行，不能执行的制度也是没有任何意义的。制度的执行需要立竿见影，也就是只要发现符合制度执行条件的对象必须立即执行，不能拖延。

二、建立和执行规章制度的原则

规章制度是为了让人正确地做事情建立的，用来管理人的行为。企业内部的规章制度要保证企业的员工为实现企业的经营目标而努力工作，制约各种有碍实现企业经营目标的行为。由于企业的规章制度涉及企业运行的工作、企业中的所有从业人员和许多人的利益，规章制度的客观性和公平性一直受到人的因素的挑战。

（一）区分制度管理的范围

在企业管理的事务中有的需要用制度来管理，有的则要用别的方法来管理。需要制度来管理的事务主要包括必须按照特定规则执行、规范化的业务、涉及群体利益的事务和需要群体共同工作的事务等。

在必须用制度进行管理的范围之内，必须建立制度，建立了制度就必须严格和不折不扣地按照制度执行。

（二）规章制度必须明确具体、具有可操作性和可执行性

企业的管理制度必须针对具体事务和行为，具有明确和具体的规定，对制度的执行要在合理的范围内能够操作，并起到激励和警示作用。

（三）制度要具有相对的稳定性

任何制度都要保持一定的稳定性，是人们对执行制度形成习惯。许多人对于制度都有一个适应期，没有适应新制度以前，人们一般对新制度都抱有抵触的情绪，只有明确认识到新制度带给人们的好处并形成了习惯，执行制度才能变为自觉的行动。形成一种好习惯需要时间，因此任何制度都切忌朝令夕改。

三、完善企业规章制度工作面临的挑战

传统企业的生产方式是人和机器的结合，人为机器服务，以提高劳动生产率为主要目标。企业的管理重视产品生产的数量，通过生产和销售数量提高企业的经济效益，因此企业内部管理的核心是激励员工投入更多的体力劳动，用劳动定额和详尽的生产过程记录确定员工应当付出的劳动，用劳动标准评价每一个人的工作绩效，个人根据劳动绩效获得必要的报酬，多劳多得。

随着技术的进步，生产过程更多地使用机器和计算机，在许多企业的生产过程中体力劳动所占的比重逐步降低，人的体力劳动越来越服从于技术过程和机械运行过程。现代技术使以自动化为主要标志的生产过程日益标准化，机械运行确定了人的体力劳动定额；计算机和生产流水线自动记录生产过程和生成全过程的各种图表，使企业管理在具体生产过程中的基础工作大大简化了，管理过程只要按照技术要求去做就行了。

中国改革开放以后，引进了大批新产品、新服务、新技术，与此同时也引进了大量的针对具体生产和服务过程的管理规则和规章制度，许多企业从基本没有规则和制度一跃而建成了具有生产、技术和管理全过程完备的经营管理体系，企业管理的基础工作几乎是“水到渠成”，大大提高了使用这些新产品、新服务、新技术企业的管理水平。在这种情况下，是否就不需要企业加强管理的基础工作了呢？实际上许多技术和生产过程的引进也不完全属于“交钥匙工程”，相当多的生产和技术过程以外的工作还有待于企业管理者根据新的生产和技术过程需要实施过程的管理，企业管理的基础工作依然

重要，不过重点已经不是生产和技术过程，而是维护、运行和经营过程。

引进的生产和技术过程也在随着技术和市场的变化而变化，企业只有对引进的技术、生产过程和管理过程进行深入的研究，才能做到不完全依赖于提供技术和生产过程的企业，并在引进的基础上有所提高。

目前，有许多企业管理咨询公司可以提供各种咨询服务，帮助企业进行企业管理。但是大多数咨询公司都是按照企业的通用管理模式提供咨询服务的。由于咨询公司的管理咨询服务是有时间限制的，另外咨询公司的人对于建立企业、策划、项目可行性研究、市场分析、对管理问题提出指导性的建议等特别有效。可是当深入企业经营管理的实际，对具体问题建立明确的规章制度往往与实际相差较远。

另外，企业管理强调人性化管理，许多企业管理的教科书也提出要从“理性”管理过渡到“人性化”管理，也就是说要关心人、理解人，实行“人性化”管理。从企业管理的总的发展趋势来看，上述观点是对的。但是不同国家社会经济发展的水平有差距，不同类型的企业的经营管理之间也有差距，企业内部不同部门的工作内容和性质也有差距，不考虑上述现实情况，一概否定规则、规章制度等“理性”管理，只能削弱企业管理的能力和降低企业管理的水平。

从倡导人性化管理的市场经济发达国家的情况来看，社会经济的发展无一不是依靠科学的法律法规制度实现社会和经济的发展，这些国家的企业也都有系统和严格的规章制度。在这样的基础上提倡人性化管理和文化管理是管理的进步。

中国的文化传统讲求人际关系和人情，崇尚“中庸”理念，而对于严格的法律法规、制度和规则缺乏文化和理念基础。在这种情况下，在人们的思想和观念中树立规范和制度的观念对于社会的发展和企业的发展是十分重要的和不可或缺的。中国的企业管理水平与发达国家相比还有很大的差距，这种差距除了技术因素以外，很大程度上表现在管理上，规章制度的不健全、执行规章制度不坚决、权力和人情高于法律和规则都是影响管理水平提高的重要因素。在这样的条件下简单照搬人性化管理的观念和做法，武断地认为中国的企业管理可以跨越制度建设的阶段，而忽视企业管理规章制度的建设将从根本上动摇企业管理的基础。

在高科技企业，人员的素质比较高，人们对于法律法规和制度认识理解水平比较高，不用太多的制度约束，多数人依然能够努力和勤奋地工作。另外企业员工工作的组织程度比较低，在这种情况下，多数制度和规则仅仅起到约束和告示的作用。而在传统产业的生产部门就不是这样，员工工作的组织程度比较高，必须通过严格的规则和制度约束才能保证众多人员有组织工作的效率，保证生产或服务过程的有序性。

就是在企业内部，不同的部门之间也存在差异。对于研究开发部门来说，特别强调人的创造力，应创造更多的条件和机会使人们充分发挥个人的想象力和创造力，力求减少对人的思维和创造性劳动的限制。而运营部门则必须强调严格的制度，强调员工和工作过程的合作和共性。

第七章

企业的市场营销活动

任何企业的经营都在通过提供产品或服务来满足市场的需要，来实现企业经营的目标——获得经济利益和实现企业的成长。企业的市场营销工作涉及以下几个方面内容：第一，承认和接受以市场利益为导向，并根据这样的观念来组织企业的全部经营活动；第二，最大限度地利用企业内部资源来满足顾客的需要；第三，建立良好的市场营销管理组织和管理过程，选择最适当的时间、地点、价格和方式，将企业内部运营价值链所创造的利益（产品或服务）传递给顾客。

第一节　企业的营销就是创造顾客满意

今天的企业经营面临着极为激烈的市场竞争，只有满足顾客的需要，才能赢得顾客和战胜竞争者。市场经济的发展、社会开放程度的提高、顾客的受教育程度越来越高，顾客的要求也不断提高，他们对产品质量的期望值也因为一些优秀制造商和零售商的经营而在不断提高，这就使得那些产品质量水平不高，或者仅仅能够提供平均质量水平的企业，在市场竞争中失去顾客。

一、市场营销的基本概念

20 世纪初，市场营销学首创于美国，随后广泛应用于各个领域。20 世纪 50 年代市场营销学开始传播到其他西方国家。中国则是自改革开放以后，才开始引进市场营销学的。美国市场营销协会（AMA）于 1985 年对市场营销下了更完整和全面的定义：市场营销“是对思想、产品及劳务进行设计、定价、促销及分销的计划和实施的过程，从而产生满足个人和组织目标的交换”。

市场营销涉及满足顾客需求，还涉及以何种产品来满足顾客需求，如何才能满足消费者需求。即通过科学的方式，实现产品与消费者的连接。市场营销的核心概念应当包含需求及相关的欲求、需要，产品及相关的效用、价值和满足，交换及相关的交易和关系，市场、市场营销及市场营销者。

需要（needs）指消费者生理及心理的需求，如人们为了生存，需要食物、衣服、房屋等生理需求及安全、归属感、尊重和自我实现等心理需求。市场营销者不能创造这种需求，而只能适应它。欲求（wants）指消费者深层次的需求。不同背景下的消费者欲求不同，人的欲求受社会因素及机构因素的影响，欲求会随着社会条件的变化而变化。市场营销者能够影响消费者的欲求，如建议消费者购买某种产品。需求（demand）指有支付能力和愿意购买某种物品的欲求，消费者的欲求在有购买力作后盾时就变成为需求。

市场营销观念是指企业的领导人在组织和谋划企业的营销管理实践活动时所依据的指导思想和行为准则。市场营销观念是企业领导人对市场的根本态度，是企业一切经营活动的出发点也是一种经营哲学和思维方式。

现代市场营销观念可以这样表述："一个企业组织（或其他组织）应通过一系列的活动去满足顾客的需求，在满足顾客需求的同时实现企业自身的目标。"顾客的需求是现代市场营销观念的核心。

市场营销是一系列的活动。包括市场营销的战略活动、市场调查活动、产品管理活动、促销活动、价格策划活动、分销活动、公共关系活动、市场营销的管理活动等，在促成或加速商品的交换的过程中扮演了十分重要的角色。市场营销活动是在一个变化着的环境条件下进行的。这个环境条件主要包括政治、法律、技术、经济、社会、自然等宏观环境，也包括行业及企业间的关系所构成的特定环境，这些环境的变化对于企业采取的经营决策有重大的影响。

随着社会经济的发展，现代市场营销观念又不断扩展，派生出许多新的观念，其中之一是生态市场营销观念。进入 20 世纪 70 年代以后，现代市场营销观念已为发达资本主义国家的大多数企业所接受。但在实践中，一些企业片面强调满足市场的需求，随着市场的变化而提供一些企业并不擅长的产品或服务，其结果是在满足市场需要的同时，未能实现企业的生存和发展的目标。因此一些市场营销专家根据任何生物都必须与其生存环境保持平衡，协调关系的观点，提出了生态市场营销观念，也就是说企业要在考虑市场，满足市场需要的同时还要认真分析自己的财力、物力、人力资源，以及对市场了解的程度，自身的管理和经营水平，选择一条适合自己发展的道路，这也就是我们通常所说的企业发展战略。

进入 20 世纪 70 年代，杰拉尔德·莱尔曼和菲利普·考特勒提出了社会市场营销概念。促使人们注意到营销学具有重要的社会作用，如环境保护、计划生育和改善营养等。社会市场营销观念就是企业的营销不能仅仅从企业自己经营一个方面来考虑，还必须考虑社会的变化和整个社会所关心的主要问题，并根据这些问题来研究和规划企业的经营内容和方式。

1985 年，巴巴拉·本德·杰克逊强调关系营销学。同个时期，理查斯·占德曼指出："公司不是创造购买，它们要建立各种关系。"1986 年菲利普·科特勒提出了"大营销"概念，以解决企业如何进入特定被保护市场的问题，他指出："公司可能有一个精湛的优质产品，一个完美的营销方案，但是当进入某个特定的地理区域时，可能面临各种政治地位和公众舆论。当代的营销必须越来越需要借助政治技巧和公共关系技巧，以便在全球市场有效地开展工作。"

随着产品生命周期的日益缩短，研究开发费用的不断上升，国际贸易保护主义的抬头，合作已涉及越来越多的产品领域。跨国公司经营实践使许多企业认识到在经营产品时不能仅仅考虑企业的经营和销售产品，还要考虑在销售过程中除了能够给接受产品的对方提供共同经营、共同生产、共同管理的机会。如果企业不能提供这样的机会，别的企业可能提供这样的机会，企业就会处于劣势地位，可能丧失某个特定区域的市场。

不论现代营销观念如何变化，其核心——满足顾客的需求则是永恒的主题，这个主题随着时代的发展和变化而被赋予了新的内涵。

二、顾客满意的营销思想

进入 20 世纪 90 年代，正当国内企业纷纷导入 CI（企业形象，company image）设计之时，日本、美国和欧洲的许多经济发达国家代之而起的是与 CI 思想方法不同的 CS（营销思想，customer satisfaction）。

（一）顾客满意

一般来说，顾客会从那些他们认可和能够提供最高顾客让渡价值的企业购买商品。所谓顾客让渡价值是总顾客价值和总顾客成本之差。总顾客价值就是顾客期望从某一特定产品和服务中获得的一系列利益。其中顾客价值包括产品价值、服务价值、人员价值、形象价值等；总顾客成本包括商品价格、时间成本、精力成本、体力成本等。

顾客满意是指一个人通过对一个产品的可感知的效果与他的期望值相比较后所形成的感觉状态。顾客形成他们的期望值往往通过过去的购买经验、朋友的各种言论，销售者和竞争者的信息和承诺等基础上形成的。

企业在价值链上不仅力求改善其与合作伙伴间的关系，还要努力加强与最终顾客之间的联系和提高顾客的忠实度。留住顾客的方法、提高顾客满意程度、培植顾客忠实感的任务称为关系营销。

显然，企业与客户之间的联系越紧密，相互之间的了解也就越多，那么供销关系也就越强。在现代市场经营中，企业越来越多地采用了关系营销的方法。在一个比较稳定的经济体制和市场环境下，许多企业之间都建立了比较良好的供销关系。对新企业来说，想进入到某些已经分割完毕的市场是非常困难的。

一般来说在企业考虑建立关系营销，提高顾客满意感时，可采取如下几种办法：一是通过增加财务利益来加强与顾客的关系，如向顾客提供贷款、增加服务项目、推行多种营业推广方式。尽管这些活动可赢得顾客的好感，但这些措施很容易被竞争者模仿，因此，常常很难保持企业产品的竞争优势。另一种方法是增加社交利益及财务利益，企业的员工通过了解顾客的个人需要和爱好，将企业服务个别化、私人化，从而增加顾客的社交利益，把潜在的顾客变成自己的忠实客户。

在产品服务质量、顾客满意和公司的盈利之间有一种密切的联系。较高的服务质量导致较高的满意程度，同时也支撑了较高的价格和较低的成本。一个能在大多数场合满足大多数顾客需求的公司就是一个经营优秀的公司。

全面质量营销是创造价值和顾客满意的关键，是每一企业员工的工作。为了保证实施全面质量营销，经销部门的经理首先必须参与制定公司全面质量管理的战略和政策制定过程；第二，必须在提高产品质量的基础上强化营销质量；第三，每项营销活动如市场调研、推销员培训、广告和顾客服务等都必须高标准的执行。

（二）站在顾客的立场上考虑问题

现代市场营销中最重要的就是要站在顾客的立场上考虑和解决问题，要把顾客的需要和满意放到首要考虑位置。站在顾客的立场上考虑问题，实现顾客满意主要应从以下几方面入手：

1. 开发顾客满意的产品

现代营销要求企业的全部经营活动都要以满足顾客的需要为出发点，所以企业必须熟悉顾客、了解用户，即要调查他们的现实和潜在的需求，分析他们购买的动机和行为、能力和水平，研究他们的消费传统和习惯、兴趣和爱好。只有这样，企业才能科学地确定产品的开发方向和生产数量。准确地选择服务的具体内容和重点对象，把顾客需求作为企业开发产品的源头是现代营销的重要一环。

2. 提供顾客满意的服务

不断完善服务系统，最大限度地使顾客感到安心和便利。热情、真诚、为顾客着想的服务能带来顾客的满意，而令人满意是顾客再次上门的主要因素。生意是否成功，则要看顾客是否再次光临。美国《哈佛商业评论》发表的一项研究报告指出，吸引顾客再次光临的因素中，首先是服务质量的好坏，其次是产品的本身，最后才是价格。

3. 进行顾客满意观念的教育

对企业全体员工进行现代营销观念教育。使“顾客第一”的观念深入人心，使全体员工能真正了解和认识到顾客满意的重要性，形成对顾客充满爱心的观念和价值观，及与此相适应的企业文化。

4. 建立顾客满意的营销分析方法体系

用科学的方法和手段来检测顾客对企业产品和服务的满意程度，及时反馈给企业管理层，使企业不断改进工作，及时、真正地满足顾客的需要服务。企业活动的基本准则应是使顾客感到满意，因为在信息社会，企业要保持技术上的优势和生产率的领先已越来越不容易，企业必须把工作重心转移到顾客身上。

第二节 市场营销中的STP

STP的概念是美国营销学家温德尔·史密斯（Wended Smith）在1956年最早提出的，此后，美国营销学家菲利浦·科特勒进一步发展和完善。STP理论中的S、T、P也就是市场细分（segmenting）、目标市场（targeting）、市场定位（positioning）中三个英文单词的缩写。市场细分的目的在于探寻市场机会，确定企业的目标市场。市场细分对于市场分析具有重要意义。目标市场是企业销售的中心，以目标市场为中心，满足其需求，为其服务是企业一切营销活动的出发点和归宿，企业的营销工作必须具有明确的市场定位和营销定位。市场细分是指根据顾客需求上的差异把某个产品或服务的市场划分为一系列细分市场的过程。目标市场是指企业从细分后的市场中选择出来的决定进入的细分市场，也是对企业最有利的市场组成部分。市场定位就是在营销过程中把其产品或服务确定在目标市场中的一定位置上，即确定自己产品或服务在目标市场上的竞争地位，也叫“竞争性定位”。

了解顾客

企业的经营是通过提供产品或服务为社会服务的，社会中的个人、组织、政府等需要产品和服务的顾客购买企业生产的产品或服务使企业完成了投入——产出循环，并使企业之环不断地转动，在转动的过程中为企业创造利润。企业要想为顾客提供满意的产品或服务就必须了解顾客需要什么和如何才能满意？不同的顾客所需要的内容是不同的，企业提供产品或服务的方式也要有所不同。

（一）不同的顾客

企业的顾客可以分为三种类型：个人、组织和政府。其中，作为个人的顾客是最为复杂，需求变化也最具有不确定性。

1. 个人顾客

个人顾客是社会需求的基础。个人需求受文化、家庭、个人经历、知识与能力、心理等因素的影响而具有个性的特征，因此，每个人在不同的时间或环境条件下都有不同的需求。尽管每一个人的需求都不同，但是根据需求的相似性大体上可以分为不同的类别，企业能够根据这些类别确定能够通过经营实现满足的大体区域。

随着经济和社会的发展以及生活水平的提高，消费者对产品基本功能的需求会逐步过渡到心理需要的需求，产品或服务本身所具有的功能是消费者的基本要求，在此基础上还必须充分考虑产品或服务能够为购买者带来什么样的心理上的满足。这种满足或表现为对于著名品牌的拥有，或表现为文化的品位，或表现为某种身份地位的象征等。

2. 组织顾客

组织包括企业和事业型组织。组织购买的根本原因是组织运行过程中的工作需要，产生了组织购买。如果说个人顾客的购买具有较大的不确定性，需要充分考虑产品或服务的非基本功能性质的需要，具有非理性的因素。那么组织市场的购买基本上属于理性购买，因为一般的组织购买都要经过经营者比较详细的研究考虑，有时这种研究和考虑过程是相当复杂的。

在企业经营过程中需要大量的原材料、机械设备、动力、零部件、易耗品等。一般情况下，企业的购买往往趋向于固定的供应者并与之进行重复购买，因为转换供应者需要支付一定的成本，因此许多企业都有自己固定的交易与合作伙伴。

在事业型组织中，大量的购买是为了从事非营利性社会公益事业，其中许多事业型组织的购买与政府的购买行为相似。

3. 政府顾客

政府由于其在社会经济中的的特殊地位，为了行使其对社会的管理职能需要进行大量的购买活动。政府购买所支付的费用来自公共财政，政府购买行为的非个人化一直是政府购买管理的核心和关键问题，由于大量的个人化购买常常使公共财政经费转化为个人购买行为，使公共购买行为成为满足个人需要的途径，导致腐败和浪费问题。

社会发展和公共管理水平越高，社会用各种法律法规和管理制度约束个人因素在政府购买中影响力度也越大，个人在政府购买行为中的作用就越小。

政府购买的规范化常常表现为购买的招标制。供应企业通过规范化的投标过程，实现企业的销售任务。在政府实现了规范化的招标制购买程序以后，影响企业营销是否成功的关键因素由个人化购买的人际关系好坏转化为企业在市场中的优质服务和良好声誉，以及与政府间的良好合作经历等。

由于政府购买行为中个人化行为的存在，使政府购买的不确定性大大增加了，作为供给方的企业在将政府作为营销和服务对象时必须充分考虑政府购买行为中的私人关系、个人利益等，使企业的营销存在许多不确定的因素。

实际上，在政府购买完全个人化的条件下，几乎一切管理和经营都失去了意义，仅仅剩下个人利益和个人需求。在社会经济发展的过程中，政府的购买从个人化购买向规范化的招标制购买转变。企业在制定向政府经营的产品或服务策略时必须充分考虑到政府购买方式的变化和不同区域、官员素质的差别，才能维护企业的合法经营行为和经济利益。

（二）了解顾客的途径——市场细分

现代市场营销理论、技术为了解顾客的需要提供了许多的方法，如问卷、信函、面谈、实地观察等，甚至需采用先进设备进行研究和实验。

实际上了解顾客的最好方法是换位思考，也就是站在顾客的立场上，从顾客的角度来审视企业的产品（或服务）以及全部营销工作。也就是说企业应让调查人员从顾客的角度来观察和思考企业及其提供的产品或服务，如果由我们自己来完成购买过程，将会考虑一些什么问题？如何考虑这些问题？

为了能够比较全面地了解顾客的需求，市场调查应涉及需要产生、购买意向、购买信息收集、购买选择和比较、购买决策、购买行动、熟悉和使用产品、评价产品或服务，反复购买决策的全部过程。

市场细分是指营销者通过市场调研，依据消费者的需要和欲望、购买行为和购买习惯等方面的差异，把某一产品的市场整体划分为若干消费者群的市场分类过程。每一个消费者群就是一个细分市场，每一个细分市场都是具有类似需求倾向的消费者构成的群体。

市场细分后的子市场比较具体，容易了解消费者的需求，企业可以根据经营思想、方针及生产技术和营销力量，确定自己的服务对象，即目标市场。较小的目标市场便于企业制定特殊的营销策略。任何一个企业的资源、人力、物力、资金都是有限的。通过细分市场，选择了适合自己的目标市场，企业可以集中人、财、物及资源，去争取局部市场上的优势，然后再占领自己的目标市场。

市场细分包括以下步骤：选定产品市场范围。公司应明确自己在某行业中的产品市场范围，并以此作为制定市场开拓战略的依据；列举潜在顾客的需求。可从地理、人口、心理等方面列出影响产品市场需求和顾客购买行为的各项变量；分析潜在顾客的不同需求。公司应对不同的潜在顾客进行抽样调查，并对所列出的需求变量进行评价，了解顾客的共同需求；制定相应的营销策略。调查、分析、评估各细分市场，最终确定可进入的细分市场，并制定相应的营销策略。

在今天，由于网络的存在，企业能够建立数据库，把客户的姓名、购买前景以及其他信息输入其中，营销人员在数据库中进行数据挖掘以发现潜在客户。

（三）确定适合企业的客户——目标市场

目标市场是通过市场细分后，与企业的经营能力和产品与服务特点相适应的一个或几个子市场。选择目标市场主要是明确企业应为哪一类用户服务，满足他们的哪一种需求，是企业在营销活动中的一项重要策略。

选择目标市场一般运用以下三种策略。第一是无差别化市场策略，就是企业把整个市场作为自己的目标市场，只考虑市场需求的共性，而不考虑其差异。运用一种产品、一种价格、一种推销方法，吸引尽可能多的消费者。第二是差别化市场策略，差别化市场策略就是把整个市场细分为若干子市场，针对不同的子市场，设计不同的产品，制定不同的营销策略，满足不同的消费需求。第三是集中化市场策略，企业选择二个或少数几个细分市场作为目标市场，实行专业化生产和销售。

（四）设计适合企业的营销特征——市场定位

市场定位是20世纪70年代由美国学者阿尔·赖斯提出的一个重要营销学概念。市场定位是指企业针对潜在顾客的心理进行营销设计，创立产品、品牌或企业在目标顾客心目中的某种形象或某种个性特征，保留深刻的印象和独特的位置，从而取得竞争优势。

所谓市场定位的实质是使本企业与其他企业严格区分开来，使顾客明显能感觉和认识到这种差别，从而在顾客心目中占有特殊的位置。

市场定位与产品差异化关系密切，市场定位是通过为自己的产品创立鲜明的个性，从而塑造出独特的市场形象来实现的。一项产品是多个因素的综合反映，包括性能、构造、成分、包装、形状、质量等。市场定位就是要强化或放大某些产品因素，从而形成与众不同的独特形象。

第三节 企业的市场营销组合

市场营销组合（marketing mix）指的是企业在选定的目标市场上，综合考虑环境、能力、竞争状况和企业自身可以控制的因素，加以最佳组合和运用，以完成企业的目的与任务。市场营销组合是企业市场营销战略的一个重要组成部分，是指将企业可控的基本营销措施组成一个整体性活动。市场营销的主要目的是满足消费者的需要，而消费者的需要很多，要满足消费者的需要所应采取的措施也很多。

市场营销组合这一概念是由美国哈佛大学教授尼尔·鲍顿（N. H. Borden）于1964年最早提出的。随后，理查德·克莱维持教授把营销组合要素归纳为产品、价格、渠道、促销。

市场营销组合是制定企业营销战略的基础，做好市场营销组合工作可以保证企业从整体上满足消费者的需求。市场营销组合是企业对付竞争者强有力的手段，是合理分配企业营销预算费用的依据。

1960年，麦卡锡提出了著名的“4P”组合。麦卡锡绘制了一幅市场营销组合模式图，图的中心是某个消费群，即目标市场，中间一圈是四个可控要素：产品（product）、地点（place）、价格（price）、促销（promotion），即“4P”组合。麦卡锡认为，企业从事市场营销活动，一方面要考虑企业的各种外部环境，另一方面要制订市场营销组合策略，通过策略的实施，适应环境，满足目标市场的需要，实现企业的目标。在这里，产品就是考虑为目标市场开发适当的产品，选择产品线、品牌和包装等；价格就是考虑制订适当的价格；地点就是要通过适当的渠道安排运输储藏等把产品送到目标市场，促销就是考虑如何将适当的产品，按适当的价格，在适当的地点通知目标市场，包括销售推广、广告、培养推销员等。

企业的市场营销组合是指在一定的营销策略指导下，企业利用多种市场营销手段和措施，将企业内部运营价值传递给顾客的方式。市场营销组合如图7-1所示。

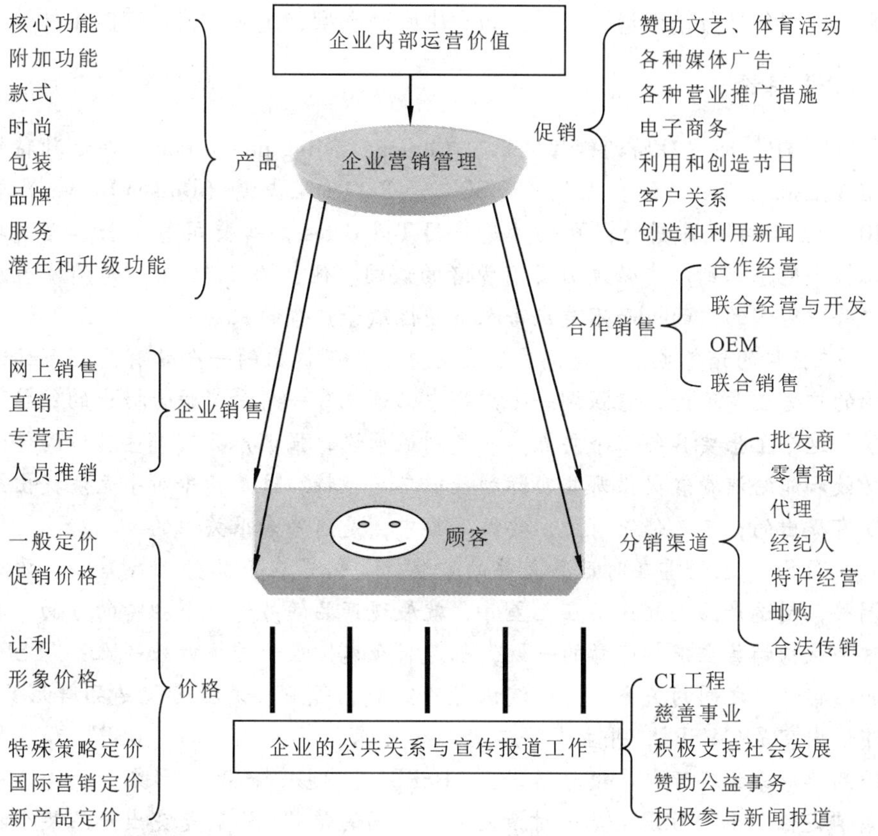

图 7-1　企业营销组合

随着社会经济和技术的发展，营销组合在“4P”的基础上有了很大的扩展，特别是电子商务的出现使许多营销措施和手段能够在计算机和互联网平台上以新的面貌更加密切地与顾客实现随时、随地的互动性沟通和交流。营销进一步成为在企业搭建的平台上顾客与企业平等、互惠、互利的活动。

产品策略包括产品发展、产品计划、产品设计、交货期等决策的内容。其影响因素包括产品的特性、质量、外观、附件、品牌、商标、包装、担保、服务等。

价格策略包括确定定价目标、制定产品价格原则与技巧等内容。其影响因素包括付款方式、信用条件、基本价格、折扣、批发价、零售价等。

促销策略是促进顾客购买商品以实现扩大销售的策略。其影响因素包括广告、人员推销、宣传、营业推广、公共关系等。

分销策略是使商品顺利到达消费者手中的途径和方式等方面的策略。其影响因素包括分销渠道、区域分布、中间商类型、运输方式、存储条件等。

“USP”理论

“USP”即“独特的销售主张”（unique selling proposition）表示独特的销售主张或“独特的卖点”，“USP”是罗塞·里夫斯（Rosser Reeves）在20世纪50年代首创的，他当时是美国Ted Bates广告公司董事长。里夫斯比较早地意识到广告必须引发消费者的认同。他认为，“USP”是消费者从广告中得到的东西，而不是广告人员硬性赋予广告的东西。

“独特的销售主张”是广告发展历史上最早提出的一个具有广泛深远影响的广告创意理论，它强调一个广告中必须包含一个向消费者提出的销售主张，这个主张要具备三个要点。一是利益承诺，强调产品有哪些具体的特殊功效和能给消费者提供哪些实际利益；二是独特，这是竞争对手无法提出或没有提出的；三是强而有力，要做到集中，是消费者很关注的。

“USP”理论重在对产品差异的聚焦。要么是在产品身上找差异；要么调整，制造产品差异；实在无差异，就展现产品的另外一个独特的方面。和这个独特销售主张相违背的一切，都是吸血鬼，吸干传播效果的血；“USP”和品牌形象之间的关系：一个演讲者的穿戴、气质、说服力就是品牌形象，演讲内容是“USP”，并主张将二者结合起来，认为纯粹的“USP”和纯粹的品牌形象都不可取。换句话说，“USP”是内核，而品牌形象是外壳。感觉“定位”和“USP”是一对亲兄弟，不同的是“USP”是突出产品某个特性，而“定位”是在“心智阶梯”上突出某个特性。“USP”是努力在产品上寻找，而“定位”可以想方设法地在消费者认知角度里去找。

第四节 企业的营销策划与实施

企业的市场营销活动基于周密的策划，只有经过周密的策划，企业的营销活动才能得到市场良好反应，形成“市场优势”，为开展企业的全部经营活动打下良好的基础。

一、营销策划的基本程序

企业的营销策划来源于企业的经营战略，企业的经营战略管理活动为企业的经营活动勾勒出基本的框架和活动的基本内容，营销策划是将经营战略转变为企业在市场上的一系列可操作的经营活动来实现企业的经营目标。

企业的市场营销策划包括以下基本程序：认识企业的经营战略；认识企

业经营的目标顾客；为企业的市场营销活动进行定位；确定相应的营销组合手段；形成企业的市场营销策划方案；实施方案；评价效果。

（一）认识企业的经营战略

在企业制定经营战略的过程中，良好的经营战略应能够充分吸收来源于企业营销部门的意见。但是由于市场的变化，有些战略定义或描述已经难以适应变化的市场状况，另外由于市场营销活动是非常具体和具有较强的针对性，所以重新认识和结合市场的变化研究企业的经营战略不仅是战略管理本身的要求，也是进行营销策划和实施营销策划的需要。

从营销策划的实际来看，认识企业经营战略的重点是审视企业总体市场，对总体市场和需求进行重新定义，对市场的特点进行详细的描述，特别是对市场的动态变化趋势进行归纳、总结和预测。

（二）认识企业的目标顾客

在认识企业经营总体市场的基础上，企业的营销部门必须通过市场分割过程对企业产品或服务涉及的整体市场进行深入研究，以便准确认识市场的特点，有针对性地开展营销活动。

由于人的需求总是因人而异，市场总有没有被满足或被完全满足的经营空间，发现这个空间，通过企业的经营活动适应这个空间的需要常常能够在似乎已经被诸多大公司占领的领域里开辟新的天地。

（三）为企业的市场营销活动进行定位

在认识目标顾客的基础上，应针对目标顾客的特点结合企业营销的具体工作对营销工作的基本思路、迎合目标顾客需要的诉求和服务目标顾客的设想以及主要手段进行营销框架的策划。营销框架的策划为选择具体的营销手段和将各种营销手段组合起来，有效地影响顾客的购买选择提供选择和设计依据。

（四）确定相应的营销组合手段

现代市场营销的理论和实践为企业实施营销策划提供了多种措施和手段。不同的措施和手段对于不同需求的顾客和不同的条件有不同的效果。在多种措施和手段组合的情况下，可能存在相互之间的协调问题，有效的营销组合具有较长的时效性和较大的影响力。

（五）形成企业的市场营销策划方案

市场营销策划方案是企业营销策划的文本文件，用于指导企业的市场营销实施工作。企业营销在不同的时期和不同的经营条件下，面临的具体工作也不相同，有时营销策划表现为广告策划，有时则表现为新产品经营，还有的仅仅是分销渠道的策划等。

因此企业的营销策划也分为总营销策划方案和具体营销活动策划方案。企业的总体营销策划方案的主要内容见资料：《企业市场营销策划书概要》。这个概要仅仅提供了一个提纲，由于企业的营销活动千差万别，具体企业的营销策划详细内容并不相同。

资料：企业市场营销策划书概要

前言

概要

1. 背景

主要包括企业目前所处的经营环境，有利因素和不利条件，企业经营优势和存在的问题；企业服务的市场特点，企业产品（或服务）的特点；企业营销的竞争状况（主要包括波特竞争5因素分析）；企业营销需要解决的关键问题，存在的难点；企业营销必须实现的目标。

2. 目标顾客分析

主要包括企业服务的主要顾客类型；需求的特点及其影响需求的主要因素；顾客需求的类型和由不同需求类型划分的不同顾客群及其需求特点与变化特征；分割市场（也称为细分市场）定义与需求特征；分割市场的差异性、可衡量性、可接近性、效益性、合法性分析；企业目标顾客的确定及其理由。

3. 目标顾客选择

根据企业的资源、产品（或服务）的状况、细分市场的需求特点、细分市场的竞争状况等确定企业能够通过有效营销措施形成经营优势的各细分市场，实现企业经营和营销的市场定位；对企业在各细分市场的赢利状况、发展潜力、变化趋势进行评估；确定企业能够经营和发展的细分市场时间次序、可能的经营要点和需要的营销资源状况。

4. 企业的营销定位

企业的营销定位包括两个方面的内容：产品定位和企业定位。产品定位是在目标顾客分析和选择的基础上，将产品的功能、款式、档次、品牌、包装、服务等特征设计为目标顾客能够比较容易接受和喜欢企业的产品或服务，并将产品的定位用精练的语言进行描述；企业定位是将企业的形象定位在与目标顾客相适应的领域，能够让企业的目标顾客识别、接受和喜爱并将其进行定义，明确地表述出来。

5. 营销计划方案

本部分内容包括企业采取不同营销措施和营销组合的具体内容和行动时

间表；明确的营销目标和达成目标的主要衡量和评价标准。

6. 营销计划的实施要点

企业实施上述营销计划所需要的资源投入及其组织方式，企业应采取的管理和支持措施等。

7. 可能的风险及其应急方案

8. 预期的效果预测

主要是本策划方案的可行性分析和投入—产出分析。

二、营销组合策划与实施

企业的营销组合策划是应用多种营销措施和手段作用于目标顾客，以期达到营销目标的策划过程。

（一）产品策划

产品策划是企业市场营销策划的一个重要方面。产品策划的重点是产品在市场中的差异化。在现代市场经济条件下，每一个企业都致力于通过产品质量的提高和组合结构的优化，以更好地满足市场需要，提高企业产品竞争力，取得更好的经济效益。而顾客是否购买产品是衡量企业产品决策成功与否的唯一指标。

1. 产品的差异化

产品的差异化来源于多种途径，首先是产品本身。所谓产品，是指能提供给市场，用于满足人们某种欲望和需要的任何事物，包括实物、服务、场所、组织、思想、主意等。产品概念已经远远超越了传统的有形实物的范围。

在产品相对比较丰富，顾客的购买存在多种选择的情况下，产品的差异化就成为产品决策和策划的核心。

产品差异化是指企业以某种方式改变那些基本相同的产品，以使顾客相信这些产品存在差异而产生不同的偏好。按照产业组织理论，产品差异是市场结构的一个主要要素，企业控制市场的程度取决于它们使自己的产品差异化的成功程度。除了完全竞争市场（产品同质）和寡头垄断市场（产品单一）以外，产品差异是普遍存在的。企业对于那些与其他产品存在差异的产品拥有绝对的垄断权，这种垄断权构筑了其他企业进入该市场或行业的壁垒，形成竞争优势。同时，企业在形成产品实体的要素上或在提供产品过程中，形成足以区别于其他同类产品以吸引购买者的特殊性，从而导致顾客的偏好和忠诚。这样，产品差异化不仅迫使外部进入者耗费巨资去征服现有客户的忠诚性而由此造成某种障碍，而且又在同一市场上使本企业与其他企业区别开来，以产品差异为基础争夺市场竞争的有利地位。因此，产品差异化对于企业的营销活动具有重要意义。

2. 品 牌

品牌决策是企业的整个产品战略的一个方面，也是企业产品策划活动的重要内容。企业为其产品规定品牌名称、品牌标志，并向政府有关主管部门注册登记的一切业务活动，称作品牌化。

制造商作品牌决策时，还必须决定其品牌的质量水平，以保持其品牌在目标市场上的地位。品牌质量是反映产品耐用性、可靠性、精确性等价值属性的一个综合尺度。企业进行经营战略和营销定位策划时就已经确定了其品牌的最初质量水平。

企业需要决定其大部分或全部产品都使用自己的品牌名称，还要决定其产品分别使用不同的品牌名称，还是统一使用一个或几个品牌名称。所谓多品牌决策，是指企业决定同时经营两种或两种以上互相竞争的品牌。这种决策是宝洁公司首创的。品牌扩展决策是指企业利用其成功品牌名称的声誉来推出改良产品或新产品，包括推出新的包装规格、香味和式样等。

一个在市场上有号召力的优秀品牌是企业多年辛勤经营的结果，企业品牌的影响力来源于企业在经营战略指导下，在产品（或服务）质量、功能、价格、服务等多方面的努力。虽然当企业大量投入广告时，也会在短期内形成一定的市场知名度，但顾客真正认识产品并不仅仅依靠广告，而是产品本身能够给顾客带来的利益。

产品和服务给顾客带来的实际利益与积极的品牌宣传与经营是相辅相成的，没有前者所带来的产品优势，顾客就不能从购买中获得真正的利益，顾客不能认可一个只是说得好而没有实际内容的产品或服务；同样顾客也无法认识有实际内容而不被市场广泛认可的产品，因为顾客购买的不仅仅是一个产品的功能，还包括购买后所获得的心理满足。

案例：高价位的 IBM 商用笔记本电脑

使用和熟悉笔记本电脑的人都知道，IBM 是笔记本电脑中的贵族，其价格要高出一般品牌很多。但是作为企业的老板和高级知识分子都以拥有一台 IBM 笔记本电脑为荣，在对外交往中能够使用 IBM 笔记本电脑介绍企业或产品，交流学术成果，不仅能够获得高质量和可靠性形象，还意味着使用者的身份和地位的不同一般。因此在可能的条件下，人们宁可多支付购买价格也要拥有 IBM 笔记本电脑。

如果认真研究同样配置的 IBM 与 Dell、联想等品牌的笔记本电脑的功能似乎没有太大的差别。IBM多年的企业形象和优质服务和国际知名大公司负责任的形象为企业带来了丰厚的回报。

假设，如果IBM的笔记本电脑大幅度降价，也推出万元价格的“百姓电脑”，通过“薄利多销”开展低价格、低利润的竞争，虽然在短期内也会构成大量购买，获得较大的是市场占有率，企业的真正赢利不会有太大的变化，真正的威胁是今后人们就不会再以拥有IBM笔记本电脑为荣，企业的高品位形象也就没有了。

3. 包　装

产品包装有两层含义：一是指产品的容器和外部包扎，即包装器材；二是指包装产品的操作过程，即包装方法。在实际工作中，二者往往难以分开，故统称为产品包装。

由于产品的包装直接影响到产品的价值与销路，因而包装是产品运输、储存、销售不可缺少的必要条件。

产品包装的设计应符合下列原则：造型美观大方，图案生动形象，不落俗套，避免模仿、雷同。尽量采用新材料、新图案、新形状，引人注目。包装应与商品的价值或质量水平相配合。贵重商品和艺术品、化妆品包装要烘托出商品的高雅和艺术性。包装要能显示商品的特点或风格。对于以外形和色彩表现其特点或风格的商品，如服装、装饰品、食物等，应考虑采用透明包装或在包装上附印彩色图片。

包装的造型和结构应考虑销售、使用、保管和携带的方便。容易开启的包装结构便于密闭式包装商品的使用；喷射式包装适合于液体、粉末、胶状商品。包装的大小直接影响商品使用时的方便程度，在便于使用的前提下还要考虑贮存、陈列、携带的方便。

包装上的文字应能增加顾客的信任感并指导消费。产品的性能、使用方法和效果常常不能直观显示，需要用文字来表达。包装上文字的设计应根据顾客心理突出重点。如食品包装上应说明用料、食用方法；药物类商品应说明成分、功效、用量、禁忌以及是否有副作用，直接回答购买者所关心的问题，消除可能存在的疑虑。文字说明必须与商品性质相一致，有可靠的检验数据或使用效果的证明。虚假不实的文字说明等于欺骗性广告，既损害顾客的利益，也损害企业的声誉。包装装潢的色彩、图案要符合顾客的心理要求，不与民族习惯、宗教信仰相抵触。企业常见的产品包装策略见表7-1。

表 7-1 企业常见的包装策略

包装策略	主要内容
类似包装策略	是指企业将其所生产的各种不同产品，在包装外形上采用相同的图案、近似的色彩及其他共存的特征，使顾客或用户极易联想到这是同一家企业生产的产品。但是，类似包装策略只适用于同一质量水平的产品。如果质量相差过于悬殊，再使用这一包装策略就会增加低档产品的包装费用，或使优质产品蒙受不利的影响，故要区别对待
等级包装策略	是指企业将产品分成若干等级，对高档优质产品采用优质包装，一般产品则采用普通包装，使包装产品的价值和质量相称，表里一致，等级分明，以方便购买力不同的顾客或用户选购
双重用途包装策略	是指企业在进行产品包装时，要注意即使原包装的产品用完后，空的包装容器还可以作其他用途。例如，果酱、酱菜采用杯形包装，空的包装瓶可以用作旅行杯；糖果包装盒还可以用作文具盒，等等。这种包装策略一方面可以引起用户的购买兴趣，另一方面还能使刻有商标的容器发挥广告宣传作用，吸引用户重复购买。但是，这类包装成本一般较高，实际上包装已成为一种产品
配套包装策略	是指使用时将有关联的多种产品纳入一个包装容器内，这种包装策略的好处是：便于用户购买，也有利于新产品推销，如将新产品与其他旧产品放在一起出售，可以使用户在不知不觉中接受新观念、新设计，从而习惯于新产品的使用。如化妆品盒内同时装入几种化妆品
附赠品包装策略	这是目前国外市场上比较流行的包装策略。如儿童市场上玩具、糖果等商品附赠连环画、认字图；化妆品包装中附有赠券，积累到一定数量，可以得到不同的赠品
改变包装策略	商品包装上的改变与产品本身的改进一样，对于扩展销路同样具有重要的意义。当企业的某种产品在同类产品中质量相近而销路不畅时，就应注意改进这种包装设计。如果一种产品的包装已采用较长时间，也应考虑推陈出新，变换花样。当然，这种通过改变包装办法来达到扩大销路目的的策略是有条件的。即产品的内在质量必须达到使用要求。如果不具备这个条件，产品的内在质量不好，那么，即使在包装上作了显著的改进也无助于销售的增加

4. 产品的附加服务

企业所销售产品的附加服务是顾客购买有形产品时所获得的全部附加服务和利益，包括提供信贷、免费送货、质量保证、安装、售后服务等。附加服务是随着市场竞争的加剧，企业为购买者提供的多种利益，它来源于对市场需要的深入认识。因为购买者的目的是为了满足某种需要，因而他们希望得到与满足该项需要有关的一切。

企业为购买者提供附加利益，并不影响企业产品的形象，由于利益的增加，购买者能够获得使用产品的安全感和可靠性，增强对企业产品的信赖和偏好，这对于企业的经营是十分有利的。美国学者西奥多·莱维特曾经指出："新的竞争不是发生在各个公司的工厂生产什么产品，而是发生在其产品能提供何种附加利益（如包装、服务、广告、顾客咨询、融资、送货、仓储及具有其他价值的形式）"。

（二）促　销

促销是企业营销的重要组成部分。所谓促销是指企业向目标顾客传递产品信息，促使目标顾客作出购买行为而进行的一系列说服性活动。促销活动实际上是一种沟通活动，是信息提供者和发放者发出作为刺激物的信息，并把信息传递到一个或更多的目标对象，以影响其态度和行为。在现代社会化大生产和市场经济条件下，企业必须与顾客、供应商、金融机构、政府和社会公众进行广泛的信息沟通活动。促销的作用概括起来有以下几个方面：第一是传递产品信息；第二是激发购买欲望；第三是建立产品形象；第四是扩大市场份额。

企业促销工具多种多样，但归纳起来主要有以下几种基本方式：广告、营业推广、人员推销和公共宣传等。从促销的历史发展过程来看，企业最先划分出人员推销职能，其次是广告，再次是营业推广，最后是使公共宣传。不同的促销方式有着不同的作用与特点，与一定的营销目标相联系，实现企业的促销目标。

1. 人员推销

人员推销是指企业派出销售人员亲自向目标顾客介绍、推广、宣传与销售，与顾客和用户进行面对面的口头或洽谈交易的促销方式。在现代营销观念指导下，人员推销的作用不仅仅是出售货物，而是要配合企业的整体营销活动来满足顾客需要。推销人员在与顾客进行面对面的，无拘无束的洽谈过程中，会更具体、更全面地了解顾客的要求，收集到更准确的信息。另外，推荐人员与顾客的关系也会由单纯的买卖关系向人际友谊与情感方面发展，建立一种亲密的长期合作关系，这是其他方法所不能及的。

人员推销是一种最传统、也是最不可缺少的促销方式，它在现代企业市场营销和社会经济中占有相当重要的地位。企业的人员推销形式可以有两种。一种是建立自己的推销组织，使用本企业的销售人员来推销产品。推销组织中的人员可称为推销员、业务员、销售代表、业务经理、销售工程师等。这种推销人员又可分为两部分：一部分是内部推销人员，一般在办公室用电话联系，洽谈业务，并接待购买者来访；另一部分是外勤推销人员，他们外出推销，上门访问顾客；另一种是使用合同推销组织，如制造商的代理商、销售代理商、经纪人等，按照其代理销售金额付给佣金。

人员推销的作用决定了人员推销决策在整个企业营销管理决策中的地位和作用。企业进行人员推销决策时，要确定推销队伍的目标、战略、结构和规模。此外，销售人员既是企业的资源和财富，又是企业的一种投资。如果由企业花费很多时间和金钱培养起来的优秀销售人员离开了该企业，将会给企业造成巨大的损失。所以，还必须加强对销售人员的管理，如招聘、挑选、训练、指导、激励和评奖。

现代营销观念认为，不能把追求最大的销售额作为人员推销的唯一目标，而应把人员推销目标确定为：推销人员应向营销人员一样进行思考，使他们知道如何去发现和解决顾客的问题；衡量市场潜力；收集市场信息、确定市场销售策略；最终为企业带来最大的、长期的、稳定的利润及有利的市场地位。而随着营销观念的转变，要求推销人员既要关心企业利润，又要重视满足顾客需要，不仅要懂得推销艺术，而且要懂得企业的整体营销战略。

从总体上看，不同企业所制定的人员推销目标不尽相同。如 IBM 公司的业务代表要负责推销、安装及改善客户的电脑服务设备；美国电报电话公司的推销人员主要负责产品开发、销售和维修。一般来说，企业应该让推销人员担负起寻找顾客、传递信息、推销产品、提供服务、收集信息和分配货源等方面的任务。

人员推销的方式有很多种，针对不同类型的客户，推销人员可采取不同的方式与顾客接触。第一种是单个推销员对单个顾客，也就是一个推销员每次亲自与一个现实顾客和潜在顾客谈话，进行一对一推销活动；第二种是单个推销员对一组客户，单个推销人员与顾客群体接触，如一个推销员对一个采购小组、向他们推荐一种或几种产品。第三种是推销小组对一组顾客。推销小组通常由企业有关部门的主管人员、推销人员、技术人员等组成，他们面对一个采购委员会推荐产品。第四种是推销会议。推销人员会同本企业有关职能部门的人员，以业务洽谈会的形式向买主推销产品。第五种方式是推销研讨会。推销人员与企业技术人员一起，以技术研讨的形式向买方技术人员讲解某项技术的最新发展情况，介绍相关产品的知识及其应用，其目的并不在于立即达成交易，而是重在提高客户的技术知识，培养买方对本企业的认识和偏好。

值得注意的是，现在企业的推销活动越来越显示出是一种集体活动，往往需要全体人员的协助和配合。这些人员主要包括主管领导、技术人员，服务人员、业务分析人员和订单处理人员。

企业的人员推销决策，是指企业根据外部环境变化和内部资源条件设计管理销售队伍的一系列过程。具体来说，包括：第一，确定销售目标。确立人员推销在企业营销组织中的地位，为销售人员制定出适当的销售活动组合。第二，确定销售规模。根据企业资源条件和销售预算等确定企业销售队伍的规模。第三，分配销售任务。根据顾客、产品、销售区域分配资源和时间。第四，组织和控制销售活动。对销售活动进行组织、激励和控制。人员推销的决策的内容主要包括对销售目标的设计、销售队伍的确定、销售区域的选择和销售政策的制定决策。

人员推销采取哪种组织结构，以产生最高工作效率，这是人员推销策略中的一个重要问题。人员推销的组织结构可以根据企业的销售区域、产品、顾客类型以及这三个因素的综合来设置。

第一是区域式结构。区域组织结构是指企业将目标顾客划分为若干个销售区域，每个销售人员负责一个区域的全部销售业务。这是一种最简单的组织结构形式。它具有如下优点：①有利于调动销售人员的积极性。由于一个地区仅有一位销售人员，职责分明，任务明确。这样能激励销售人员努力工作，完成所规定的工作任务。②有利于销售人员与顾客建立长期稳定的关系。由于每个销售人员的销售范围固定，销售区域与顾客的关系如何将直接影响推销效果。销售人员会自觉地关心顾客的需要，与顾客建立良好的关系，追求最大的长期效果。③有利于节约交通费用。由于每个销售人员的销售范围较小，交通费用也相对较少。

在拟定一组销售区域时，不一定是按照行政区域确定，而是根据某些原则划分。这些原则包括：这些地区应易于管理；其销售潜力易于估计；这些地区可使出差时间减少到最小限度；能为销售代表提供足够的和相等的工作量和销售潜量。

实行区域式组织结构需要决定销售区域的大小和形状。销售区域可根据销售潜力相同的原则，也可以根据销售工作量相当的原则来划分。根据销售潜力相等的原则划分销售区域为销售人员提供了享受同样收入的机会。如果某区域的销售量持续出现差异，则可认为该区域销售人员在个人努力方面存在差异。但由于不同地区顾客的密度是不同的，所以销售潜力相等的地区范围大小是不一样的。这样分配到顾客密度小的地区的销售人员需要付出更多的努力才能获得同样大的销售收入。其解决办法是给该地区的销售人员额外的工作，或作为一种奖励把工作能力强、资历较深的销售人员分配到顾客密度较大的地区去。根据销售工作量相等的原则划分销售区域，每个销售人员可充分地完成其区域内的销售工作任务。但这样会使各地区的销售潜力出现差异。解决办法是给予销售潜力较低的地区的销售人员以适当的补偿率，或者把销售潜力较大的地区分配给表现较好的销售人员负责。

第二是产品式结构。产品式组织结构是指企业将产品分成若干类，每个销售人员或每几个销售人员为一组，负责销售其中的一种或几种产品的推销组织结构形式。这种组织形式适用于产品类型较多，而且技术性较强，产品间无关联的情况下的产品推销。在产品技术强、生产工艺复杂的情况下，不同产品线的推销人员应有专门知识。对于相关联的产品应用同一推销人员进行推销，以便于顾客购买。但这些条件并不是绝对的。当企业的产品种类繁多，相互间并无关联的产品被相同的顾客购买时，这种形式就会显示出较大的不足。如果企业有几个产品部门，各配备自己的推销人员。这样，该企业不同产品部门的推销人员有可能都在同一天与同一企业的同一个客户交涉，这显然是不经济的。

第三是顾客式结构。顾客式组织结构是指企业将其目标顾客按顾客的属性进行分类，不同的推销人员负责向不同类型的顾客进行推销活动的形式。顾客的分类可依产业类别、规模、分销途径来进行。许多国外企业，按用户类型和用户规模来构建推销组织结构，使用不同的推销人员。这种形式的好处是推销人员可以深入了解所接触的顾客的需求状况及所需要解决的问题，以利于在推销活动中有的放矢，提高成功率。其不足是当同一类的顾客比较分散时，会增加销售人员的工作量，从而增加推销费用，影响推销效果。顾客式组织结构通常用于同类顾客比较集中时的产品推销。

第四是复合式结构。复合式结构是指当企业的产品和顾客的类别多又分散时，综合考虑区域、产品、顾客因素，按区域—产品，区域—顾客、产品—顾客或者区域—产品—顾客来分配销售人员的形式。在这种情况下，一个销售人员可能要同时对几个产品经理和几个部门负责。

在实际企业运行中，不同的企业可分别采用不同的组织结构模式，同一个企业在不同的时期也可采用不同的模式，甚至企业可以同时使用不同的模式。如施乐公司开始采用的是产品式组织模式，下设几个销售人员组织，主要的一个部门负责销售营运复印机设备，其他部门分别负责推销打字机、印刷设备、办公设备等。后来为了避免各个销售部门的推销人员同时访问相同顾客的情况，公司改用顾客式组织模式。将销售人员分为四组：第一是全国性客户经理，分散在各地点的机构为该地较大的客户服务。第二，主要客户经理，在该地区为主要的客户服务。第三，客户代表，为具有 5000 ~ 10000 元销售潜力的标准商业客户服务。第四，销售市场营销代表，为其他客户服务。每个销售代表都需要学会如何向顾客介绍推销施乐公司的全部产品。

2. 广　告

广告是指企业按照支付一定的费用，通过一定的媒体把信息传送给广大目标顾客的一种促销方式。广告是一种重要的促销手段，广告采取非人员沟通形式，通过多种媒介把商品信息传递到广大目标沟通对象，广而告之，促进商品销售。在信息化程度越来越高的今天，广告是企业促销活动中最常用的手段。因为广告媒体采用大众传播媒介，如广告、电视、报纸、杂志、网络及其他媒体，能够迅速而广泛向顾客和用户提供产品信息。

3. 营业推广

营业推广也叫销售促进（sales promotion）。它与人员推销、广告和宣传报道并列为四大基本促销手段，是构成促销组合的一个重要因素。营业推广是指企业用各种短期诱导手段鼓励购买，销售企业产品和服务的促销活动。营业推广的范围很广，形式多样，营业推广的方式包括了人员推销、广告和宣传报道以外所有能够在短期内，特定的市场范围内刺激需求和鼓励购买的各种促销措施的总和。因此美国市场营销协会定义营业推广为：“除了人员推销、广告和公共宣传以外，刺激顾客购买和经销商效益的各种企业市场营销活动。”同时还指出：“在美国零售业，营业推广被理解为零售企业刺激顾客的一切方法，其中包括人员推销、广告和宣传报道。”因此，在美国零售业，营业推广和促销的含义是相同的。营业推广指企业利用各种短期诱导工具，鼓励购买和销售企业商品和服务的一种方式。营业推广方式包括以顾客或用户、以中间商和以推销人员为中心对象的三大类，营业推广的最大特点是即期效用明显，企业在推销新产品和服务，与竞争对手进行直接竞争时，营业推广的作用比较明显。

营业推广与其他方式相比，具有三个特点：第一，非连续性，它不像广告等活动哪样作为一种连续的和常规性的活动出现。第二，形式多样，这些方式各有其长处和特点，企业应根据不同的产品特点、不同的市场营销环境和不同的顾客心理灵活选择和利用。第三，即期效应。营业推广往往是在一个特定时间里，针对某方面的顾客和中间商提供某种特殊优惠的购买条件，给买方以强烈的刺激作用。只要方式选择运用得当，其效果就会显示出来，因此，营业推广比较适合于那些短期见效的目标。

营业推广的工具种类繁多，营业推广的方式也多种多样，如优待券、竞争与抽奖、加量不加价、集点优待、折价优待、包装促销、付费赠送、退费优待、零售补贴、免费样品、POP 广告等。各种工具有其特点和适用范围，一个特定的促销目标可以采用多种营业推广工具来实现，所以应对多种销售工具进行比较选择和优化组合，以实现最大的促销效益。在选择工具时主要应考虑不同的市场类型；营业推广的目标；竞争情况；预算及各种工具的成本效益。

在制订具体方案时要做出以下几个方面的决策：第一是激励的规模，也就是在多大的产品范围内使用营业推广方式。营业推广的激励规模，要根据费用与效果的最优比例来确定。第二是激励对象，需要确定这种激励是对目标顾客的每一个人还是选择一部分人。第三是送达方式，通过什么方式让激励对象来参与活动，才能达到理想的效果。第四是活动期限，任何营业推广方式，在实行时，都必须规定一定的期限，不宜过长和过短。如果活动时间过短，一些顾客会错过机会而无法获得利益，如果延续时间过长，又会引起开支过大或丧失刺激购买的力度。第五是时机选择。什么时间开始具体的营业推广活动是非常值得研究的，一般来讲，营业推广的时机选择应根据消费需求时间的特点和总的市场营销战略来定，通常选择销售旺季来临前开展促销活动，效果会显著一些。第六是预算分配。

营业推广方案确定后一般要经过实验后才能实施。通过试验明确所选用的工具是否适当，刺激规模是否合适，实施的方法效率如何等。活动结束后，应立即对其进行效果评估，总结经验。企业对营业推广活动效果评估的方法依照市场类型的不同而有所不同。企业评估零售商营业推广的效果时，可采用销售效果分析，顾客固定样本数据分析，顾客调查和实验研究四种方法。

4. 公共宣传

公共宣传是企业以非付费的方式通过第三者的报刊、电台、电视、会议等传播媒体发表有关企业的有利报导和表演，以刺激人们需求的方式。公共宣传的主要活动方式是与政府机构、中间商、零售商和社会有影响的专家、学者特别是有关的社会团体建立联系，制造各种新闻素材，提供各种咨询服务，通过传播媒介的宣传报道，说明企业对国家，社会及顾客所做的贡献，使社会公众对企业产生良好的印象，提高企业产品的知名度和美好形象。公共宣传的最大特点是其潜在的效用明显，每一次有力的公共宣传不一定给企业带来大量的产品销售量，但它能强化企业和产品在社会公众中的形象，使企业长期受益。

（三）价　格

在营销组合中，价格是唯一能产生收入的因素，而其他因素则表现为成本。价格也是营销组合中最灵活的因素，它的变化是异常迅速的。同时，价格与价格竞争是许多营销经理所面临的首要问题。企业的价格决策与其他决策一样，其目的在于实现企业的经营目标，实施企业的经营战略。

企业的价格策略包括以下主要内容：

1. 价格定位

企业的价格来源于企业的经营战略。传统的定价方法是根据企业的生产成本确定产品或服务的价格，随着市场竞争的加剧，企业再也无法根据自己的运营成本确定价格，企业必须根据市场竞争状况和企业的经营战略确定企业的价格。

企业的经营战略和市场营销策划给企业的经营确定了基本框架，企业产品或服务的价格就直接反映了这个框架的主导思想。企业产品或服务的价格是企业形象、产品质量等特征的综合反映，企业的价格策略首先必须为企业产品（或服务）的价格确定基本的档次，也就是价格的定位。

不同价格定位之间的产品一般不构成竞争。一般来说，企业的产品通过向上一个档次提升在市场中的形象是比较困难的。当然，一般经营高档次产品的企业也不会轻易经营低档次的产品，以免影响企业和产品的形象。

并不是任何产品的价格定位都遵循上述档次，每一个不同产品（或服务）领域都有自己不同的价格定位方法，企业的产品价格一般决定了其服务的主要顾客群。

由于存在不同的价格档次，各种产品或服务在顾客的心理上就形成了不同的价格点。所谓价格点就是顾客根据购买的经验，在心理上形成的不同价格区间，产品或服务的档次越高，价格区间就越大，而在价格区间以内的产品价格高低对于消费者的购买决策影响不大。

2. 定价目标

公司在确定定价策略时，首先需要考虑的是它给自己的产品确定一个什么样的定价目标。假如一个企业已经仔细地选定了他的目标顾客，进行了市场定位，那时它的营销组合战略包括价格将是相当明确的。

一个企业对于它的经营目标越清楚，制定价格越容易。对于利润、销售收入和市场份额等这些目标，每一种合理的价格都会产生一个不同的效果。一般来说公司制定价格的目标主要有生存的目标、保证当前利润和当期收入、销售成长、回收投资、提高产品的形象等。

3. 研究价格的基本要素

价格的基本要素首先包括需求状况要素，企业可能确定的每一种价格都将导致一个不同水平的需求，以及由此对它的营销目标产生不同的效果。变动价格和最终需求水平之间的关系由供需函数表示出来。需求表示某种市场在规定的期间内将会以可选择的价格购买数量。在正常情况下，需求和价格成反比关系；也就是说，价格越高，需求越低。其次是成本，企业的成本是制定价格的基础。公司制定的价格，应当包括它的所有生产、分销和推销该产品的成本，还包括对公司所做的其他努力和承担风险的一个公平的报酬。第三是竞争者的成本和价格。

4. 企业的定价战略

企业的定价战略主要有以下几种：

（1）高价战略。高价战略在以下情况采用：要保护产品的质量形象、需求大于供给、企业拥有垄断性市场控制权。采取高价战略，企业必须具备以下条件：第一拥有高质量的产品；第二能够控制分销渠道；第三占有市场的领导地位。

（2）平价战略。企业在以下情况下采取平价战略：企业的价格水平接近于行业的平均水平；企业的市场地位比较稳固；企业有能力根据行业价格的变动来调整自己的行动。

（3）低价战略。企业在以下情况下采用低价战略：提高短期销售量和市场占有率；产生物美价廉的形象。

5. 企业的基本定价方法

公司通过在这三种因素中的一个或几个来选定定价方法。具体的定价方法主要有：成本加成定价法、目标利润定价法、认知定价法、市场价格定价法和投标定价法。企业基本定价的计算方法参看表 7-2。

表 7-2 企业基本定价方法的计算方法

基本定价方法	说明	计算方法
成本加成定价法	成本加成定价法是最基本的定价方法，它是在产品的成本上加一个标准的利润加成	单位成本 = 变动成本 + $\frac{固定成本}{预计单位时间销售量}$
	假设销售额中有一定的利润率 R	价格 = $\frac{单位成本}{(1-R)}$
目标利润定价法	目标利润定价也是一种面向成本的定价方法，企业试图确定能带来目标的利润	目标利润价格 = 单位成本 + $\frac{目标利润 \times 投资成本}{销售量}$

（续）

基本定价方法	说明	计算方法
认知价值定价法	定价的关键是买主对价值的认识，利用在营销组合中的非价格变量在购买者心中建立起来的认知价值确定价格	在定价之前，企业应将自己的产品和服务的各种要素与竞争对手进行比较，通过与竞争者的产品和服务的性能、特点进行比较来估计自己的产品和服务的价值。在考虑企业自己的产品和服务的市场价值时，一般考虑以下因素：产品的性能和外观、产品和服务的能源消耗、产品和服务的可靠性、产品和服务的耐用性、产品和服务的创新性、产品和企业的声望、向顾客提供服务的能力和需要平均服务时间、企业的交货时间和速度、企业与顾客之间的关系等
市场价格定价法	企业主要根据竞争者的价格来确定生产成本和产品价格	$前段价格=\frac{后段价格}{1+后段利润率}$
投标定价法	用于一个卖方多个买方（合同）或一个买方多个卖方（政府购买）通过公开招标确定价格的方式。适用于政府购买和大型工程项目	
拍卖定价	是一种市场竞争定价方式，它是一个卖方多个买方的交易形式	
计算机竞价	是多个买方和多个卖方对一个产品或多个产品，通过计算机搓和决定价格，一般用于大型商品交易市场	

6. 价格调整

一个企业一般不是制定一种单一的价格，而是建立一种价格结构，它可以根据不同地区需求、成本、市场分割状况、购买时机和其他因素等的变化情况进行调整。根据具体情况进行的价格调整有利于企业的营销活动。价格调整的内容参看表7-3。

表7-3　企业价格调整的内容

主要类别	主要方式	适用产品或服务
心理定价	声望定价	香水、酒、香烟、化妆品、首饰等
	参考价格定价	一般日用消费品
	尾数定价	服装和日用消费品
地理定价	原产地定价（FOB）	卖方负责将产品运到原产地的某种运输工具上，并承担此前的一切风险和费用。交货后的一切风险和费用要由买方承担
	统一交货定价	没有地区之间的差价，企业对不同的地区实行统一价格加运费，运费按平均运费计算

（续）

主要类别	主要方式	适用产品或服务
地理定价	区域定价	把产品销售市场划分为两个或两个以上的区域，在每个区域内制定统一价格
	基点定价	企业指定一些城市为基点。按基点到顾客所在地的距离收取费用，而不管货物实际上是从哪里起运的
	免收运费价格	对于那些急于想与顾客做成生意的企业，由自己负担部分或全部运输费用，以促成交易，可以大幅度的增加销售额，使平均成本降低，达到市场渗透的目的
价格折扣和折让	现金折扣	对及时付清账款购买者的一种价格折扣。最典型的例子是“2/10，净30”，意思是：应在30天之内付清货款，如果在成交后10天内付款，可以获得2%的利息
	数量折扣	数量折扣是卖方因买方购买数量大而给予的一种折扣。数量折扣促使顾客向特定的卖主购买，而不是向多个供应来源购买
	功能折扣	也叫贸易折扣，是由制造厂商向履行了某种功能，如推销、储存和账务记载的贸易渠道成员所提供的一种折扣以鼓励渠道成员承担需要的功能
	季节折扣	买方向那些购买并非时令的商品和服务的买主提供的一种折扣；季节折扣使卖方在一年内可以维持稳定的生产；旅馆和航空公司的经营常提供季节折扣
	折让	折让是根据价目表给顾客以价格折扣的另一种类型
促销定价	牺牲品定价（招徕定价）	超级市场和百货商场以少数商品作为牺牲品将其价格定低，以招徕顾客，吸引他们来到本店，并希望他们购买正常标价的其他商品
	特别事件定价	企业利用特别事件或节日采取特殊定价方法吸引顾客购买
	现金回扣	制造厂商有时会在特定时间内向顾客提供现金回扣，刺激他们购买产品
	低息贷款	低息贷款虽可以吸引顾客购买某些特殊商品，如房屋、汽车，但是顾客仍然必须支付沉重的债务负担
	优惠价	首先给产品定高价，然后大幅度降价出售的方法
差别定价	顾客细分定价	对同样的产品或者服务，不同顾客支付不同价格。博物馆对学生和对年长公民收取较低的门票
	产品样式定价	产品的样式不同，制定的价格也不同
	时间定价	不同时期，甚至不同钟点，都可以季节性地变动价格。如电话费的收取

（续）

主要类别	主要方式	适用产品或服务
产品组合定价	产品线定价法	企业开发不同的产品系列，在不同的产品之间制定价格等级
	选购品定价法	许多餐馆将酒的价格定得很高，食品的价格定得很低，食品收入弥补食品和其他经营的费用，而酒类商品获得利润
	附带产品定价法	将主要产品的价格定得很低，而将一个高的毛利额附加在附带产品上

（四）营销渠道

企业的市场营销渠道是指那些配合企业，生产、分配和消费某一生产者的某种商品或服务的所有的企业和个人。这就是说，一条市场营销渠道包括某种产品的供应、生产、销售过程中所有的企业和个人。例如，资源供应商、生产者、商人、代理商、和辅助商（为便利交换和分配的个人或单位，如运输企业、公共货栈、广告代理商、市场研究机构等）以及最后顾客和用户等。由于企业营销活动的差异性，分销渠道有不同的类型，见表7-4。

营销渠道包括多种流程。最主要的流程有：实体流程、所有权流程、付款流程、信息流程和促销流程。

表7-4 不同的分销渠道类型

分配渠道类型	说 明
直接分配	产品从生产者流向最后顾客或用户的过程中不经过任何中间商的分配渠道，也就是由生产者将其产品直接销售给最后顾客或用户
间接分配营销渠道	生产者通过若干中间商将其产品转卖给最后顾客和用户。间接分配渠道是两个层次以上的营销渠道
多渠道分配	企业采用多种渠道将相同的产品送到不同的市场，这种多渠道结构也叫双重分配
密集分配	也就是制造商尽可能地通过许多负责任的、适当的批发商和零售商推销产品
选择性分配	制造商仅通过少数几个经过精心挑选的、合适的中间商推销其产品。消费品中的选购物品和特殊品比较适合于采取选择性分配
独家分配	制造商在某一地区选择特定的中间商推销其产品，通常双方协商签订独家经销活动，规定经销商不得经营竞争者的产品，以便控制经销商的业务经营，调动其经营积极性，占领市场

产品在从生产者流向最后顾客和用户的过程中，每经过一个对产品拥有所有权或负有销售责任的机构，称为营销渠道的一个层次（也叫“级”）。层次越多，营销渠道就越长。

1. 批发商

批发商就其性质来说与零售商具有不同的经济活动内容。凡是不直接消费和使用商品，购买商品和经营商品是为了转手销售、加工生产的买卖活动，都属于批发商义务。

在经济生活中，批发渠道有以下几种：商业批发企业、企业自营批发机构、商品批发市场、信托贸易公司、贸易货栈、商人批发商、商品代理商、制造商的分销机构和销售办事处等。

商人批发商是自己进货，取得商品所有权，再批发出售的商业单位。商人批发商按经营商品的范围来分类，可分为三种类型：一般商品批发商，只是经营一般商品货色，经营商品的范围很广，种类繁多的商人批发商。销售对象主要是普通商店；单一种类和整类商品批发商。这种商人批发商所经营的商品仅限于某一类商品，而且这一类商品的花色、品种、规格、厂牌等比较齐全，同时还经营与这类商品密切关联的商品；专业批发商。专业批发商是指专业化程度较高，专门经营某一类商品中某种商品的商人批发商，专业批发商的顾客主要是专业商店。产业用品等专业批发商一般都需要有技术知识和服务的产业用品批发业务知识。

经纪人和代理商与独立批发商的主要区别在于，他们没有商品所有权，只是在买卖双方之间起媒介作用，促成交易，从中赚取佣金。经纪人和代理商一般都是专业化的，经营某一方面有经验。经纪人常见于房地产业务、证券交易以及保险业务和广告业务等；代理商有制造业代理商、销售代理商、采购代理商和佣金商等。通过经纪人和代理商促成交易开拓市场是现代市场营销的一种通用的手段，在市场经济比较发达的国家十分普遍。

2. 零售商

零售商是指所有将商品和服务授予最终顾客用于生活消费的买卖活动。凡是以经营零售业务为主要收入来源的组织和个人，都称为零售商。零售商是直接与顾客联系的中间商，其数目和种类非常多。

3. 选择中间商

许多企业为了实现市场营销目标，都要选择中间商帮助企业将产品送到顾客手中。选择中间商要考虑中间商的市场范围、产品政策、地理区位优势、产品知识、预期合作程度、财务状况及其管理水平、促销政策和技术、综合服务能力等因素。

案例：ZIPPO 传奇

乔治·布雷斯代尔（George Blaisdell，1895～1978 年），绰号“Mr. Zippo”在 1932 年创立的品牌源自一名友人所拥有的奥地利打火机，当时被批评为外形丑陋，但性能却不错。这激发 George 设计和生产内外兼修的打火机，促使 ZIPPO 的诞生。尽管 ZIPPO 打火机的款式在不断地变化，但是 ZIPPO 这个标志将永远刻在它的机身底部。

1932 年，布雷斯代尔，看到一个朋友笨拙地用一个廉价的奥地利产打火机点烟后，为了掩饰那令人尴尬的打火机，耸了耸肩，对他说：“它很实用！”。事后布雷斯代尔发明了一个设计简单，不受气压或低温影响的打火机。并将其定名为 ZIPPO，这是受当时的另一项伟大的发明——拉链（ZIPPER）的启发，以“它管用”为宗旨而定名的。

ZIPPO 设计的原则是简单、坚固、实用——在你需要的任何时候，ZIPPO 都可以为你提供安全可靠的火源。0.27 英寸厚的镀铬铜制外罩，再加上 0.18 英寸厚的不锈钢内衬，构成了 ZIPPO 坚固的外壳；它的燃料是一种非常稳定的石油提炼物，由它燃烧产生的火焰不但安全可靠，而且异常洁净，不会产生任何污染；玻璃纤维制成的火芯可以永久地保证燃烧的可靠性；可以使用 73000 次的燧石轮。

ZIPPO 成功地获得了美国政府的专利权，并依照它的原始的结构重新设计了灵巧的长方形的外壳，盖面与机身间以铰链连接，并克服了设计上的困难，在火芯周围加上了专为防风设计的带孔防风墙。20 世纪 40 年代初期，ZIPPO 成为美国军队的军需品，随着第二次世界大战的爆发，美国士兵很快便喜爱上了它，一打即着及优秀的防风性能在士兵中有口皆碑。实际上，至今为止的 65 年中，ZIPPO 的外形并没有发生什么变化，而将这一专利发展的近乎完美。每一次在大风中打开机盖，点燃火芯的时候，你都会体会到 ZIPPO 如此独到的防风设计。

ZIPPO 防风打火机最初设计时就考虑到：它可以在任何恶劣的天气下和你所需要的时候都让你满意。基于这样的理念，ZIPPO 打火机在营销实践中一直传播这样的信息：ZIPPO 坚硬的外壳可以抵御任何物质的碰撞。一名士兵因为 ZIPPO 挡住子弹而保住性命，而那支 ZIPPO 却依然好用。ZIPPO 可以经得起任何浸泡的考验（即使 ZIPPO 掉到海中，完全被水浸湿，它的火焰也会令你满意）。当你点燃手中的 ZIPPO 时，即使在寒冷的冬夜，你的手指几乎完全麻木的时候，你也可以用它来点燃那救命的篝火。在任何恶劣的天气下，ZIPPO 它都可以被轻松地点燃甚至保持长久不熄。

第八章

企业的扩张

企业经营规模的扩大和经营范围的增加统称为企业的扩张。前者是在单一领域实现市场份额和收益的增加，是简单的规模经济；后者则是在多样化经营基础上的扩张，被称为范围经济。

企业的扩张是企业发展的具体体现，也是在企业经营管理实现大企业战略的目标，这样的目标在传统产业的经营中具有特别重要的意义。企业扩张主要有三种形式：横向一体化、纵向一体化和多角化经营。

通过横向一体化，可以带来企业同类生产规模的扩大，实现规模经济。由于该类增长与原有生产活动有关，比起其他类型增长更易于实现。横向一体化战略也存在一定的风险，如过度扩张所产生的巨大生产能力对市场需求规模和企业销售能力都提出了较高的要求；横向一体化战略还存在技术扩散的风险；在组织上的障碍也是横向一体化战略所面临的风险之一，如“大企业病”、并购中存在的文化难以融合现象等。

纵向一体化是沿产业链占领若干环节的业务扩张，目的是企业为加强核心企业对原材料供应、产品制造、分销和销售全过程的控制，使企业能在市场竞争中掌握主动，从而达到增加各个业务活动阶段的利润。采用横向一体化战略，企业可以有效地实现规模经济，快速获得互补性的资源和能力。

多角化扩张战略又称多元化战略属于开拓发展型战略，是企业发展多品种或多种经营的长期谋划。多角化经营，就是企业尽量增大产品大类和品种，跨行业生产经营多种多样的产品或业务，扩大企业的生产经营范围和市场范围，充分发挥企业特长，充分利用企业的各种资源，提高经营效益，保证企业的长期生存与发展。

实现这些扩张的方法包括内部发展和外部发展（如合并和合资等）。内部发展是现有企业（公司）通过新股发放或自身资金积累，而扩大现有生产规模，或建立新厂、新的部门、新的子公司等；合并是指一企业获取另一企业的资源且无人抗争的过程。如果被合并的企业进行抗争，则称此过程为兼并。

第一节 企业的联合经营

所谓联合经营，就是企业在单个企业的能力尚不足独立经营某一项目情况下，而采取的两个或两个以上独立的经营实体横向联合成立一个经营实体或企业集团的拓展经营方式。联合经营有利于增加经营资本规模，实现资源的有效组合与合理调配，实现优势互补，增强集合竞争力，促进规模化经济的发展。

一、企业间联合经营

联合经营（Joint ventures）的方式包括以下三种形式：被动投资是一方以从属地位向另一方进行投资（持股、按股分息、分红）；专业化协作使双方的联合经营活动局限于生产协作或专业化（区域化）的联系，在资金、技术和人员等方面没有往来，彼此间没有很强的约束力；对等联合经营是双方共同对某事业投资，参加联合的双方按股分息、分红，双方在经营及利润分配中是对等的关系；互相持股，联合经营双方均持有对方的股份，按股分息、分红，这是一种紧密型联合，双方结合成一个命运共同体。

在工业发达的西方国家，联合经营主要是采取控股的形式组建成立企业集团，各集团的共同特点是由控股公司（母公司）以资本为纽带建立对子公司的控制关系，集团成员之间采用环行持股（相互持股）和单向持股两种持股方式，且分为以大银行为核心对集团进行互控和以大生产企业为核心对子公司进行垂直控制两种控制方式。

在我国，联合经营主要是采用兼并、合并、控股、参股等形式，通过横向联合组建成立企业联盟体，其联合经营战略主要可以分为：一体化战略、企业集团战略、企业合并战略、企业兼并战略四种类型。

企业实行增长性战略的目的是迅速扩大市场份额。这种战略在流通产业部门具有十分重要的意义。只有增长型战略才能不断地扩大企业规模，使企业从竞争力弱小的小企业发展成为实力雄厚的大企业。

二、成立联营公司

联营公司（associated companies）指由两个或两个以上公司共同掌控的公司。根据公认的会计准则，若 A 公司对 B 公司的经营管理有重大影响，但未达到有效控制的程度，B 公司即是 A 公司的联营公司。对联营公司的持股通常在 20% ~50% 之间。

联营公司的三种形式，根据《中华人民共和国民法通则》（以下简称《民法通则》）的规定，联营有以下三种形式：

（1）法人型联营。这是一种最紧密、最稳定的联合形式，是指联营各方以财产、技术、劳务等出资组成新的经济实体，并由其独立承担民事责任的联营。《民法通则》第五十一条规定："企业之间或者企业、事业单位之间联营，组成新的经济实体，独立承担民事责任，具备法人条件的，经主管机关核准登记，取得法人资格。"根据这种联营所形成的联营企业为法人。它的设立、变更和终止以及权利能力、行为能力、责任范围等均适用于企业法人有关规定，联合各方的权利义务、利益分配、风险承担、管理机构的产生、成员的加入和退出等均由企业章程予以规定。

（2）合伙型联营。这是一种半紧密、较稳定的联合形式，它是指联营各方以财产、技术、劳务等出资，共同经营，由联营各方按照出资比例或者协议的约定，以各自所有的或经营管理的财产承担民事责任的联营。《民法通则》第五十二条规定："企业之间或者企业、事业单位之间联营，共同经营、不具备法人条件的，由联营各方按照出资比例或者协议的约定，以各自所有的或者经营管理的财产承担民事责任。依照法律的规定或者协议的约定负连带责任的，承担连带责任。"根据这种联营而组成的企业不具有法人条件，其财产属于共有性质，联营各方的责任是无限的连带责任。

（3）合同型联营，这是一种松散型、简易型的联合形式。它是指联营各方既不出资，也不组成新的经济组织，而是按照合同的约定相互协作，独立经营，各自承担民事责任的联营。《民法通则》第五十三条规定："企业之间或者企业、事业单位之间联营，按照合同的约定各自独立经营的，它的权利和义务由合同约定，各自承担民事责任。"这种联营形式是联营各方之间的一种较为稳定的合同关系。

三、兼　并

兼并（merger annexation）是指通过产权的有偿转让，把其他企业并入本企业或企业集团中，使被兼并的企业失去法人资格或改变法人实体的经济行为。通常是指一家企业以现金、证券或其他形式购买取得其他企业的产权、使其他企业丧失法人资格或改变法人实体，并取得对这些企业决策控制权的经济行为。兼并是合并的形式之一，等同于《中华人民共和国公司法》中的吸收合并，指一个公司吸收其他公司而存续，被吸收公司解散。

广义的兼并是指一个企业获得另个企业的控制权，从而使若干个企业结合成一个整体来经营。狭义的兼并概念是指两个规模大致相当的企业结合起来将其资源整合成一个实体。兼并前企业的股东或所有者在兼并企业中拥有股份，同时原来企业的高级管理人员继续在兼并后的企业中担任高级管理职位。相反，收购是指一个企业取得另一个企业的所有权和管理控制权。是否取得控制权是区分兼并与收购的关键。

在美国一些大公司放弃经营而欲出售其经营不理想的企业时，往往公司的管理团队因为最了解这一公司和整个行业，为了避免公司落入他人手中而有意购买，便构成了 MBO（即 management buy-out），目标公司的管理层将目标公司收购为己有。

四、零售商合作社

零售商合作社（retailer cooperatives）是一群独立的中小零售商为了和大零售商竞争而联合经营的批发机构（各个参加联营的独立中小零售商要缴纳一定的股金），各个成员通过这种联营组织，以共同名义向国内外制造商统一采购部分货物，统一进行宣传广告活动以及共同培训职工等，有时还进行某些生产活动。零售商合作社一般由本部、分店、配送中心三部分构成。

第二节 连锁经营

连锁经营（chain operation）是一种商业组织形式和经营制度，是指经营同类商品或服务的若干个企业，以一定的形式组成一个联合体，在整体规划下进行专业化分工，并在分工基础上实施集中化管理，把独立的经营活动组合成整体的规模经营，从而实现规模效益。

一、连锁经营的形式

连锁经营包括两种形式：直营连锁、特许经营。

（一）直营连锁

直营连锁（regular chain，简称 RC）是由公司本部直接经营投资管理各个零售点的经营形态，此连锁形态并无加盟店的存在。总部直接管理所有的零售点，通过拓展经营渠道获取利润。

特许加盟（franchise chain，简称 FC）是一种由拥有技术和管理经验的总部，指导传授加盟店各项经营的技术经验，并收取一定比例的权利金及指导费建立起来的契约经营关系。

自愿加盟（voluntary chain，简称 VC）即自愿加入连锁体系的商店。自愿加盟体系中，商品所有权是属于加盟主所有，而运作技术及商店品牌则归总部持有。自愿加盟保持对加盟店自主性的运作。

连锁经营是一种紧密的组织形式，内部形成了一系列严格完备的制度规范着各种行为和关系，以保障组织高效运转。连锁经营的本质特征在于连锁总部与所有连锁店共享资源与能力。作为连锁经营总部管理的具体化管理，连锁总部必须运用先进的经营管理理念对员工培训、员工工作安排、职责、服务标准、店面陈列、广告、市场营销、顾客关系、顾客抱怨处理程序、存货控制程序、会计程序、现金和信贷管理程序、安全生产、突发事件处理等连锁单店经营所有方面的问题进行深入的研究，对连锁店经营管理过程中的每一项工作予以规范化并形成连锁单店工作手册。它是连锁店员最重要的培训教材，也是连锁店日常经营工作的速查手册。连锁店据此开展所有日常经营工作，共享总部的经营技术。

（二）连锁店（chain store）

连锁店，又称直营连锁或正规连锁，是世界上最早出现的连锁形式，也是连锁经营的基本形态。它是指连锁公司的店铺均由公司总部全资或控股开设，在总部的直接领导下统一经营。连锁经营的特点即六个统一：统一采购、统一配送、统一标识、统一营销策略、统一价格、统一核算。

连锁店经营作为一种先进的商业组织形式，其先进性体现在它是一整套商业运作的集成。这一技术集成至少应包括计算机管理技术、中央采购技术、物流配送技术、营销创新技术、人力资源管理技术五项核心技术。

连锁经营最早出现在美国，第一家颇具规模的连锁商店是1859年乔治·F·吉尔曼和乔治·亨廷顿·哈特福特在纽约创办的大美国茶叶公司。在中国，连锁经营的起步应该是皮尔·卡丹专卖店在1984年落户北京。

随国际大企业闯入中国市场，这种经营方式猛烈地冲击着传统的流通体系，目前，连锁作为一种企业组织形式特别是被广泛地应用于服务业领域。在食品、零售、餐饮业，及其整个第三产业的几乎所有行业发展迅猛。连锁经营正迅速成为中国最具获利能力的投资方式和创业途径。

二、特许经营

特许经营是指特许经营权拥有者以合同约定的形式，允许被特许经营者有偿使用其名称、商标、专有技术、产品及运作管理经验等从事经营活动的商业经营模式。在我国，商务部于2004年第25号颁布的《商业特许经营管理办法》第二条定义商业特许经营是指通过签订合同，特许人将有权授予他人使用的商标、商号、经营模式等经营资源，授予被特许人使用，被特许人按照合同约定在统一经营体系下从事经营活动，并向特许人支付经营费。

（一）特许经营的种类

按所需资金投入可分为工作型特许经营、业务型特许经营和投资型特许经营。工作型特许经营只要加盟者投入很少资金，有时甚至不需要营业场所。业务型特许经营一般需要购置商品、设备和营业场所，如冲印照片、洗衣、快餐外卖等，所以需要较大的投资。投资型特许经营需要更多的资金投资，如饭店等。

按交易形式划分，可分为四种：制造商对批发商的特许经营，如可口可乐授权有关瓶装商（批发商）购买浓缩液，然后充碳酸气装瓶再分销给零售商；制造商对零售商的特许，如石油公司对加油站之间的特许；批发商对零售商的特许，如医药公司特许医药零售店；零售商之间的特许，如连锁集团利用这一形式招募特许店，扩大经营规模。

按加盟者性质划分，可分为区域特许经营、单一特许经营和复合特许经营。区域特许经营是指加盟者获得一定区域的独占特许权，在该区域内可以独自经营，也可以再授权次加盟商。单一特许经营是指加盟商全身心地投入特许业务，不再从事其他业务。复合特许经营是指特许经营权被拥有多家加盟店的公司所购买，但该公司本身并不卷入加盟店的日常经营。

按加盟业务划分，可分为转换型特许经营和分支型特许经营。前者是加盟者将现有的业务转换成特许经营业务，特许商往往利用这种形式进入黄金地带。后者则是加盟商通过传统形式来增加分支店，当然需要花费更多的资金。

产品商标、商店字号和服务字号，是一种可以明确描述的自然人或法人产品或服务的标志。无论是何种类型的特许经营，商标都是构成特许经营的基本因素，是其体系的基石。特许经营协议签字之后，特许商便把商标提供给加盟商使用，且负有严格维护该商标形象和声誉的义务。

特殊技能是现代特许经营的重要组成部分。欧共体曾给特殊技能下过定义，即必须是秘密的、实质的和可鉴别的。所谓秘密，即特殊技能具有独创性，如果不与特许商联系就不能获得。实质性指特殊技能对加盟商必须是有用的，能帮助其带来利益。可鉴别性指特殊技能可以用一种确切的方式描述下来，以证明它能满足保密和实质性的条件。

资料：什么是“4S”店

“4S”店是集汽车销售、维修、配件和信息服务为一体的销售店。“4S”店是一种以“四位一体”为核心的汽车特许经营模式，包括整车销售（sale）、零配件（sparepart）、售后服务（service）、信息反馈等（survey）。

“4S”店是1998年以后才逐步由欧洲传入中国的舶来品。由于它与各个厂家之间建立了紧密的产销关系，具有购物环境优美、品牌意识强等优势，一度被国内诸多厂家效仿。

特许商不仅提供给加盟商商标、特殊技能，而且还提供一整套营销和管理的系统，包括培训、店址选择、行为规范、财务制度等。

（二）行业盟主与加盟商之间的合作关系

在特许经营行业，盟主与加盟商之间有着一种十分特殊的合作关系。目前对加盟商的控制程度可以分为以下几种类型。

托管式管理。托管式管理即为全程托管，是总部对加盟商扶持或管控的一种方式。由加盟商自筹全部开店费用，委托公司经营管理，加盟商负责监督管理。适合领域：餐饮、美容、珠宝等服务业领域，以及一些国际大型连锁企业。

半托管式管理。管理的表现形式为，当加盟商加盟之后，有一段时间的托管，一般为半年或一年的时间，直到这家店盈利为止。然后盟主企业撤出，由加盟商自己管理。在加盟商经营的过程中，总部会定期或不定期派督导，对店铺进行现场指导。或是由盟主开出一家新店，并经营一段时间，培育成熟后，再交给加盟商管理，并定期进行指导。这类管理模式，在特许经营行业中比较多见，比较成熟的有肯德基等。

松散型管理。松散型管理模式主要体现在，当加盟者在开出加盟店后，总部并不过多介入其内部的管理，主要由加盟店自主经营。这种管理模式多出现在诸如：孕婴产品、鞋业连锁等商品销售类型的企业。由于其经营模式相对简单，总部不会对加盟店的经营过程过多介入。总部的长期盈利主要通过向加盟店配送商品，通过商品销售来实现其长期的盈利。

还有另外一种松散型合作的特许经营企业，近年较多地出现在零售行业，为自愿加盟连锁。即在自愿加盟体系中，商品所有权是属于自愿连锁的店主所有，而系统运作技术及商店品牌则归总部持有。

委托加盟管理。委托加盟的方式是指总部将现有的直营店委托给合适的加盟者来经营，加盟者本身并不需准备店面或负担租金，以发挥加盟者的最大能动性，最终由总部和加盟者之间分配营业利润。这种加盟方式与一般特许加盟不同之处在于，加盟者省去了在加盟之初的资金和实物投入。“委托加盟”是一种反托管存在的形式，比较多出现在更多依赖于自身灵活经营的便利店的特许加盟业务中，美国的“7－11”便利店就比较多地采用了这种模式，委托加盟也是国内比较少见的加盟管理模式，其好处是，盟主可以为加盟者提供一个获利稳定、风险低的创业机会，也让加盟者发挥其优秀的经营管理能力。

第三节 企业与政府间的合作：PPP 模式

PPP 模式（public-private-partnership，公共私营合作制）通常译为“公共私营合作制”，是指政府与私人组织之间，为了合作建设城市基础设施项目，或为了提供某种公共物品和服务，以特许权协议为基础，彼此之间形成一种伙伴式的合作关系。并通过签署合同来明确双方的权利和义务，以确保合作的顺利完成，最终使合作各方达到比预期单独行动更为有利的结果。

这是一种以各参与方的“双赢”或“多赢”为合作理念的现代融资模式。其典型的结构为：政府部门或地方政府通过政府采购形式与中标单位组成的特殊目的公司签订特许合同（特殊目的公司一般由中标的建筑公司、服务经营公司或对项目进行投资的第三方组成的股份有限公司），由特殊目的公司负责筹资、建设及经营。政府通常与提供贷款的金融机构达成一个直接协议。这个协议不是对项目进行担保的协议，而是一个向借贷机构承诺将按与特殊目的公司签订的合同支付有关费用的协定，这个协议使特殊目的公司能比较顺利地获得金融机构的贷款。采用这种融资形式的实质是：政府通过给予私营公司长期的特许经营权和收益权来换取基础设施加快建设及有效运营。

单靠政府资金已不能满足现代经济飞速发展对于公共设施建设需求。随着政府财政在公共基础设施建设中地位的下降，私人企业在公共基础设施的建设中开始发挥越来越重要的作用。1992 年英国最早应用 PPP 模式，目前已经得到了普遍的应用。按照英国的经验，适于 PPP 模式的工程包括：交通（公路、铁路、机场、港口）、卫生（医院）、公共安全（监狱）、国防、教育（学校）、公共不动产管理。PPP 模式在基础设施建设领域具有极其重要的现实价值。

PPP 模式的目标有两种，一是低层次目标，指特定项目的短期目标；二是高层次目标，指引入私人部门参与基础设施建设的综合长期合作的目标机构目标层次见表 8-1。

PPP 模式的机构层次就像金字塔一样，金字塔顶部是项目所在国的政府，是引入私人部门参与基础设施建设项目的有关政策的制定者。

表 8-1 PPT 模式的目标

目标层次	机构之间		机构内部
	公共部门	私人部门	
低层次目标	增加或提高基础设施服务水平	获取项目的有效回报	分配责任和收益
高层次目标	资金的有效利用	增加市场份额或占有量	有效服务设施的供给

项目所在国政府对基础设施建设项目有一个完整的政策框架、目标和实施策略，对项目的建设和运营过程的参与各方进行指导和约束。金字塔中部是项目所在国政府有关机构，负责对政府政策指导方针进行解释和运用，形成具体的项目目标。金字塔的底部是项目私人参与者，通过与项目所在国政府的有关部门签署一个长期的协议或合同，协调本机构的目标、项目所在国政府的政策目标和项目所在国政府有关机构的具体目标之间的关系，尽可能使参与各方在项目进行中达到预定的目标。这种模式的一个最显著的特点就是项目所在国政府或者所属机构与项目的投资者和经营者之间的相互协调及其在项目建设中充分发挥作用。

PPP 模式是一种以项目为主体的融资活动，主要根据项目的预期收益、资产以及政府扶持措施的力度而不是项目投资人或发起人的资信来安排融资。项目经营的直接收益和通过政府扶持所转化的效益是偿还贷款的资金来源。

PPP 融资模式可以使民营资本更多地参与到项目中，以提高效率，降低风险。政府的公共部门与民营企业以特许权协议为基础进行全程的合作，双方共同对项目运行的整个周期负责。这对缩短项目建设周期，降低项目运作成本甚至资产负债率都有值得肯定的现实意义。

PPP 模式可以在一定程度上保证民营资本“有利可图”。私营部门的投资目标是寻求既能够还贷又有投资回报的项目，无利可图的基础设施项目是吸引不到民营资本的投入的。而采取 PPP 模式，政府可以给予私人投资者相应的政策扶持作为补偿，从而很好地解决了这个问题，如税收优惠、贷款担保、给予民营企业沿线土地优先开发权等。

PPP 模式在减轻政府初期建设投资负担和风险的前提下，公共部门和民营企业共同参与城市轨道交通的建设和运营，由民营企业负责项目融资，有可能增加项目的资本金数量，进而降低较高的资产负债率，而且不但能节省政府的投资，还可以将项目的一部分风险转移给民营企业，从而减轻政府的风险。

第四节　企业的国际化经营

经济全球化是当代世界经济的重要特征之一，也是世界经济发展的重要趋势。经济全球化是指贸易、投资、金融、生产等活动的全球化，即生存要素在全球范围内的最佳配置。经济全球化是指世界经济活动超越国界，通过对外贸易、资本流动、技术转移、提供服务。

进入21世纪以来，经济全球化与跨国公司的深入发展，既给世界贸易带来了重大的推动力，同时也给各国经贸带来了诸多不确定因素，使其出现许多新的特点和新的矛盾。

一、企业国际化经营

企业的国际化经营，是指企业为了寻求更大的市场、寻找更好的资源、追逐更高的利润，而突破一个国家的界限，在两个或两个以上的国家从事生产、销售、服务等活动。

企业国际化经营环境远比国内环境更为复杂和多变。国际经营环境的复杂多变性是由多种因素相互交织而成的，包括政治法律因素、经济因素和社会文化因素。所以，企业在国际化经营过程中，必须对环境变量给予更加充分的重视，要在深入考察各环境变量的基础上精心准备应对之策。

企业国际化经营战略选择包括两部分的内容：一是本公司的国际化战略；二是选择适当的国际市场进入方式。企业的国际化战略是公司在国际化经营过程中的发展规划，是跨国公司为了把公司的成长纳入有序轨道，不断增强企业的竞争实力和环境适应性而制定的一系列决策的总称。企业的国际化战略将在很大程度上影响企业国际化进程，决定企业国际化的未来发展态势。

企业的国际化战略可以分为本国中心战略、多国中心战略和全球中心战略三种。企业进入国际市场的方式可以通过进出口商品、许可协议、并购、合资以及建立新的全资子公司实现。国际企业的全球化战略有一个渐进的发展过程。从初始阶段到完全的国际化经营阶段，国际企业的经营战略可以归纳为以下四种：产品出口战略；契约协议战略；对外直接投资战略；国际战略联盟。这四种战略表现了国际企业的纵向成长轨迹，但又不是可以完全相互替代的关系，而是既相对独立又相互依存的关系。

二、跨国公司

跨国公司（multinational firms），又称多国公司（multi-national enterprise）等。跨国公司是当今世界经济中除国家以外最活跃的国际行为主体，是当今世界经济活动的主要组织者。跨国公司进一步促进了生产和资本的国际化，推动了国际分工的深化和经济全球化在生产、投资、贸易、金融、技术开发等方面的发展。

跨国公司主要是指企业以本国为基地，通过对外直接投资，在世界各地设立分支机构或子公司，从事国际化生产和经营活动的国际化经营垄断企业。联合国跨国公司委员会认为跨国公司应具备以下三要素：第一，跨国公司是指一个工商企业，组成这个企业的实体在两个或两个以上的国家内经营业务，而不限制其采取何种法律形式经营，也不限制其在哪一经济部门经营。第二，这种企业有一个中央决策体系，因而具有共同的政策，此政策可能反映企业的全球战略目标。第三，这种企业的各个实体分享资源、信息以及分担责任。

由于世界各国在自然资源、生产力和科技水平、政治经济制度和民族文化等方面存在着巨大的差异。发达国家掌握了世界上最先进的生产力和高新科学技术，在全球分工体系中处于优势地位。发达国家掌握了经济全球化赖以发展的信息技术的基础，世界研究与开发的投资、科技力量和科技成果也主要集中在发达国家。因此，发达国家的跨国公司是经济全球化的重要推动器，是实现全球生产要素流动和资源优化配置的主要载体。目前，在全球最大的100家跨国公司中，有95家来自发达国家。发达国家通过跨国公司全球性的联合、兼并和扩张，进一步发展其高度发达和高度集约型的经济，使其产品竞争力始终高居世界领先地位。

跨国公司的全球性生产经营方式较多，包括进出口、许可证、技术转让、合作经营、管理合同和在海外建立子公司等。其中，尤以在海外建立子公司为主要形式开展和扩大其全球性业务。

三、生产国际化

20世纪60年代以来，新的科学技术革命使整个生产过程发生了巨大变革。世界生产力以空前速度增长，国际分工进一步向深度和广度发展。这时，国际分工进入了以生产协作为基础的阶段。其特点是生产国际化（The internationalization of production），并且正在向未来的整个经济生活国际化方向发展。主要标志是：生产要素国际化，即生产过程所需要的原材料日益依赖于国外市场的供给，劳动力、工程技术人员和管理人员在国际间流动；产品国际化，即所生产出来的产品也日益依赖于在国际市场上的销售；生产过程国际化，即大垄断企业到国外进行投资，或开办新公司，或设立子公司，日益扩大生产和经营的规模，使生产分工日益向国际专业化分工发展；科学技术国际化，即科学技术的国际交流日益扩大，重要科技领域的国际合作日益加强。

跨国公司（包括跨国银行）在世界一体化生产中具有重要的和主要的地位。跨国公司通过国际直接投资和非股权合作的一体化方式，成为国际生产一体化的载体和组织者。

在新的国际生产一体化体系中，跨国公司内部各个公司，包括母公司与子公司、子公司与子公司之间的企业内国际贸易日益增加。通过全球不同区位间的纵向一体化和横向一体化，跨国公司在更大的空间范围内实现了企业内国际分工，从而扩大了企业内国际投资和国际贸易的流量和存量。国际生产一体化体系中的国际贸易与全球化纵向一体化和横向一体化的生产活动密切有关，与企业内国际直接投资相联系的国际贸易结构更体现了中间产品和服务以及企业内国际贸易的特点。

案例：美国安利公司

安利（Amway，是英语“American Way”的缩写），也译作安丽，是一家著名的美国直销公司。安利公司位于美国密歇根州的一个小镇——亚达城。1959 年，年仅 20 余岁的创始人杰·温安洛先生和理查·狄维士先生在家中的地下室迈出了安利事业的第一步。50 年来，安利积极致力于提高消费者的生活品质，并在服务消费者的同时实现了自身的飞速发展。

在 2002 年 11 月著名财经杂志《福布斯》（Forbes）全美最大 500 家私人企业排名中，以 45 亿美元的业绩位列第 27 位。在 2003 年 1 月美国季刊杂志《家族企业》全球最大 200 家家族企业排名中，安利位列第 104 位。

2000 年，公司将安利（Amway）、捷星（Quixtar）和捷通（Access Business Group）合并成为安达高公司（Alticor Inc.）。公司业务已遍及世界 80 多个国家和地区。公司产品发展为五大系列 450 多种，涵盖了纽崔莱营养保健食品、雅姿美容化妆品、个人护理用品、家居护理用品和家居耐用品等系列，全方位满足消费者日常生活的需要。安利通过遍布全球的营销人员把公司的优质产品和服务推广到世界的各个角落。

安利积极参与各项环保活动，倡导环保理念。安利还积极致力于直销业在世界各地的健康发展，公司在全球很多国家和地区都是当地直销协会的会员之一。1991 年，安利公司创办人之一的理查·狄维士先生携夫人亲赴北京，了解中国的投资环境和投资的可行性。1992 年，安利（中国）日用品有限公司成立，成为国家工商行政管理局批准的全国首批直销公司之一。当时，安利（中国）的办事处面积仅40平方米，只有4名员工。1995年4月10日，安利（中国）日用品有限公司开业剪彩仪式在广州隆重举行。2004年，安利（中国）销售额达170亿元人民币，缴纳税款37亿元人民币，稳居安利全球最大的市场。

在中国大陆地区，由于政府目前禁止一切形式的传销行为，安利采取一种不同于在其他市场的计酬方式，并设立店铺。2006年12月1日之前，安利在中国采用一种被称为“店铺加雇佣推销员”的形式进行运营，之后按照中华人民共和国商务部《直销管理条例》的要求，再次转为合法直销模式运营。安利的产品和服务主要是通过营业代表进行销售。

作为一家在全球80多个国家和地区成功开展业务的跨国企业，安利在世界各地市场的发展中，十分注重将企业的核心价值观与当地文化相融合，实施因地制宜的发展策略。在中国市场，安利成功地将自己的核心价值观与中国文化相结合，提出了切合实际的发展方针，即：“内求团结、外求发展、优化管理、强化服务、重视人才、珍惜商誉、努力实干、创建辉煌”。

安利还设立加盟服务网点。加盟者类似于传统渠道的合作者，为安利直销员、消费者提供网点服务，以及为公司提供营销服务。公司现有店铺直接升级为安利直营服务网点，到2006年11月底，安利直营的店铺达193家。

自进入中国以来，安利不断顺应国情、因地制宜，并在此基础上不断开拓创新，融入中国社会，致力于成为优秀的本土化企业公民。目前，安利在中国销售的所有产品全部是在中国生产。安利在广州、上海分设研发中心，拥有近7个专业实验室和100多名技术人员，生产适合中国市场的产品。依照美国安利公司“新概念、新技术、新产品”的总体研发目标，上海研发中心将更有效地专注于天然草本植物、人类健康以及时尚类产品领域的研发，为全球市场提供全面的研发与技术支持。与此同时，安利还改变了单纯依靠口碑相传的经营传统，尝试进行大力度的广告策略和市场推广活动，先后邀请伏明霞、田亮、俞飞鸿和易建联作为安利产品的形象代言人，大力投放电视、平面广告，并在各地开展丰富多样的产品展示与推广活动，收到了良好的效果。公司知名度和美誉度获得大幅度提升。安利公司推行“吸纳人才、培育人才、善用人才、善待人才”的人力资源策略。安利在中国现有5300多名员工，绝大部分都是本地员工，外派员工不到1%，且全部是海外华人。公司不但定期为员工提供培训与发展的机会，还特别注重在培训过程中把安利文化中的勇于承担、开拓创新的精神和中国人踏实勤奋、肯于吃苦的传统美德相结合，促进安利（中国）独特企业文化的建立与融合。

参考文献

［1］彼得·圣吉．第五项修炼．上海：上海三联书店，1994.

［2］邓荣霖．工业公司概论．北京：中国人民大学出版社，1987.

［3］约瑟夫·E·斯蒂格利茨．周立群等译．社会主义向何处去——经济体制转型的理论与证据．长春：吉林人民出版社，1999.

［4］高程德．公司、组织与管理．北京：北京大学出版社，2000.

［5］高明华．公司治理：理论演进与实证分析——兼论中国公司治理改革．北京：经济科学出版社，2001.

［6］厉以宁．中国资本市场发展的理论与实践．北京：北京大学出版社，1998.

［7）李维安．公司治理学．北京：高等教育出版社，2005.

［8］刘伟．产权通论．北京：北京出版社，1998.

［8］林毅夫．中国奇迹：发展战略与经济改革．上海：上海三联书店、上海人民出版社，1994.

［9］芮明杰，袁安照．现代公司理论与运行．上海：上海财经大学出版社，2005.

［10］吴敬琏．现代公司与企业改革．天津：天津人民出版社，1994.

［11］亚当·斯密．郭大力，王亚南译．国民财富的性质和原因．北京：商务印书馆，1974.

［12］张中秀等．资产重组与债务重整．北京：企业管理出版社，1998.

［13］张承耀．建造企业帝国．广州：广东旅游出版社，1997.

［14］张维迎．产权激励与公司治理．北京：经济科学出版社，2005.

［15］张维迎．博弈论和信息经济学．上海：上海三联出版社，1996.

［15］周永亮．中国企业前沿问题报告．北京：中国社会科学出版社，2001.

［16］郑海航．中国企业五十年．北京：经济科学出版社，1999.

［17］刘俊年，丁文京．如何撰写商业计划书．北京：中国经济出版社，2001.

［18］朱炎，王德禄等．规划创业．北京：经济科学出版社，2000.

［17］李志能，郁义鸿．创业学．上海：复旦大学出版社，2001.

［18］郎咸平．产业链阴谋Ⅱ：一场没有硝烟的战争．北京：东方出版社，2008.

［19］王田苗，胡耀光．基于价值链的企业流程再造与信息集成．北京：清华大学出版社，2002.

［20］芮明杰．产业经济学．上海：上海财经大学出版社，2005.

［21］［美］罗宾斯等著，孙健敏等译．管理学（第七版）．北京：中国人民大学出版社，2004.

［22］盛敏．市场营销学案例（第2版）．北京：清华大学出版社，2005.

[22] 郭国庆．市场营销学通论（第三版）．北京：中国人民大学出版社，2007.
[23] 杨淑娥．财务管理学．西安：陕西人民出版社，2002.
[24] 司有和．企业信息管理学．北京：科学出版社，2003.
[25] 边长泰．商业企业管理学．北京：中国财政经济出版社，1979.
[26] 冯俊．服务企业管理．北京：科学出版社，2007.
[27] 张创新．现代管理学概论（修订版）．北京：清华大学出版社，2005.